蓀谷 李達 詩 譯解

송준호(宋寯鎬)

충북 영동 출생. 연세대학교 국어국문학과 졸.
연세대학교 대학원 졸(석사). 동국대학교 대학원 졸(박사).
성신여자대학교 한문교육과 부교수. 연세대학교 국어국문학과 교수 퇴임.
韓國名家漢詩選. 우리漢詩살려읽기. 韓中日女流漢詩選. 分類杜工部詩(16卷)諺解新譯.
周易諺解新譯 등.

蓀谷 李達 詩 譯解

2017년 3월 30일 초판 1쇄 발행

지은이　송준호
펴낸이　김병환
펴낸곳　학자원
주　소　134-814 서울시 강동구 천호대로 1121
전　화　02) 6403-1000
팩　스　02) 6338-1001
E-mail　hakjaone@daum.net
등　록　2011년 3월 24일 제2011-14호

HAKJAONE Publishing Co.
1121 Cheonho-Daero Kangdong-Gu Seoul

ISBN : 979-11-87806-18-9　93810

값 30,000원

三唐詩人 번역총서 1

蓀谷李達詩譯解

宋寯鎬 編著

학자원

머리글

손곡蓀谷 이달李達은 최경창崔慶昌, 백광훈白光勳과 함께 삼당시인이다.

삼당시인三唐詩人이 모두 모국어처럼 한자어를 자유자재로 사용했지만, 손곡蓀谷은 다른 두 사람이 조어와 구상에 특별히 유의하면서 자아의 의식과 대상들을 숨김없이 표백하고 형상화했던 것과 달리, 자중적이고 자존적인 의식을 바탕으로 장군이나 여인, 신선 등과 같은 중국의 전설적, 설화적 인물들을 대리적 인격체로 하여 이들을 작품의 주체로 삼아 묵시적으로 자아 소망의 대리 만족을 도모하기도 하고, 자아 울분의 대리 호소나 대리 해소를 도모하기도 하였다. 그런데 그러면서도 아주 평이한 문맥을 사용하여 자연스럽게 유선사遊仙詞 · 궁사宮詞 · 변새체邊塞體 · 염정체艶情體 등과 같은 당시적唐詩的 풍체(風體)를 이뤄냈다. 그러나 이런 시들은 필연적으로 탈현실적, 몽상적 허구의 성격을 띠게 되었다.

이런 작품들은 손곡의 한계적 신분으로 인한 삶의 상실감과 동경, 그리고 애상의 일생을 풀어낸 작품들인데, 불우한 자아를 달래보고 잊어 보려는 허구의 결과이기도 하였다.

그렇지만 <이가원移家怨> 같은 작품에서는 그에게도 시대적 현실의식이나 민중의식이 있었음을 보여준다. 하지만 <차윤서중운次尹恕中韻> · <낙양유감洛陽有感> · <강행江行> · <도망悼亡> · <호남객중湖南客中> · <만랑무가漫浪舞歌> 같은 그의 작품 거의 대부분이 그 자신의 삶의 한애와 그것의 대리 해소 내지는 몽상적 보상을 위한 시라는 한계를 넘지 못하였음을 확인할 수 있다.

그의 시의 이런 성향은 필연적으로 그의 시 안에서 시적 대상을 사유하고 상대화하여 그림으로 읊어내는 이른바 "色澤之絢(색깔이 고운 것)"의 시보다 대상을 감성적으로 자아화하여 정감의 노래로 풀어내는 이른바 "聲律之淸(소리 가락이 말끔한 것)"의 시가 양적으로 다수를 차지하게 하는데, 이런 현상은 그의 신분적 한계와 그로 인한 삶의 질곡이 빚어낸 결과였다.

전반적으로 그의 작시 행위들은 자유자재한 구상과 평이한 조어의 수사적 완성을 보여준다. 특히 그의 시 <야좌유회夜坐有懷>는 한문장과 우리 문장의 언어적 이질성에 대한 이해를 바탕으로 두보杜甫의 시 <월야억사제月夜憶舍弟>의 수사적 수법을 응용하여 다른 작가들에게서는 볼 수 없는 예술적 성공을 거두고 있다. 따라서 손곡은 두보를 배워 실질적으로 두보가 사용했던 고도의 수사 수법을 자기적으로 터득하여 재현한 희귀 소수의 작가라고 할 수 있다. 이 뿐만 아니라 손곡은 그 시적 정조의 온갖 성향들을 각각 그에 상응하는 가락들의 시들로 읊어내고 있으면서도 시상 전체를 명료한 심상으로 포착될 수 있을 만큼 윤곽을 잘 살려내고 있다. 또 그 전반적 서정 양식과 정조적 경향도 필연적으로 당시唐詩의 그것들을 닮아 있음으로 해서, 손곡은 소기하는 당풍적 작가로서의 자부를 확신했을 것이 분명하다. 그러나 이미 언급한 바대로 그 작품들의 대체적 정서 성향들은 그의 삶의 한계적 상황으로 인한 유랑적流浪的 한애恨哀가 주조를 이루고 있다.

본질적으로 설명을 거부하고 가능한 한 함축과 상징과 비유와 연상 등이 원용될 수 있는 최소한의 절약적 암시 단위(시어)들을 복합, 치밀, 오묘한 구조로 설계했음에도 결코 난해하지 않은 문맥으로 구성되어 있는 것이 그의 시가 보여주는 놀라운 수사 수법이다. 또 시상의 심도화를 위한 구상의 다양화와 시어의 조직과 배합, 그리고 시상의 변조와 복합화 뿐 만 아니라 시상의 심화와 강화를 위한 전구轉句의 다양하고 참신한 시구 배치와 수사 역시 손곡 시의 놀라운 수사 수법이다.

그러나 손곡은 자신의 불우한 처지에 대한 감성적 자아의식이 주정적 가락(음악)의 당시풍唐詩風으로 자연스럽게 통합되었기 때문에 그는 일부의 제화시題畫詩들을 제외하고는 대상 사물을 지적으로 객체화하여 수용하지 않고 주관적, 주정적으로 수용하여 시화하였다. 따라서 필연적으로 그의 시는 완전한 객관적 회화성을 띤 작품이 매우 적다.

그리고 또 특이한 점은 중국의 전고를 수용하면서도 특정 인물(예컨대 西王母, 娥皇, 女英, 班婕妤 같은 여성 중심)들의 사연만을 주제로 수용하여 몇 작품으로만 시화하여 자아적 한애 호소의 묵시적 대역으로 원용하고 있을 뿐이어서 여타 많은 시인들의 예와 같은 중국 역사 전고들의 시어상 원용은 상대적으로 많지 않다는 사실이다.

시 의식의 전반적 경향은, 자아의 신분적 한계상황에 대한 피동적 수용과 감응으로 인한 한애의 정서가 주조를 이루고 있을 뿐, 그 상황에 대한 능동적 대응과 비판을 시도한 행동은 보이지 않는 것이다. 물론 이런 경향은 그 자신의 신분적 한계가 거의 절대적 자아운명으로 인식된 탓으로 이해되지만, 이런 결과로 해서 그의 시들에서는 이른바 사실성이거나 사회성을 운위하는 것은 <습수요拾穗謠>·<예맥요刈麥謠> 등 극히 일부이다. 따라서 그의 시들을 이념적으로 논의하기는 무리일 수밖에 없다. 어쨌거나 이런 현상이 조선시대 적서적嫡庶的 차별 질서라는 절대적 한계 상황의 결과라는 점에서, 그저 독자인 우리들로 하여금 무한한 연민의 정을 갖게 할 뿐이다.

끝으로 작품 전반의 총체적 자질을 가장 잘 파악하고 있는 허균이 쓴 서문에서 허균은 각 작품군들의 문예미에 대해 인상비평을 하였는데, 현재 우리가 손곡의 시가 이루어내고 있는 최상의 문예적 성과를 확인하기 위해서는 허균의 인상비평을 그 비평에 상응하는 실제 작품들의 특성으로 분석하고 판단하고 감상하여야 한다.

손곡 시의 당풍적唐風的 성공은, 주관적으로는 작자 자신이 목표한 미적

차원에의 도달이며 성취였으나, 객관적으로는 자기 망각이요 철저한 모방이었다. 따라서 이것은 선진의 남을 따르는 꿈을 실현, 획득한 것이면서, 동시에 자아 본질의 상실이라는 자기모순을 드러낸 것이었다.

결론하여 삼당시인의 다른 두 작가인 최경창崔慶昌과 백광훈白光勳의 작품들에서도 함께 읽혀지는 것처럼 손곡의 시는 착상과 구상의 참신성은 물론 시어와 시어 사이, 시행과 시행 사이에 의미적 압축과 굴절신장屈折伸長, 그리고 함축 및 생략 등을 통한 묵시 등의 다양한 변조를 시도한 새로운 창작의 전개를 수행함으로써, 시어와 시구들 개개의 의미나 개념 단위들이 상호 긴밀하게 조직되고 통합되어 생동적이고 유기적이면서 분명한 윤곽의 의미망을 이루는 수사들로 구성된 작품으로 완성되고 있는 것이다. 총체적으로 보아 손곡의 시적 성향은 그 당시 강조되던 시적 풍조와 작자 자신의 취향에 따라 필연적으로 지적이기 보다는 정적이며, 객체화의 회화성 보다는 주정화의 음악성이 주류를 이루고 있다.

이상과 같은 기막힌 구상과 수사로 이루어져 놀라운 성과로 남겨진 손곡 작품들을 실례로 제시해 보면, 오언절구에 "江陵別李禮長之京". "題金悅卿寫眞帖". "次尹恕中韻". "題金養松畵帖". "佛日庵贈因雲釋", 육언절구에 "無題". "寄妓生", 칠언절구에 "成川贈京妓喚御史". "錦帶曲贈孤竹使君". "移家怨". "洛陽有感". "悼亡", 오언율시에 "經廢寺". "上體察相公". "夜坐有懷". "上楊明府". "到帶方府示府伯", "三登草堂", 칠언율시에 "贈行思". "挽孫明府". "上思庵相公". "詠雪奉呈盧舟". "無題", 古風에 "班竹怨", 歌에 "漫浪舞歌" 등 헤아릴 수 없는 많은 작품들이 있다.

끝으로 다시 하나 더 부언할 것은, 손곡이 분명 학당學唐의 완결 능수로서 정한의 절절하고 자재한 푸념을 거침없이 읊어낸 놀랍게 뛰어난 시인이었으면서도, <定山東軒> 같은 작품에서는 대상을 관조적으로 수용하고 매우 지적으로 사유하면서 심성적 수양의 심상으로 유의미화하여 읊어냄으로써, 오히려 濂洛風體로 회귀한 듯한 성향의 희귀한 작품도 남기고 있다는 점이다.

차례

三. 六言絶句

四. 七言絶句 93

五. 五言律詩

六. 五言排律

七. 七言律詩

八. 古風

九. 歌

一· 序文

蓀谷集舊序

恭惟 我國家 文運休明 學士大夫 以詩鳴者 殆數十百家 咸自謂人握靈蛇之寶 林然盛哉 槪而揆之 則途有三焉 其和平淡雅 圓適均稱渾然成一家言者 推容齋相 而駱峯及永嘉父子擅其華 其次則昌大莽莽 富蓄博材 爲一代大方家 如四佳·佔畢·虛白輩騁其雄 又其次則峭崒峻峭 締思緻巧 以瓌瑋險絶爲貴者 如訥齋·湖陰·蘇相·芝川諸公衒其杰 玆俱韙矣 然其優游敦厚 響正格高 定軌於開·天·大曆者 世尠其人 識者猶有所憾云 往在弘·正間 忘軒李冑之始學唐詩 沈著奇麗 而冲菴金文簡公繼起爲韋·錢之音 二公足稱一班 而惜也年命恨之 逮在隆·萬間 思菴相知尊盛李 所詠頗清卲 模楷雖不足 而鼓舞攸賴 晩得崔·白 遂張大楚 所謂夥涉之憨劉·項者非耶 同時有蓀谷翁者 初學杜·蘇於湖陰 其吟諷者旣鴻縝純熟矣 及交崔·白 悟而汗下 盡棄其所學而學焉 其詩本源供奉 而出入乎右丞·隨州 氣溫趣逸 芒麗語瀒 其艶也 若南威·西子袨服而明粧 其和也 若春陽之被百卉 其淸也 若霜流之洗巨壑 其響亮也 若九霄笙鶴彷像乎五雲之表 引之霞綺風淪 鋪之璧坐璣馳 鏗而厲之 則瑟悲而球戞 抑而按之 則驪頓龍蟄 徐行其所無事 則平波滔滔然千里朝宗 而泰山之雲 觸石爲白衣蒼狗 置在開·天·大曆間 瑕不厠王·岑之列 而較諸國朝諸名家 其亦瞠乎退三舍矣 翁地微 人多不貴重之 所著述累千篇 皆散失無存 不佞少日以仲兄命 問詩於翁 賴識塗向 及其死也 惜其遺文泯沒不傳 爲裒平日所臆記者 詩二百餘首 謀欲灾木 又從洪上舍有炯許 續得百三十餘首 令李君再榮合而彙數 類之爲六卷云 夫翁之詩 度越國家諸名

家 豈待鄙文爲不朽哉 雖然掇拾遺詩 期以傳千載者 不佞心也 其可避汚佛首之誚乎 至於上下數百年 評騭諸老 以及乎翁者 極知僭越而駴一時之人 要之久則論定也 夫豈無一人知言哉 遂書此弁之 翁姓李 名達 字益之 雙梅堂之庶裔孫 蓀谷其自號也.

萬曆戊午季春 陽川許端甫氏序.

손곡집의 예전 서문

가만히 생각해 보니 우리나라(조선조)는 문화적 운세가 아름답게 밝아져서, 공부한 선비 관리들이 시로 명성을 알린 사람이 자못 수십, 수백 명으로 모두 저마다 영험하고 기묘한 지혜를 지녔다고 했으니 숲을 이룬 듯이 얼마나 대단했던가! 개략적으로 따져보면 거기에는 추구한 길이 셋이 있었으니, 온화하고 평탄하고 맑고 우아하여 원만하고 적절하게 고루 맞아 온통 일가를 이룬 사람들로는 용재상을 필두로 하여 낙봉과 신광한과 영가 부자가 꽃을 피웠고, 그 다음으로는 아주 대단히 크고 넓게 무수한 제재를 한껏 준비해서 한 시대의 뛰어난 작가들이 되었으니, 사가정과 점필과 허백 등이 그 힘찬 붓길을 달렸으며, 또 그 다음으로는 높고 우뚝하여 속기를 벗어난 채 치밀하고 교묘하게 시상을 구성하여 매우 험한 것을 귀하게 여긴 사람들로서, 눌재나 호음 그리고 소상과 지천 등 여러 분이 그 우뚝함을 자랑하였으니, 이는 모두 옳다고 하겠다. 그러나 그 넉넉하게 정에 넘쳐 노닐면서 소리가 바르고 격조가 높아서 당나라 개원 · 천보나 대력 시기 시풍에 기준을 세워 확립한 경우는 세상에 그 해당하는 사람이 극히 적어, 시를 안다는 사람들은 오히려 한탄하는 바가 있었다. 지나간 홍치 · 정덕 시기에 있어서 망헌 이주가 비로소 당시를 배워서 침착하고 기이하고 고왔는데, 충암 김문간공이 이어서 공부를 하며 위응물과 전기의 시 가락을 배워 지음으로써 족히 똑 같다고 할 만했는데 아깝게도 수명에 한정이 있었고, 융경과 만력 시기에 이르러서는 사암상이 성당의 이백을 존중할 줄 알아 읊은 시들이 자못 맑고 아름다워도 본보기로서는 비록 만족할 수가 없지만 고무시키는 데에는 힘입게 하는 바가 되었다. 늦게서야 최 · 백을 만날 수 있어서 드디어 크게 황무지를 열치니, 이른바 나침반 조종수가 배를 건너가게 해서 유방과 항우의 길을 열어준 것이라고 말할 수 있지 않겠는가? 동시에 손곡 영감이라는 분이 있어서 처음엔 두보와 소동파를 호음에게서 배워서 그 읊은 시들이 이미 광범위하면서도 치밀하여 순수하게 익숙해져 있었으나, 최경창 · 백광훈과 사귀게 되면서 깨달아 부끄러움을 알고 이미 배운 것들을 모두 포기하고 다시 배웠는데, 그의 시는 근원적으로 이백의 시를 뿌리로 삼아 우승과 수주의 시에 출입하면서 분위기는 온화하고 풍취는 뛰어나면서 발상은 곱고 말은 맑아, 그 고운 것은 남위 · 서시가 고운 옷에 환하게 화장을 한 듯하고, 그 온화한 것은 봄볕이 온갖 꽃들을 쪼이는 듯하고, 그 맑은 것은 서릿발이 거대한 골짜기를 씻어낸 듯하고, 그 밝고 맑은 소리 가락은 저 아홉 하늘을 향한 생황소리에 학이 오색 구름 밖을 맴돌아 날으는 듯하여, 놀 비단과 바람 피리를 흡인하여 자리 잡은 옥과 굴러가는 구슬들에 더하여 펼쳐지게 하여, 옥 소리를 내서 이것을 가다듬게 하면 비파처럼 슬프고 구슬프면서도 진주알이 부딪히듯하고, 조절하여 이것들을 잘 안배하면 천리마가 굽을 접치고 용이 움츠리듯해서, 그 아무 일이 없는 듯이 천천히 가게 하면 잔잔한 물결이 도도히 흘러 바다로 가는 듯하고, 태산의 구름이 바위에 부딪히면서 하얀 구름이 흰 개 모양으로 바뀌는 것 같으니, 개원 · 천보나 대력 시기에 갖다 놓아도 그 흠결로 인해서 왕창령이나 잠삼의 열에 다음으로 밀리지는 않을 것이고, 우리 나라 모든 유명 시인들과 비교할 경우에는 그들을 또한 똑바로 구십리 거리로 후퇴시킬 것이다. 영감님은 신분적 지위가 미천하여 사람들이 대부분 귀중하게 여기지 않아서, 지은 바 시 작품들이 여러 천 편이 되었으나 모두 흩어지고 유실되어 남아 있는 것이 없었다. 그런데 못난 내가 소년이었을 적에 둘째 형님의 명령에 따라 영감님께 시를 공부하면서 시 짓는 방향을 알게 되었는데, 영감님이 궂기게 되자 그 남긴 작품들이 없어져 전해지지 않을 것이 안타까워 평일에 내가 들어서 기억했던 200여 수의 시를 모아 인쇄하려는 차에, 또 홍상사 유형으로부터 이어서 130여 수의 시를 더 얻어서, 이군 재영으로 하여금 편집을 하게 해서 여섯 권을 만들었다. 무릇 영감님의 시는 우리나라 모든 명시인들의 그것들을 뛰어넘으니, 어찌 나의 보잘 것 없는 글로 인해서 남아질 수 있게 되는 것이겠는가? 비록 그렇긴 하지만 남은 시들을 거두어 모아서 기필코 천년을 전해지게 하려는 것이 못난 나의 마음이니, 그 어찌 부처님의 머리를 더럽힌다는 꾸지람을 피할 수야 있겠는가! 아래 위로 수백 년간에 이르기까지 여러 원로분들을 평가하면서 영감님에까지 이르른 것은 극히 주제넘게 한 시대의 사람들에게 북을 쳐서 외친 꼴이지만, 요컨대 오랜 후에는 논평이 정해질 것이니, 설마 어찌 내 말(글)의 본지를 아는 이가 한 사람도 없겠는가? 이에 드디어 이 서문을 쓴다. 영감님의 성은

'이'이고 이름은 '달'이며 자는 '익지'인데 쌍매당의 서후손으로 '손곡'은 그가 스스로 지은 호이다.

만력 무오년 봄에 허단보는 서문을 쓰다.

---

* 靈蛇之寶 : 靈蛇珠와 같은 말로 매우 영험하고 기묘한 지혜를 비유한 말이다.
* 容齋相 : 容齋 李荇으로 그가 정승을 지냈기 때문에 相을 붙인 것이다.
* 駱峯 : 申光漢의 號.
* 永嘉父子 : 永嘉는 安東의 옛 명칭이라 여기서는 安東權氏인 習齋 權擘과 그 아들인 石洲 權韠을 말한다.
* 莽莽 : 넓고 넓은 상태.
* 大方家 : 한 분야에서 뛰어난 권위를 지닌 사람을 가리킨다.
* 四佳 : 徐居正의 호인 四佳亭의 준말.
* 佔畢 : 金宗直의 호인 佔畢齋의 준말.
* 虛白 : 成俔의 호인 虛白堂의 준말.
* 訥齋 : 梁誠之의 호.
* 湖陰 : 鄭士龍의 호.
* 蘇相 : 陽谷 蘇世讓을 말하며, 그가 정승급인 左贊成을 역임했기 때문에 붙여진 호칭으로 추정된다.
* 芝川 : 黃廷彧의 호.
* 開 · 天 · 大曆 : 중국 唐나라 玄宗임금의 연호인 開元과 天寶, 그리고 代宗임금의 연호인 大曆을 이르는 말로 바로 唐詩가 한창 꽃을 피운 이 시기를 지칭한 말이다.
* 弘 · 正間 : 중국 明나라 孝宗임금의 연호인 弘治와 武宗임금의 연호인 正德을 지칭한 것으로 여기서는 이 시기를 지칭한 말이다.
* 韋 · 錢之音 : 중국 唐나라의 시인 韋應物과 錢起의 시풍 가락을 말한다.
* 思菴相 : 思菴 朴淳을 이르는 말로 그가 영의정을 지냈기 때문에 붙여진 호칭이다.

* 盛李 : 중국 唐나라의 시가 가장 발달했던 시기인 이른바 盛唐時期를 대표한 李白을 말한다.
* 崔 · 白 : 崔慶昌과 白光勳.
* 大楚 : 우거진 큰 덤불. 미개척지를 말한다.
* 夥 : 夥長 곧 배에서 羅針版을 관리하며 배의 항해 방향을 조절하는 책임자를 略稱한 것이다.
* 杜 · 蘇 : 중국 唐나라의 杜甫와 宋나라의 蘇軾을 말함.
* 供奉 : 중국 唐나라 때 글 잘하는 선비들을 뽑아서 翰林供奉이라 하고 나중에는 學士라 칭하였는데, 여기서는 玄宗에 의하여 한림공봉으로 임명된 李白을 지칭한 것이다.
* 右丞 : 원래는 벼슬을 가리키는 말이나 여기서는 중국 唐나라 代宗임금 때 우승 벼슬을 했던 王維를 말한다.
* 隨州 : 원래는 중국의 지역 명칭이나 여기서는 중국 唐나라 代宗임금 때 隨州刺史였던 劉長卿을 지칭한 말이다.
* 南威 : 중국 春秋時代 晉의 미녀인 南之威를 말하며 임금인 文公이 이 미인을 만나서 삼일 동안 정무를 안 돌보다가 이내 멀리하며 말하기를 "후세에 분명 여색에 빠져 나라를 망치는 자가 있을 것이다"라고 하였다.
* 西子 : 중국의 春秋時代 越나라의 미녀였던 西施를 지칭한 것이다.
* 風淪 : 필사본과 활자본 할 것 없이 모든『蓀谷集』서문에 모두 이처럼 "風淪"으로 되어 있는데, 이 "風淪"은 "풍속이 퇴폐해졌다"는 의미의 말로 이 글에는 맞지 않는 것이라 아무래도 誤記임이 분명하며, 따라서 이것은 아마도 "바람 피리"라는 뜻의 "風籥"인 "籥"자로 정정해야 할 것으로 판단된다.
* 白衣 · 蒼狗 : 원래의 뜻은 세상일이 너무 빨리 변화하는 것을 비유하는 말이나, 杜甫의 시에서 "天上浮雲如白衣 斯須改變成蒼狗[하늘 위에 뜬 구름은 하얀 옷과 같더니만, 금방 바꿔 변해서는 흰 개가 돼버렸네]"라고 한 바대로 하늘에서 모양이 자꾸 바뀌는 구름을 지칭하는 말로 쓰였다.
* 王 · 岑 : 중국 唐나라의 시인들로서 이른바 邊塞派(서북쪽 변방의 풍경과 상황을 시로 잘 읊어낸 시인들)인 王昌齡과 岑參을 지칭한 것으로

추정된다.

해설 이 서문은 손곡의 시적 본질과 성과를 가장 잘 파악하고 평가하여 이루어진 글이므로, 손곡 시에 대한 이해와 연구에 있어서 아주 중요한 지침이 되는 것은 재언할 필요도 없거니와, 특히 무엇보다 먼저 "氣溫趣逸"에서 "觸石爲白衣蒼狗"까지의 인상적 평가에 대하여 이에 상응하는 실례의 개개 작품들을 찾아 그 구상과 수사적 특질들을 분석하고 검토하여 그 문예적 성취도를 확인해야 하는 것은, 바로 시 작품들의 본질을 이해하고 연구하는 본령이기 때문이다.

蓀谷集序

吾東文運 肇於新羅 其時迺李唐氏之衰也 崔孤雲·朴仁範之詩 清麗穩順 宛然有晚唐人之風 漸漬之所繇 化乎自麗 訖于 我朝 文運益盛 學士先生 飆發雲興 揚聲藝苑者 盖不可縷計 大者馳騁事辭 自闢堂奥 小者協比聲韻 競尚姸華 大要先詩而後文 詩近唐 文近宋 所謂近者 非得之於師範 乃得之於習尚也 當 穆陵朝 有稱三唐集者 謂崔孤竹慶昌 白玉峯光勳 李蓀谷達也 是三子者 刻意摹唐 間有絶相肖者 驟而讀之 蒨麗可愛 若奪唐人之髓 徐而味之 色澤似矣 風神則未也 其失也格躓而思窄 令人欲投水而不顧 是何也 由學不足以起其材也 其中最深者 惟李氏乎 李氏微甚 世所賤者 流離困悴 備見於詩 其興寄淸遠 音節鏗鏘 合作者 足以洗一代之陳 踐古人之跡 詎不偉歟 其時許端甫 深所推服 以爲不可及 彼端甫輕儇 借譽而自高 恐不足爲公評 比諸端甫 李氏其避三舍者乎 然則 李氏當何居焉 謂之包崔·白而匹石洲 庶幾其不僭也 明尙書錢謙益 收李氏數首 編入詩選 註曰余從椵島帥毛文龍 求東人文集 卽以蓀谷集遺焉 卷首不書述者姓名 未知誰氏之作也 然則李氏旣爲中國慧眼之所不棄 吾東顧可以无傳乎 慶州尹許堯叟得秘閣本 將梓而行 請余以跋語 遂以平日所當品者 書以授焉.

癸酉正月六日 西河任相元撰.

손곡집의 서문

우리나라의 문학적 운세는 일찍이 신라에서부터 시작되었으니, 그 때는 바로 이씨왕조 당나라가 쇠약해가는 시기였다. 최고운과 박인범의 시가 맑고 곱고 얌전하고 순조로와 뚜렷이 말년의 당나라 시의 풍조를 지니고 있었는데, 이 풍조로 인한 바 영향은 고려조부터 감화를 주어 지금 우리 왕조에까지 미쳐서, 그 문화적 교화가 더욱 훌륭해지고 배운 선비들과 선배들이 바람 일듯 구름 피듯 나타나서 문단에서 명성을 떨치는 사람들이 대강 수로 헤아릴 수가 없을 만큼 많다. 큰 것을 이룬 분은 일과 말을 한껏 부려 써서 스스로 심오한 자기 경지를 전개해 놓았고, 작은 것을 이룬 분은 소리와 운치를 견주고 조화시켜 곱고 화사한 것을 다투어 숭상했으며, 대체적으로는 시를 우선하고 산문을 뒤로 하면서 시는 당나라의 것을 가까이 하고 산문은 송나라의 것을 가까이 했으니, 가까이 한다는 것은 스승과 모범으로 터득한다는 것이 아니고 익히고 숭상함으로써 터득한다는 것이다. 선조 시대를 당해서 삼당집으로 일컬어지는 사람들이 있었으니 이를테면 최고죽 경창 · 백옥봉 광훈 · 이손곡 달을 말한다. 이 세 사람은 고심하며 당의 시를 본떠 지어서 이따금 당의 시와 아주 닮은 것이 있었기 때문에, 별안간 읽어보면 사랑스러울 만큼 선명하고 고와서 당나라 신인들의 시 진수를 빼앗아 가진 듯하나, 차분히 읽어보면 그 인상과 태깔은 비슷하나 속에 갈무린 흥취와 멋은 아니라, 그 실수는 품격의 차질이 있고 생각이 좁은 것이라 읽는 사람들로 하여금 물에다 던져버리고 돌아보지 않으려 하게 되니 그 이유가 무엇인가?

배운 공부가 족히 제재를 살려내지 못하기 때문이다. 그래도 그 중에서 가장 깊이를 가진 사람은 오직 이씨이다. 이씨는 신분이 아주 미미하여 세상에서 천하게 여기는 사람이라 떠돌아 다니며 곤궁하고 초라하였으며 그것들이 빠짐없이 시에 다 보여지고 있다. 그 흥취를 맑고 멀리 부쳐 놓고 소리의 마디가 또렷하게 하여 서로 합쳐져 이루어진 작품들은 족히 한 시대의 진부한 것들을 깨끗이 씻고 옛사람들의 발자취를 밟아가게 되었으니 어찌 거룩하다 하지 않을 수 있겠는가? 그 때에 허단보(허균)가 깊이 추키고 흠복하여 도저히 따라갈 수 없다고 했으니, 저 허단보가 경망하고 약삭빨라서 (이씨를) 기리는 글을 이용해서 시 보는 안목을 내세워 자신을 높이는 것이라 족히 공평한 평가가 될 수는 없지만, 저 허단보에 비겨서 이 이씨가 훨씬 뒤지는 사람이라고 말해서야 되겠는가? 그렇다면 이씨는 어느 위치가 마땅하겠는가? 이를 테면 최경창과 백광훈을 포괄하고 권석주와 짝이 된다고 해도 거의 과찬이 아니라 하겠다. 그래서 명나라의 상서인 전겸익이 이씨의 시 몇 수를 시 선집에 편입시키고 주를 달기를 "내가 가도의 군사령관인 모문룡으로부터 동쪽 조선 문인들의 문집을 구했는데, (이 작품들은) 바로 손곡집에서 남겨진 것으로 여겨졌지만 책머리에 그 작자의 성명을 써 놓지 않아서 실제로 누구의 작품인지는 알 수가 없었다"라고 하였다. 그렇다면 이씨는 이미 중국에서 혜안을 가진 사람들부터 선택을 받았는데, 돌아보건대 우리나라에서 (후세에) 전해지는 일이 없을 수 있는가? 경주부윤 허요수가 궁중 서고에 있는 원고를 얻어내서 장차 간행을 하려고 나에게 뒤붙이는 글(발문)을 청하므로 드디어 평일에 "마땅히 품평해야 할 것"이라고 여겼던 것을 써서 준다.

계유년 정월 육일에 서하 임상원은 짓다.

---

* 三舍 : 군대가 3일 동안 행군할 거리로 90리를 말하며, 따라서 一舍는 군대가 하루 30리를 행군하고 하룻 밤을 자는 것이나, 여기서는 손곡의 시가 이루어낸 시적 성취도의 수준이 허균에 비해서 아주 훨씬 앞선다는 것을 강조하여 비유한 말로 쓰였다.
* 錢謙益 : 중국 明末淸初의 문인으로 청의 예부시랑을 거쳤으며 시를 보는 눈이 높아 『列朝詩集』을 엮었다.
* 毛文龍 : 중국 明나라의 장군으로 일찍이 왜의 침입을 받은 조선을 돕기 위해 조선에 파견되어 조선의 椵島에 주둔하고 있다가 나중에는 청의 군대와도 전투를 벌이다가 패하기도 하였으며 상관인 袁崇煥에 거역하다가 참수되었다. 그러나 아마도 이 가도에 주둔하고 있을 당시 조선의 문집을 모아서 전겸익에게 전달했던 것으로 추정이 된다.

해설 이 글에서도, 이달 시의 문예적 성취도에 대하여 최경창과 백광훈을 포괄하고 권석주와 짝이 된다고 한 평가는, 이달의 시를 연구하는 데에 있어서 아주 정확하고 명쾌한 판단의 지침이 되는 것이라 할 수 있다.

二. 五言絶句

江陵別李禮長之京.

강릉에서, 서울로 가는 이예장과 작별하면서.

오동꽃은 밤 안개 속 스르르 지고, 桐花夜煙落
매화나무 봄 구름만 휑할 터인데, 梅樹春雲空
풀 고운 때 한 잔 술로 이별하네만, 芳草一盃別
우린 서로 서울에서 만날 것일세! 相逢京洛中

---

* 李禮長 : 작자 이달과 친분이 두터웠던 사람이었음은 분명하나, 다른 인적 사항을 확인할 수 없다.
* 梅 : 여기에서 자료로 삼은 奎章閣本의 필사본인 『蓀谷集』 말고 몇몇 다른 필사본과 『國朝詩刪』에는 이 글자 대신 "海"자로 되어 있는데, 앞에서 언급한 대로 여기서는 기구의 "桐花"와 對偶를 이루는 데에는 "海"보다는 꽃이 피었다가 져서 허망감을 빚어내는 심상의 이 "梅"자가 더 좋을 것으로 판단하여 이 "梅"자를 원본대로 인정하기로 하였다.

해설 밤 안개 속 힘없이 스르르 지는[落] 오동꽃에 함께 낙망(落望)할 나, 매화나무 가지 위에 휑하게[空] 떠 있을 구름에 함께 공허(空虛)해질 나, 이렇게 이중구조화한 기구와 승구 그리고 "落[스르르 지다]"자와 "空[휑하게 비다]"자. 만나야 하는 계절에 오히려 겨우 한 잔 술로 헤어지다니! 절박한 이별의 정한을 토해내는 전구. 그러고는 떠나는 벗과 나를 애써 다독이는 안타까운 자위의 몸짓을 실은 결구. 그래서 문맥 속으로는 구성진 가락이 실려 울리고 있는 절창이다. 그리고 전구의 구상은 거두절

미(去頭截尾)한 채 생략과 압축의 기막힌 수사로 이루어졌다.

이 작품은 이만큼 정경교융(情景交融)의 높은 수준을 보이고 있어서 허균(許筠)에 의해서 편집될 때에 가장 앞에 실려지고, 그의 『國朝詩刪』에서는 특히 기구와 승구에 대해서 "외로운 감정이 기막히게 비추어져 있다[孤情絶照]"라고 평가한 것으로 추정되거니와, 이 두 구는 이처럼 이달의 시적 구상과 수사의 높은 경지와 수완을 적시해 주는 표본이라 할 만하며, 그래서인 지는 몰라도 허균(許筠)의 『성수시화(惺叟詩話)』에서는, 강릉부사(江陵府使)인 양사헌(楊士彦)이 자신의 아버지인 허엽(許曄)에게 편지로 답을 하면서 "桐花夜煙落 海樹春雲空之李達 設若疎待則 何以異於陳王初喪應劉之日乎['오동꽃은 밤 안갠 속 스르르 지고, 바닷가 숲 봄 구름만 휑할 뿐인데'를 지은 이달을 가령 홀대했다면, 진왕이 응창과 유정을 놓지던 때와 뭐가 다르겠습니까?]"라고 했다고 하여, 양사언도 이 작품을 극찬한 것을 알 수 있고, 서포(西浦) 김만중(金萬重)은 자신의 『서포만필(西浦漫筆)』에서 이 작품이 우리나라 오언절구(五言絶句) 작품 중에서 제일 우수하다고 판정하였다.

그런데 허균은 그의 『국조시산(國朝詩刪)』에서 승구를 "海樹春雲空", 그리고 전구를 "他日一杯酒"로 기록해 놓고 있어 어느 것이 원형인가의 문제가 있으나, 허균이 먼저 편찬했다고 알려진 『손곡시집(蓀谷詩集)』에서 각각 "梅樹春雲空"과 "芳草一盃別"로 되어 있어서 그것들을 원형으로 판단하였으며, 더구나 이것들이 "꽃이 벌써 져버린 매화나무에"라는 것이라야 시상이 강화될 수 있고, 또한 앞 구의 "桐花"와 훨씬 더 적대(適對)이면서 고도의 압축적 수사 결과로 판단되어 그렇게 하였다.

전구는 "他日一杯酒"로 할 경우 이것은 "나중에 서울에서 만나서 한 잔이나마 술을 마시자"라는 말이며, 이 경우는 이 강릉에서 작별하면서는 아예 술 한 잔도 서로 나눠 마시지 못했다는 말이다. 그런데 "芳草一盃別"로 할 경우는 이 강릉에서 작별하면서 "고운 풀이 봄을 맞아 다시 우거지는 이 계절이라 헤어졌던 사람도 오히려 돌아와서 다시 만나야 하는 계절인데, 도리려 너무도 안타깝고 아쉬웁게 겨우 한 잔의 술로 애써 달래며 서로 작별을 해야 한다니!"라는 기막힌 절박감을 토로하는 것이 된다. 그래서 떠나는 이예장은 물론 작자 자신의 이 애타는 이별한을, 전구로 꼭 기필은 할 수 없는 상봉의 기약이나마 하며 다둑이고 있는 것이다.

登驛樓.

역 다락에 올라서.

가을 하늘 높이 뜨는 한 조각 달도,	一片秋天月
한 밤중엔 아득 향수 자아낼 거라,	中宵生遠愁
강남 여기 외로워진 손이 있으니,	江南有孤客
이 역 한 편 다락에는 비추질 말라!	休照驛邊樓

해설 반가워도 고향이 아닌 타향에서 보는 것이라 원망스러워지는 달, 그래서 외로워지는 나그네의 애타는 하소연. 그리고 고독한 자아를 전구의 "江南 孤客"으로 객체화하여 설정해 놓고 자련(自憐;스스로 안타까워)하는 듯이 한 수사는 아주 훌륭하다.

畵梅.

그림 속의 매화.

옹이 뭉치 옛등걸만 있나 했더니,	擁腫古楂在
싸늘한 향 알고 보니 매화꽃일세.	寒香知是梅
어젯밤에 눈, 서리 친 그 속에서도,	前宵霜雪裏
한 가지가 외려 남아 피어났구나!	尙有一枝開

해설 벗인 양, 자기의 모습인 양 반가워 하며 정겨운 눈길을 담아 읊어보는 그림 속의 매화(감정을 투영시켜 살려 읊은 매화). 역시 전구의 "霜雪裏"라는 설정이 아주 좋다.

畵竹.

그림 속의 대나무.

밋밋한 대 반쯤 몸체 꺾여진 채나,	脩竹半身折
늙은 뿌린 몇 개 가지 돋아 있으니,	疎枝生老根
예전부터 안개 · 비를 겪는 속에서,	從前煙雨裏
그 몇 개의 죽순들로 자라났던고!	幾箇長兒孫

해설 꺾인 몸체에서 몇 개 성긴 가지로나마 돋아나서 강직한 기개로 인격화한 대상이 되어, 애틋한 눈길이 투영된 그림 속의 대나무. 그래서 "半身折" · "老根" · "煙雨裏" 등은 놓지지 말고 음미하여 읽어야 할 시어들이다.

詠畵.

그림들을 읊다.

쌓인 눈은 산길 위에 가득 덮였고,	積雪滿山逕
우수수 숲 속 잎들 흩날리는데,	蕭蕭林葉飛
저 사람 집 어디쯤에 있는 것인가?	渠家在何處
해 저물어 나무 지고 돌아 가누나!	日暮擔樵歸

해설 가슴으로 다시 그리는 실경화, "그대 집은 어디 있나? 해 저물녘 돌아가는 저 나무꾼아!" 이렇게 생동화하여 부르면서 실경처럼 살려내서 선하게 보이는 듯, 들리는 듯한 작자의 정겨운 눈길과 목소리가 담겨져 있다.

그래서 역시 전구의 "在何處"라는 설정이 아주 좋다.

비단 제품 주머니를 딱 여며 차고, 封着錦囊去
아이 녀석 산 속 영감 따라 가는데, 童子隨山翁
서늘한 기 잎 끝에서 감돌아 일며, 微凉起林葉
온 산 가득 풍경 속에 휩싸이누나! 滿山風景中

해설 역시 화면의 풍경을, 산 속을 가고 있는 영감과 주머니를 차고 따라가는 동자로 실경화하고 있는 한 폭의 생동화 같은 풍경시다.

그리고 결구의 "滿山風景中"은 아주 잘 놓아진 무진장(無盡藏)한 원형감(圓形感)의 마무리다.

뱃머리엔 고기 그물 내려쳐졌고, 船頭下漁罾
배꼬리선 노가 바위 부딪히는데, 船尾櫓激石
날 이른지 날 저문질 모르겠구나 不知日早晩
강 안개에 푸른 절벽 잠겨 있으니! 江煙沈翠壁

해설 안개에 잠긴 강 위 어선의 상태를 생동적인 실경으로 살려서 읊어낸 풍경시다.

이 작품에서도 불명상태화한 전구는 아주 잘된 수사다.

강가 숲엔 짙은 그늘 지워져 있고, 江樹濃陰合
나귀 타고 강 위 길을 가고 있노니, 騎驢江上行

고깃배는 어느 곳을 향해 가는고? 漁舟向何處
해 저물며 풍랑까지 일고 있는데! 日暮風浪生

해설 역시 화면 속 주인공으로 동참하며 무한한 감흥으로 실경화한 한 폭의 풍경시다.

이 작품에서도 전구의 "何處"라는 미정의 공간으로 설정한 시어는 아주 잘 놓여진 수사다.

첫서리가 어젯밤에 흠뻑 내려서, 新霜昨夜重
낙엽 지며 강물도 차가우련만, 木落江水寒
뱃사람은 가을 풍경 바라보면서, 舟人望秋色
노를 잡고 거센 여울 내려가누나! 持楫下危灘

해설 화면을 실경으로 살리고 뱃사람을 풍정의 주인공으로 삼아 자신의 흥취를 이 대상에 의탁하여 잘 읊어냈다.

띠집(초가) 처마 대숲 눈에 짓눌려 있고, 雪壓茅簷竹
인적 뜸한 마을 길도 희미한 챈데, 人稀村逕微
정녕 바로 시인 살고 있나 보구나! 定是詩人住
날씨 차다 사립문도 안 열었으니. 天寒不啓扉

해설 역시 화면을 실경으로 살려 기막힌 흥취의 주인공(시인)을 설정하고 여기에 자신을 언외로 투영시키고 있다.

전(轉), 결구(結句)는 각문자(脚韻字)의 문제도 있지만 시적 자아이면서 작자 자아의 투영이기도 한 시인을 보다 유흥(幽興)의 주인공으로 강조하기 위해서 의도적으로 도치(倒置)시킨 것이며, 이런 구상과 수사 수법은 넉넉히 당시(唐詩) 충격(風格)의 경지에 들어갔다고 할 만하다.

效崔國輔體 四時.

최국보의 시체를 본따서, 네 계절을 제재로 삼아 짓다.

중국의 시나 그림에서 많이 주인공으로 등장하는 미인 사녀(士女) 또는 사녀(仕女)을 모형으로 삼아 전 작품들이 당시풍(唐詩風)을 훨씬 넘어섰다고 할 만큼 놀랍게 허구화하여 읊고 있으나, 작자 자신의 처지는 물론 우리의 누구 신분에도 맞지 않게 귀족화하여 현실감이 너무 떨어지지만, 그래서 현실적 자아의 처지는 어쩔 수 없이 태연한 척 한쪽으로 접어 놓고, 턱도 없는 공상 유희 같은 고운 그림을 그려 읊어보는 작자의 몸짓이 안타깝다.

새벽빛은 산호자리 훤해져 오고,	曉色珊瑚薦
봄추위는 비취주렴 스며 드는데,	春寒翡翠簾

온갖 꽃들 핀 속으로 돌아오자니, 歸來百花裏
향긋 이슬 옷섶 가득 젖어 드누나! 香露滿衣霑
<봄>.

해설 특수 계층 여인(미녀)의 봄 놀이하는 일상의 행태를 묘사함으로써 그 춘흥을 잘 그려 읊고 있다.

장미 받침 얼개에는 이슬이 젖고, 露濕薔薇架
두구 꽃엔 향긋 냄새 엉겨 있는 채, 香凝荳蔻花
은빛 평상 여름날은 길기도 한데, 銀床夏日永
우물로 가 띄운 참외 찾고 있구나! 金井索浮瓜
<여름>.

해설 역시 특수 계층 여인의 여름 나기를 하는 일상의 행태를 집약 묘사함으로써 그 정갈한 일면을 곱게 그려 보여 주고 있다.

옥 계단엔 서리 기운 차갑게 돌고, 玉階霜氣寒
금색 집 앞 반딧불 몇 날아 지날 뿐, 金閣疎螢度
고요한 밤 한적한 채 아무도 없이, 靜夜閑無人
오동 잎에 맑은 이슬 적실 뿐일세! 梧桐滴淸露
<가을>.

* 金閣 : 금 빛깔을 칠해서 꾸민 누각으로 매우 아름다운 집을 말한다.

해설 사느랗고 조용한 가을 밤의 정황 묘사를 통해 역시 특수계층 여인의 가을 밤 정상을 암시하고 있다.

수장막도 추위 기세 겁이 나는지,	繡幕怯寒威
금병으로 앵무새를 보호해 놓고,	金屛護鸚鵡
창 사이서 시녀 아일 찾고 있는데,	窓間覓侍兒
향로 연긴 살살 향내 풍겨 나누나!	寶篆生香縷

<겨울>.

* 金屛 : 검은 비단 천이나 검은 옻칠을 한 바탕에 金泥로 그림을 그려서 만든 병풍을 말하다.

해설 겨울을 맞은 역시 특수 계층 여인의 아늑하게 보온된 안방, 주인공의 곱상한 행태와 실올 같이 피어오르는 향 연기로 조용한 실내의 풍경이 그려진 시다.

芳林驛.

방림역에서.

저녁 해가 시냇다리 저편 져가고, 西陽下溪橋
낙엽들은 가을 산길 가득 덮어서, 落葉滿秋逕
쓸쓸하게 나그네 길 외롤 뿐인데, 蕭蕭客行孤
찬 냇물엔 건너는 말 그림자 짓네! 馬渡寒溪影

해설 나그네로 가고 있는 도중에 자신의 외롭고 쓸쓸한 행색을 남(나그네)의 그것인 양 객체화하여 그려서 읊음으로써 상응한 내면의 쓸쓸한 심기를 말없이 잘 보여주고 있다.

畵鶴.

그려진 학을 보고.

홀로인 채 먼 하늘만 바라보는 학, 獨鶴望遙空
밤 추운지 한 다리를 접고 섰는데, 夜寒拳一足
가을 바람 참대나무 포기 앞에서, 西風苦竹叢
온몸 함빡 가을 이슬 젖어 있구나! 滿身秋露滴

* 苦竹 : 참대나무를 이르는 말이다.

해설 가을 바람 속 참대나무 포기 앞에 홀로인 채 외롭게 서 있는 학의 모습을 그리듯 읊어, 작자 자신의 고독한 처지를 말없이 투영시키고 있다.

次栗谷韻題僧軸.

율곡의 운을 따라 지어서 스님의 시축에 써 주다.

잘 백로는 가을 사장 내려 서 있고,	宿鷺下秋沙
저녁 매민 강가 숲서 울어대는데,	晚蟬鳴江樹
흰 마름 위 바람 타고 가는 배에서,	歸舟白蘋風
꿈을 꾸며 서담 비 속 헤맸소그려!	夢落西潭雨

* 落 : 여기에서 이 글자의 뜻은 결코 "떨어지다". "마을". "하늘" 등이 아니고 "流落"에서처럼 "헤매다"의 뜻으로 쓰였다.
* 西潭 : 구체적으로 어느 곳을 지칭하는 것인지 알 수 없으나, 과거 문헌들에서 지금의 麻浦를 西湖라고 한 것을 봐서 이 서호와 같은 뜻으로 쓰였을 西潭도 역시 지금의 마포를 지칭하는 말로 쓰였을 것으로 추정되며, 이 작품의 차운 대상인 시의 작자 栗谷이 바로 파주에 살았기 때문에 율곡의

정의를 고마워 하던 마음 때문에 이 가을 저녁을 맞아서 율곡이 그리워 꿈에 배를 타고 파주로 가다가 그 마포 강 위를 헤매다 말았다고 읊은 것으로 추정된다.

....

해설 이 시는 제목으로 보면 분명 스님에게 주는 것이라 스님에 대한 이야기로 이해될 수 있으나, 율곡의 시운을 따라 짓고 있는 것이기 때문에 율곡의 고마운 정분을 생각해서 몹시도 보고 싶은 심정이라, 꿈속을 가상적으로 설정하여 가을 저녁 무렵 배를 타고 율곡이 사는 파주를 향해 가다가 비가 내리는 마포의 강 위에서 헤맸다는 말이다.

"꿈속에 배를 타고 비 내리는 강위를 헤맸다"는 이 결구의 시적 구상이 매우 새로울 뿐만 아니라 이렇게 해서 빚어지는 시적 흥취가 참으로 새롭다. 특히 찾아가서 만났다고 하지 않고 헤맸다고 하여 결국은 못 만나고 만 것으로 시상을 마무리함으로써 끝내 아쉬움으로 끝낸 이 작품의 수사적 묘미가 더욱 돋보인다.

送人.

사람(임)을 보내며.

오월이라 앵도는 익어 가고요,	五月櫻桃熟
수천 산엔 두견새들 울어대는데,	千山蜀魄啼
임 보내곤 부질없이 눈물뿐인 채,	送君空有淚

고운 풀만 또 이렇게 우거지네요! 芳草又萋萋

해설 지금은 앵도도 익어가는 좋은 계절이라 정든 사람들이라면 마땅히 서로 만나서 앵두도 맛보고 술도 마셔야 하는데, 도리어 서로 헤어지게 되어 슬플 뿐이라 저 두견새도 우리들의 심경을 아는지 사뭇 울부짖고 있으니, 나는 부질없이 눈물만 흘릴 뿐인데 고운 풀은 나의 슬픔은 아랑곳하지 않고 또 한껏 싱그럽게 우거지겠다는, 청승맞은 목청에 눈물 먹은 가락으로 읊어지는 넋두리요 원망이다.

그래서 전구의 "空"자는 가히 이 작품의 "시안자(詩眼字;용 그림에서 마지막에 그려 넣어지는 눈알과 같이 시의 생명을 불어 넣어주는 글자)"라고 할 만한 글자이며, 이렇게 해서 결과적으로는 기막히게 잘 느끼고 잘 울려낸 구성진 가락의 시로서 철저하게 여성화한 작품이다.

戲題主人壁.

장난 삼아 주인 집 벽에 써 붙이다.

가을 달은 깊은 안방 비추어 들고, 秋月照洞房
가을 벌렌 벽 가까이 와서 우는데, 秋蟲啼近壁
신선 여인 양대 내려 오나 했더니, 神女下陽臺
가던 구름 아득하게 자취도 없네! 行雲杳無跡

* 神女 : 옛날 중국의 楚나라 懷王이 만났다는 巫山의 神女로 스스로 말하기를 자신은 "아침에는 구름[朝雲]으로 저녁에는 비[暮雨]로 남아 있다"고 하였다.
* 陽臺 : 宋玉의 高唐賦序에 나오는 이야기로 楚나라 懷王이 巫山의 仙女를 만나서 사랑을 나누었다는 곳이 바로 이 陽臺이다.
* 行雲 : 이 한자어의 글자들대로의 뜻은 "가던 구름"인데 이것은 바로 앞에 나온 무산의 선녀를 말하며, 이 行雲[가던 구름]은 바로 이 선녀를 대신하는 말로 쓰였다.

해설 이 시를 써 붙였다고 한 벽의 집 주인이 정녕 가을 밤에 홀로 잠을 못 이루고 있을 상황을 좀은 장난 삼아 놀리듯이 지어준 시다. "초(楚)나라의 회왕(懷王) 같이 당신은 무산(巫山)의 신녀(神女) 같은 여인을 기다리지만 이 신녀가 끝내는 오지 않으니 홀로 외롭게 자게 됐구려!"라는 희롱조로 이루어진 시다.

上柳西坰.

유서경께 올리다.

먼 하늘의 해는 산에 내려 져가고,	遙空日下山
허허 벌판 어둑해진 숲뿐인 듯이,	曠野沈沈樹
언제나 이별하는 순간에만은,	每在別離間

못 만날까 사람 한탄하게 합니다! 令人歎不遇

* 沈沈 : 어두어지고 깊어가는 상태를 말한다.

해설 이 작품은 작자가 유서경(柳西坰)과 이별한 뒤에 올린 시로 추정된다. 따라서 기, 승구는 정녕 작자가 유서경(柳西坰)과 작별하던 순간에 작별하는 자신의 낙망감(落望感)과 적막감(寂寞感)을 연상의 심상으로 변조하여 “산에 져 내리고 있는 해”와 “어둑해진 숲” 같은 풍경에 투영한 것으로 추정되며, 결구는 “다시 못 만날까 한탄한다”는 심경을 전하며 마치고 있으면서도, 전구에서 이런 심정이 “언제나 이별하는 순간에만은”이라고 말함으로써, 이별의 외로움이나 한탄이 날(시간)이 가면서 희석되어 오하려 자신의 인성이 스스로 야속하고 죄송하다는 것을 무언으로 함축하여 암시하고 있다.

題金醉眠山水障子面.

김취면의 산수화 가리개에 써 넣다.

<김취면의 산수화 가리개에 써 넣다> 이 제목으로 지어진 작품들은 모든 제재를 모두 탈세속의 세계로 꾸며서 여기에 작자 자신의 탈현실적인 소망을 안타깝게 투영하고 있는 것으로 추정된다.

구름 자욱 산은 천 점쯤인가 싶고, 雲暗山千點
안개 잠겨 물은 하나 흔적뿐인데, 煙沈水一痕
고깃배는 젓는 노가 길 잃겠으니! 漁舟迷去棹
예가 바로 무릉도원 그 곳 아닌가? 莫是武陵源

해설 기, 승구를 마치도 발묵수법(潑墨手法)의 산수화 화면 같이, 운무(雲霧) 속 상상적 세계의 무릉도원으로 꾸며 "迷去棹[가던 배 길 잃겠으니!]"라고 한 것은, 참으로 시적 흥취의 심화를 이뤄낸 훌륭한 수사다. 특히 "迷"자는 가히 시안자(詩眼字)라고 할 만하다.

먼 강둑선 저녁 안개 피어 오르고, 遠岸起暮靄
찬 강에는 하얀 물결 일고 있는데, 寒江生白波
배 대놓곤 사람 모습 볼 수 없으니, 泊舟人不見
술 사려고 어부 집에 들어갔는가? 買酒入漁家

해설 총체적으로는 해 저무는 차가운 강가의 풍경을 그림처럼 모사하여 보이고 있으면서, 전구에서 "泊舟人不見[배 대놓곤 사람 모습 볼 수 없으니]"이라고 설정함으로써 결구를 "買酒入漁家[술 사려고 어부 집에 들어갔는가?]"로 끝 맺게 한, 이 "人不見[사람 모습 볼 수 없으니!]"이라는 시어 배치는 참으로 시적 감흥을 변조하고 심화하는 기능의 새롭고 놀라운 수사 수법이다.

학 등 위에 자색 안개 옷 입은 사람, 鶴上紫煙衣
날아갈 듯 빼어난 옛 신선이더니, 飄飄古仙子
가물가물 구름 속에 들어간 뒤에, 去入雲冥冥
하늘 바람 사뭇 그냥 불 뿐이구나! 天風吹不已

* 冥冥 : 가물가물 멀고 아득한 상태의 형용어.

해설 기, 승구로는 그냥 그림 속의 실경을 묘사해 놓고서, 전, 결구에서는 시적 주체인 옛 신선을 의도적으로 실종시킴으로써, 이내 상상적인 구조로 바꿔 놓음으로써, 시적 상상의 흥취를 새롭게 하고 있다.

옛 시내엔 물소리만 '졸졸' 울리고, 古澗水泠泠
산바람에 솔방울만 '후둑' 지는데, 山風松子落
이 속에서 세상 숨어 사는 사람은, 中有隱世人
거문고를 갖고 바위 앉아 있겠네! 援琴坐苔石

* 泠泠 : 이 시어는 듣기에 시원하면서도 분명한 소리를 나타내는 의성어로서, 예컨대 "졸졸" 같은 음성 형용어이다. 그런데 叢刊本『蓀谷集』에는 이렇게 "泠泠"으로 되어 있고, 다른 板本이나 筆寫本『蓀谷集』 등에는 "冷冷"으로 되어 있는데, "泠"자는 韻이 "青"으로 平聲이며, "冷"자는 운이 "梗"이며 "迥"으로 모두 仄聲이다. 그런데 이 기구의 끝자는 반드시 평성의 운에 맞는 글자를 놓아야 하기 때문에, 이 平仄 배치 규정에 맞는

글자로는 마땅히 평성 운의 글자인 “泠”자라야 한다.

해설 먼저 기, 승구로 그림 속의 실경을 묘사하고, 전, 결구를 상상화하여 세상을 숨어 사는 사람의 행태로 설정하고 시적 흥취를 새롭게 살려 읊고 있다.

題畵.

그림을 제재로 삼아서.

영감 · 할멈 서로 마냥 즐거워 하며,	翁婦相欣欣
봄이 오면 갈고 심고 농사 짓는데,	春來事耕作
네 마리 말 높은 마차 탄 사람이야,	高車駟馬人
그 누구가 이 농가의 낙을 알겠나!	誰識田家樂

해설 봄을 맞아 농사를 시작하며 자족자락하는 행태의 늙은 농부 내외를 작자는 일단 이른바 천민(天民;하늘의 뜻을 따라 순수 진실하게 사는 사람)으로 전제하여, “세속적 부귀영화를 누리며 위세를 부리는 사람들이 오히려 순수 진실한 참 삶의 낙을 알겠느냐?”고 함으로써, 조롱인 듯도, 동정인 듯도 한 목청의 가락을 실어 읊고 있다.

산골 시내 그 속에서 땔감 주워선, 采樵山澗中
산 끝 바위 지게 벗고 어깰 쉬면서, 息肩山邊石
멀리멀리 마을 쪽을 바라 보다가, 遙遙望家山
산 속 해가 저녁 돼도 모르는구나! 不知山日夕

---

* 家山 : 주로 "고향"을 지칭하는 말로 쓰이나, 여기서는 자신의 집이 있는 마을의 산(쪽)을 말한다. 신사임당의 시에 "千里家山萬疊峰"이라는 것을 보면 그것을 알 수 있다.

해설 그림 속 나무꾼[樵夫]의 모습을 아주 사실적으로 묘사하여 보이면서도, 시 속에서 다시 천진스럽고 소박한 행태의 주인공으로 삼아 말없이 인정의 눈길을 실어 읊고 있다. 그리고 이 작품의 승구에서 시적 주체인 나무꾼이 산 끝 바위에 지게를 벗어 놓고 어깨를 쉬면서, 자신이 살고 있는 마을이 실제로는 대단히 멀지 않을 것이 분명한 데에도, 전구에서 "멀리멀리 마을 산(쪽)을 바라보다가"라고 하여 아득하게 먼 것처럼 표현하고 있는 것은, 주체인 나무꾼 자신에게, 자신이 살고 있는 마을이 저녁 연기가 피어 오르며 매우 평화롭게 보였을 것을 전제로 하여, 순간 무자각적으로 조금은 아련한 이상적 공간으로 미화되어 몽상화의 상태에 들었었을 거라는 말이며, 그래서 결구에서 해가 져가는 것도 몰랐다고 한 것이다. 어쨌거나 역시 놀라운 구상과 수사의 면모를 보여주는 것이다.

別意.

이별한 마음.

정향꽃이 피던 나문 한만 맺히고,	恨結丁香樹
비취 색깔 곱던 치만 먼지만 끼니,	塵生翡翠裙
원하건대 강가 위의 바위나 되어,	願爲江上石
매일매일 서방님 쪽 바라봤으면!	日日望夫君

* 丁香 : 열대지역이 원산지인 향기 있는 목본의 화초이며, 담홍색의 향기를 지닌 꽃을 피워 관상수로, 분재로 올려 기르기도 하고, 꽃은 조미료와 향료, 약재로 쓰여지고 있다. 그래서 荔枝의 별명으로 지칭되기도 하고 여인의 혀를 지칭하는 말로 쓰이기도 한다. 뿐만 아니라 丁香竹 · 丁香柿 · 丁香魚 등 여러 물건의 명칭으로 두루 쓰인다.

해설 아마도 "이별하는 여인의 마음"을 제재로 삼아 "망부석설화(望夫石說話)"를 빌려서, 서방님을 이별하는 이 여인의 슬픈 정한을 대리로 읊어내고 있는 것이라 하겠다.

舟上別泥丸次韻.

배 위에서 이환과 작별하면서, 그의 시 운을 따라 짓다.

앞을 향해 저 골짝 속 길 바라보고,	前望峽中路
머리 돌려 강 위 누각 치어다보니,	回看江上樓
방금 작별 바로 지척 저 곳이건만,	纔分咫尺地
어느덧 꿈 속에서 노닌 것 같네!	已似夢中遊

해설 앞을 향해 바라보는 골짝 속 길은 바로 작별하고 가는 이환이 가야 할 길이고, 머리 돌려 치어다보는 강 위의 누각은 이환과 작별하기 전 함께 술을 마시던 장소다. 이 두 곳은 작자 이달과 이환 두 사람의 안타까운 정한이 남겨진 곳이면서 서로 헤어진 지척의 두 곳이건만, 머리 돌려 치어다보는 저 누각 위에서 술 마시던 일은 벌써 꿈 속의 놀이처럼 아득하다는 말이다.

畵.

그림을 보고.

어딜 향해 노를 젓는 나그네인고?	何處鳴榔客

산음 향해 술을 실은 밴가 싶은데, 山陰載酒船
알아보는 사람 없는 하지장 영감, 無人識賀老
경호 한 편 집만 거기 있나 보구나! 家在鏡湖邊

* 鳴榔 : 목판본『蓀谷集』들에는 모두 이 "榔"자로 되어 있는데, 이 "榔"자의 뜻은 "빈랑(한약재의 명칭)"인데, 이 글자는 "桹(낭;배의 널판)"자의 俗字로 쓰이기도 한다. 따라서 이 시에서는 마땅히 "桹"자로 하여 "鳴桹"으로 고쳐 이해해야 하며, 이 "鳴榔[배의 널판을 울려 소리 나게 하는 것]"은 다른 말로 바꾸어 말하면 바로 배의 널판에 의지해서 노를 젓기 때문에 널판을 울리는 것처럼 소리를 내는 것이라 노를 젓는 것 자체를 대신하는 말이다. 그리고 일부 필사본『蓀谷集』에는 "鳴柳"로 되어 있는데 이 "柳"자는 물론 誤字다.
* 山陰 : 중국의 浙江省 紹興府 會稽縣에 있는 지역이며, 唐나라 玄宗 때 賀知章이 이 곳에 千秋觀을 짓고 周官湖를 放生池로 하고 싶다며 청하자 鏡湖(一名鑑湖. 長湖)와 剡溪를 하사 받았으며, 그래서 이 鏡湖는 賀監湖라고도 불려졌다.

해설 정녕 화면에 있었을, 한 척의 배를 노로 저어 가고 있는 그림을 가지고, 풍류를 즐기며 고향으로 가고 있는 하지장으로 상정하여, 아무도 아는 사람이 없지만 그런 것에 개의하지 않고 술을 싣고 홀로 흥에 겨워 고향에 하사 받은 경호로 돌아가고 있나보다 라고 추정하듯 읊은 것으로, 여기에는 그 하지장을 부러워 하는 작자 자신의 감정이 언외로 곁들여져 있다.

嘉林別安生.

가림(지금의 부여지역)에서 안군과 작별하면서.

산 가까워 저녁 그늘 짙게 깔리고,	山近夕陰重
해 지면서 가을 기운 서글퍼지니,	日西秋氣悲
내일 아침 옛 백제 땅 가는 길에서,	明朝百濟路
돌아볼 젠 바로 서로 그려서겠지!	回首是相思

* 嘉林 : 조선왕조 시대 충청도의 한 지역인 林川의 옛 명칭이며, 趙氏의 관향으로 지금은 扶餘의 일부가 되어 있다.

* 安生 : 구체적으로 누구인지 알 수는 없으나, 아마도 글 공부를 하고 있었던 젊은 선비였을 것으로 추정된다.

해설 가을 저녁을 맞으며 누구나 그런 것처럼, 차츰 더 짙어져 가는 이 가을 기운 앞에서 까닭 없이 서글퍼지는 심경을 못 가누는데, 내일 아침 서로 작별하고 떠나는 길에서는 서로 그리워질 심경을 못 이겨 자주 머리를 돌려 바라보게 될 거라는 말이다.

錦江別鄭子愼.

금강 가에서 정자신과 작별하면서.

온통 한 주 돌배나무 많던 잎들도,	一樹棠梨葉
바람 불려 뜨락 가득 져버렸으니,	風吹落滿庭
낼 아침엔 금강물 가 가서 선 채로,	明朝錦江水
시름겨워 저무는 산 대하게 됐네!	愁對暮山青

해설 나뭇 잎들도 다 지는 이 쓸쓸하고 외로워지는 늦가을에 서로 작별하고 나면, 나는 내일 아침엔 그대가 떠난 금강 가에 가서 하루 종일 선 채로 그대가 떠난 쪽을 바라보다가, 이내 해가 다 진 산만 대하게 될 거라는 슬픈 고별사 같은 시다.

宿安州村舍.

안주 어느 시골집에 투숙하면서.

눈이 쌓인 수 천 산 속 찾아가는 길,	積雪千山路
외론 연기 펴 오르는 한 물가 마을,	孤煙一水村
나그네로 가는 사람 투숙하려니,	行人欲投宿

져 가는 해 벌써 황혼 다 되었구나! 殘日已黃昏

* 安州 : 지금 평안남도에 있는 지역이다.

해설 눈이 쌓인 수 천 개의 산 속을 외롭고 지친 신세로 무한정 찾아가는 도중에, 해가 지는 무렵 초가 몇 집에서 외롭게 저녁 연기가 피어오르는 물가의 한 마을을 만나 너무도 반가운 데다, 나그네의 한 사람으로 어느 한 집의 호의까지 받아 정말 고맙게도 하룻 밤을 묵어가려다가 보니, 겨우 남은 짧은 겨울 해는 어느덧 황혼을 맞고 있다는 말이다. 이 작품은 당(唐)나라 유장경(劉長卿)의 <봉설숙부용산(逢雪宿芙蓉山)>과 같은 심기가 좀은 묻어나는 시로 기구와 승구는 유수대(流水對)로 읊어지고 있는 시다.

逢金爾玉別.
김이옥을 만나자 곧 작별하면서.

꼬불 골목 요리 조리 다 끝난 곳에, 曲巷逶迤盡
사립문은 이 옛마을 한 쪽 있는데, 柴門古縣傍
만났어야 그 얼마나 섭섭만 한가? 相逢何草草
작별 얘기 끝에 벌써 해가 져가니! 話別已西陽

* 金爾玉 : 구체적으로 누구인지 확인할 수 없으나, "爾玉"은 아마도 이름이 아니고 字인 것으로 추정된다.

해설 아마도 꽤 교분이 깊었던 사이였을 것으로 추정되는 김이옥을 깊은 골목 안에 있는 집에서 만나자마자, 오늘 내로 떠나야 할 사정에 처해 있었던 것으로 추정되는 자신이라서, 작별 이야기를 하는 순간에 이미 석양을 맞은 것이 너무도 안타까운 것이다.

題畵.

그림들을 제재로 삼아서.

<그림들을 제재로 삼아서> 이 제목의 여러 작품들은 모두 대상을 생동화와 입체화로 재구성하여 훌륭하게 잘 살려 읊어내고 있다.

고목에는 잎들 벌써 다 져버리고,	古木葉已盡
산속 마을 가을 물만 휑할 뿐인 채,	山村秋水空
거룻배에 사람 홀로 자나 싶은데,	艤船人獨宿
석양 속에 바람 물결 일고 있구나!	風浪夕陽中

해설 낙엽이 다 진 고목만 서 있는 산속 마을에는, 가을을 맞은 물가 주위가 맑고 고요한 속에 휑한 채, 덩그마니 홀로 떠 있는 거룻배에는 누군가가 홀로 낮잠을 자고 있나 싶은데, 석양 속에 바람이 일어 물결만 조용히 일고 있다는 것으로, 정태의 한폭 그림을 조용히 생동하는 실경의 한 마당 풍경으로 되살려 읊어서 그윽한 흥취를 담고 있다.

又.

또 한 수.

늙은 등걸 매화는 꽃을 피우고,	老樹梅花發
바람 결은 키 큰 대숲 울려대는데,	風鳴脩竹林
산속 사람 눈길 밟고 찾아 와서는,	山人踏雪至
시 구절만 제냥 사뭇 읊고 있구나!	詩句自長吟

해설 역시 매화와 대숲이 있는 산가가 그려진 한 폭의 그림을, 늙은 고목 등걸에 매화가 몇 송이 피고, 바람 결에 죽죽 자란 대숲이 울려 소리를 내는 산가에, 산속에 숨어사는 고상한 선비인가 신선인가 싶은 한 사람이 눈속에 찾아와서는, 그냥 홀로 시 구절만을 사뭇 읊고 있다며, 실경으로 생동화하여 읊으면서 작자 자신의 그윽한 흥취도 말없이 곁들이고 있다.

又.
또 한 수.

산골짝엔 봄 구름이 따스해지고, 山洞春雲煖
산자락엔 봄날 하루 길기도 한데, 山闌春日遲
때로 대숲 아래서 잔 기울이다가, 時傾竹下酌
함께 가서 꽃 가지를 구경도 하네! 同去看花枝

해설 역시 구름이 감돌고 대숲이 있고 꽃이 피어 있는 그림 한폭을 실경으로 삼아, 작자 자신이 시 속의 주체로 참가하여 함께 한 벗과 대숲 아래에서 술을 마시다가, 또 같이 거닐면서 꽃 구경도 하며 노닌다고 함으로써, 화창한 춘경에 겨운 진솔한 흥취를 말없이 곁들여 전하고 있다.

又.
또 한 수.

나귀 타고 다리 건너 가고 있자니, 騎驢渡橋去
잎 다져서 가을 산은 휑할 뿐인데, 葉落秋山空
해 이른지 늦은지도 모르겠구나! 不知日早晩

구름기운, 폭포 물기 속에 있으니. 煙嵐飛瀑中

해설 역시 그림을 생동화, 실경화하여 그 속에 주인공으로 변신한 화자는 상상으로나마 실제적인 체험으로 자족, 자락하는 시적 감흥에 몰입하고 있는 것이다.

次韻.

어떤 시의 운을 따라 짓다.

곤란해도 항상 기쁜 듯이만 했고, 處困常歡若
가난에도 매양 편히 여겨왔건만, 居貧每晏如
봄바람 속 한식날엔 흐른 눈물이, 東風寒食淚
모르는 새 옷깃 가득 적시는구나! 不覺滿衣裾

해설 이 시는 아마도 작자가 나그네로 떠도는 처지에 놓여 있을 때 지은 것으로 추정되며, 그래서 곤란한 일을 겪거나 가난 속에 살 때에도 모두 기쁜 듯이 태연하게 지내왔었던 자신이지만, 아 모두 고향으로 돌아가는 이 한식날을 맞아서는 나만 고향에 돌아가지 못하는 처지라 자신도 모르는 사이 저절로 눈물이 흘러 옷깃을 가득 적신다는 한탄이다.

贈人.

어떤 이(벗)에게 주다.

고달파진 나그네로 황강 길에서, 倦客黃岡路
단오건만 이 명절도 등지게 된 채, 端陽負令辰
만났다간 바삐 금방 작별을 하니, 相逢草草別
우린 함께 난리 속의 사람들일세! 俱是亂離人

＊草草 : 허둥지둥 바쁜 상태.

해설 "이 난리 속 객지에서 잠깐 서로 만났건만, 또 바로 서로 각자 살 곳을 찾아가야 할 처지라 바삐 작별을 해야 하니, 아 우리는 함께 이 난리 속을 살아가야 할 기구한 운명의 주인공들일세!"라고 하는 동병상련의 구슬픈 가락으로 읊은 시다.

又.

또 한 수.

아지랑인 새 날아간 저 끝 부옇고, 遠靄鳥邊白

먼 산들은 구름 밖에 푸르른 챈데, 遙岑雲外靑
전쟁 속에 서울 남쪽 이 한 끝에서, 干戈國南徼
작별의 말 하려니 눈물 먼저 흐르는구려! 欲語淚先零

해설 자연은 유상한 채 변함없이 반복 순환하며 다시 5월(중간 여름)을 맞았건만, 인간 세상은 전란에 휩싸여 무상하게 이별하고 사망하고 늙어가면서 온갖 곤경에 맡겨져 있는데, 우리는 또 이렇게 만나자 마자 작별을 말하려니 눈물이 먼저 흐른다는 탄식이다.

<題金悅卿寫眞帖> 遺像在於扶餘無量寺.

<김열경의 사진첩을 제재로 삼아서> 김시습(金時習) 자신이 남겨놓은 자화상이 부여(당시에는 홍산(鴻山)) 무량사에 있다.

김열경이 도고산에 내려왔다가, 悅卿道高下
자화상은 절 안에다 남겨놨는데, 留影在禪林
한 쪽인 채 물 속 담긴 맑은 달이요, 一片水中月
천년 두고 울려져 갈 범종 소릴세! 千秋鍾梵音

---

* 道高 : 조선시대 충청도 禮山에 있었던 道高山을 말하는 것으로, 아마도

김시습은 서울에서 이 산이 있는 곳으로 내려와 있다가 鴻山의 無量寺로 간 것으로 판단된다.

* 禪林 : 불교에서 절을 대신 일컫는 말로 쓰인다.

해설 매월당 김시습이 서울에서 충청도 예산(禮山)의 도고산(道高山)으로 내려왔다가, 자화상을 홍산(鴻山)의 무량사(無量寺)에다 남겨 놨는데, 작자는 이 자화상을 기막힌 숭모(崇慕)의 눈길로 보면서, 물 속에 담긴 달로 고결한 인품을, 길게 울리는 범종 소리로 길이 전할 명성을, 놀랍고 신기하게 은유하여 읊고 있는 수작이다.

題畫帖.

화첩을 제재로 삼아서.

응달 언덕 옛적 역이 남아 있어서, 陰崖古驛存
길 가는 이 밤을 맞아 투숙하는데, 行人夜投宿
흰 구름 낀 저 속에서 개가 짖으니, 犬吠白雲中
산골에서 동자 내려 오나 싶구나! 童子下山谷

해설 이 작품에서는 정녕 작자 자신이 그림 속의 주체인 행인(行人; 나그네)으로 변신하여 밤중에, 낮에 볼 때 흰 구름이 끼어 있던 그 산골로부터 개 짖는 소리를 듣고는 "아마도 동자가 그 산골에서 내려 오나 싶으다"라는 추정을 해보고 있는 것이다. 이 작품에도 당(唐)나라의 유장경(劉長卿)의 <봉설숙부용산(逢雪宿芙蓉山)>의 심기가 그림자로 연상된다.

次尹恕中韻.

윤서중의 운자를 따라 짓다.

서울 와서 나그네로 떠도는 손아,	京洛旅遊客
구름 낀 산 어느 곳이 자네 집인가?	雲山何處家
성긴 연기 대숲 길에 피어 오르고,	疎煙生竹逕
가랑비에 등꽃들이 지는 곳일세!	細雨落藤花

해설 서얼(庶孼)이라는 운명적 신분으로 평생 동안 소외된 인생을 살아야 했던 작자가, 정녕 서울에서 유랑인의 신분으로 빈한과 공궁의 삶을 하루 하루 살아가면서 절감하는 한과 고독을 자련자애(自憐自哀)하며, 눈물을 머금은 구슬픈 목청으로 자문자답(自問自答)하면서 읊어내고 있다.

그러면서도 지친 영혼과 육체를 보듬어줄 보금자리, 그 먼 구름 낀 산속 내 집을 "성긴 연기가 피어 오르는 대숲 길과 등꽃들이 지는 곳"이라며 애써 자위하듯 자랑하듯 답하고 있거니와, 작자 자신이 절감하는 현실적 삶을 절실한 구상으로 기막히게 하소연한 절창의 작품이다.

題金養松畫帖.

김양송의 화첩을 제재로 삼아서.

한 줄인지 두 줄인지 기러기 날고,	一行兩行雁
만 점인가 천 점인가 산도 많은데,	萬點千點山
삼강 · 칠택 그 밖인가 싶기도 하고,	三江七澤外
동정 · 소상 그 사인가 싶기도 하네!	洞庭瀟湘間

* 三江七澤 : 이것은 물론 "三江"과 "七澤"을 합친 말이며, "三江"은 중국 여러 곳에 있는 강물의 명칭이라 여기서는 어느 것을 지칭하는 것이지 알 수 없으나, 아마도 예부터 중국의 명승지로 알려진 지금 중국의 湖南省 岳陽縣에 있는 洞庭湖가 長江(揚子江)으로 흘러들어가는 물길인 三江을 말하는 것으로 추정된다. 그리고 "七澤" 역시 漢나라 司馬相如의 <子虛賦>에 나오는 곳으로, 지금 중국의 湖北省에 있는 물길들의 명칭을 대신한 것이라 추정된다.
* 洞庭瀟湘 : 이것 역시 "洞庭"과 "瀟湘"을 합친 말로 이것들은 이미 많이 알려진 바대로, "洞庭"은 앞에서 인용한 바 중국 호남성에 있는 "洞庭湖"를 말하며, "瀟湘"은 지금 중국의 湖南省에 있는 瀟水와 湘水가 합쳐져 이루어진 강물로, 이른바 "瀟湘八景"으로 알려진 명승지로 수없이 그림으로 그려진 곳이다.

해설 기막히게 아득하고 아련한 산수의 풍경으로 그려진 상상의 평면 산수화를 놀라운 상상력을 통해 실재의 산수인 삼강(三江)과 칠택(七澤), 그리고 동정(洞庭)과 소상(瀟湘)으로 상상, 재구성하여 입체화 ·

생동화한 시다. 우선 기, 승, 전, 결 네구가 모두 대구(對句)로서 이른바 "사구개대(四句皆對)"로 된 구상과 수사, 그리고 네 구 모두를 의도적으로 동사(動詞), 형용사적(形容詞的) 서술어가 아닌 명사(名詞)의 동(動), 형용사적(形容詞的) 전성(轉成)으로 구문(構文)함으로써 작품 전체를 제시형으로 구성하였고, 또한 네 구의 주체를 의도적으로 지정하지 않으므로써 고의적으로 불명화(不明化)하고, 그래서 기막힌 상상의 공간으로 유도하여 제시하였다. 작자의 이런 시적 구상력과 수사 수법은 우리 한시사상의 어떤 작가에게서도 발견되지 않는 고도의 수완이다. 이런 표현수법에 의하여 이 작품은 대상인 <김양송화첩(金養松畵帖)>의 본질을 완전히 새롭게 살려내고 있을 뿐만 아니라, 그래서 조선조 후기 정선(鄭敾)에 의하여 새롭게 전개된 진경산수화(眞景山水畵)와 상대적으로 변별되는 조선조 중기까지의 주조를 이루었던 상상산수화(想像山水畵)의 본질을 가장 잘 적시한 작품이라 할 수 있다. 어쨌건 이 작품 역시 중국 당(唐)나라 시인들의 작품에서도 쉽게 볼 수 없는 작자의 시적 상상력과 수사적 수법은 누구에게도 추종을 불허하는 수작이다.

佛日庵贈因雲釋.

불일암에서 인운스님에게 주다.

산은 온통 하얀 구름 속에만 있어,	山在白雲中
하얀 구름 그래 스님 쓸지 않더니,	白雲僧不掃

손님 오자 문을 처음 열어제치니, 客來門始開
온 골짝엔 송홧 가루 한물 갔구려! 萬壑松花老

---

* 山 : 앞에서 언급한 바대로, 이 작품의 첫 구는 필사본과 인쇄본 모두에 "山在白雲中"으로 되어 있으나, 세상에 유통되는 일부 본에는 "寺在白雲中"으로 되어 있다. 그런데 "山"자를 시상의 의미 구조로 보면 이 "山" 속에 "절"이 있으므로, "山在白雲中"은 결과적으로 "절은 온통 하얀 구름 속에만 있어"로 해석이 되는 것이라 오히려 이 "山在白雲中"이 더욱 좋다고 할 수도 있다.
* 釋 : "釋子"의 준말로서 "스님"이라는 뜻의 말이다.
* 白雲 : 이 한자어는 불교에서 "白雲重重"이라고 하여 "絶對의 境地에 머물러 있음"을 뜻한다.

해설 우선 이 작품은 그 첫 구가 필사본과 인쇄본 문집 모두에 "山在白雲中"으로 되어 있으나, 세상에 유통되는 일부 본에는 "寺在白雲中"으로 바뀌어져 있다.

그러나 스님의 법명인 "인운(因雲;구름을 인연으로 하다)"을 발상의 단초로 삼아, 흰 구름 속이라는 절대경에 있다는 고상한 스님을 승속의 상대적인 시공으로 유도하여 시공(승속)의 변화를 알리면서, 그 탈속의 경지를 속세로 넌지시 유도하여 "이제 절문을 열고, 절 아래 인간 세상과 온 골짝에는 송홧 가루가 한물 간 것을 알게 됐지요? 시공간의 차별상과 변화를 초월한 절대경에 있다가 내가 찾아와서 스님을 해탈 득도의 경지에서 상대적 세속의 경지로 살짝 유인을 했는데, 그걸 알고 있나요?"라며 질문 아닌 질문조의 해학과 장난기를 곁들여 지어 준 시로, 역시 아주 고품격의 작품이라 하겠다.

楓岳晴雲.

풍악 위에 말갛게 떠 있는 구름.

퍼런 채로 골짝 어귀 늘어선 산들,	蒼蒼谷口山
그 위에는 푸른 단풍 숲들 있는데,	上有青楓樹
때때로 말간 구름 피어 올라선,	有時起晴雲
어느 사이 산 머리에 비 돼 내리네!	忽作山頭雨

해설 푸른 단풍나무(신나무) 숲으로 이루어진 산 위에 말갛게 떠 있는 구름을, 나름대로 자연의 묘한 조화인 양 때로 산에서 피어올랐다가는 어느 사이 산 머리에 비가 되어 내린다며, 조금은 신기하여 귀여워하는 눈길로 그리듯이 읊은 시다.

平沙曉月.

펼쳐진 모랫벌에 비친 새벽 달빛.

산 위 달이 모랫벌에 내려 비추자,	山月照溪沙
동트는 빛 훠언하게 흰 천 같은데,	曙色明如素
다신 길을 가는 사람 아무도 없고,	不復有人行

구부정히 백로만이 홀로 서 있네! 獨有聯拳鷺

* 聯拳 : 키가 큰 긴 다리가 좀 구부러져 있는 듯한 상태.

해설 모랫벌에 내려 비춰진 새벽 달빛 속에 오가는 인적도 없는 시간, 너무 키가 커서 좀은 구부정한 듯한 상태로 백로 한 마리만이 서 있는 풍경을 그리듯 읊은 시다.

鐥淵村燈.

선연 마을의 등불을 보고.

키큰 나문 가시덤불 가리워 섰고, 喬木翳荊榛
물 건너 편 마을 등불 조그마한데, 隔水村燈小
가을 베틀 납세 독촉 받게 돼선지, 秋機及催科
산달 지는 새벽 돼도 모르는구나! 不知山月曉

해설 물 건너 편 마을에 켜져 있는 자그마한 등불 하나를 보고는, 이내 "저 등불이 밝혀진 그 방안에 정녕 어느 아낙네가 어젯 밤부터, 관청의 납세 독촉에 맞추기 위해, 잠도 못 자고 이 새벽까지 베를 짜면서 산 위의 달이 새벽이 되어 져가고 있는 것도 모르고 있구나!"라며 무한한 연민의 눈길을 곁들여 읊고 있는 시다.

新店秋砧.

신점 주막의 가을 맞은 다듬이질.

산골 논엔 가을 벼가 베어져 있고, 秋禾刈山田
초가 주막 산봉 밑에 붙어 있는데, 草店依雲巘
영감 · 할멈 다듬이질 밤내 하는지, 翁姑事夜砧
달빛 아래 그 소리는 가깝단 머네! 月下聲近遠

* 翁姑 : 이 한자어의 원래의 뜻은 “시아버지와 시어머니”인데, 여기서는 “新店”이라는 주막집의 주인일 것을 전제로 해보면 아무래도 “영감과 할멈”이라는 뜻으로 쓰였을 것이 분명하다.
* 砧 : 이 글자는 대개 “다듬잇돌”이나 “모탕”을 지칭하는 말이라, 이 글자의 뜻대로 하면 “事夜砧”은 마땅히 “다듬이질 밤 내 하는지”로 풀어 읽는 것이 맞다. 그런데 영감이 할멈과 마주하여 다듬이질을 한다는 것은 아무래도 부자연스런 것일 수도 있어, 혹시 “밤내 방아 찧기를 하나?”라는 뜻이 아닌가 싶기도 하다.

해설 가을을 맞은 산골에 추수도 거의 끝나고, 구름 낀 산밑 초가 주막에서는 영감 · 할멈이 겨울옷을 준비하려고 밤을 지새우며 마주 다듬이질을 하는지, 이슥하도록 달빛 속에 그 소리가 가까이 들리다가는 이내 멀리 들리곤 한다며, 매우 사실적으로 그리듯 읊고 있으면서도 언외로는 연민의 정이 곁들여 있음을 알 수 있다.

蓮塘夜雨.
연못에 내리는 밤비.

밤비 내려 가을 못은 차서 넘치고,	夜雨漲秋池
가을 연댄 거지반이 시들었지만,	秋荷太多死
우수수 잎들 위서 나는 소리에,	蕭蕭葉上聲
원앙새도 졸음에서 놀라 깨겠네!	驚起鴛鴦睡

해설 연대궁도 거의 다 시들은 늦가을 연못에 밤비가 우수수 내리니 연대궁 아래에서 잠들었던 원앙새들도 놀라 깨겠다는 것으로, 가을의 밤비가 내리는 연못의 풍경과 정황을 상상적으로 그려 재현해 보며 읊고 있다.

舞鶴暮嵐.

무학산의 저녁 산기운.

아지랑이 같다가는 되려 아니고, 似靄還非靄
연기인가 싶으면서 연긴 아닌 채, 如煙不是煙
항상 산에 해가 지는 저녁 때 보면, 每看山日夕
그냥 푸른 빛만 산 앞 가득 끼었네! 空翠滿山前

해설 정녕 무학산이라는 산에 저녁 무렵 끼어 있는 산기운이, 아지랑인가 싶으다간 아니고 연기인가 싶으다간 또 아닌 채로, 항상 산에 저녁 해가 지는 무렵 바라볼 적엔, 그냥 푸르른 빛으로만 산 앞에 가득 끼어 있다는 것이다. 이 작품은 "산기운"을 "무엇 같은데 아니고, 무엇 같은데 또 아니다"라며 의도적인 양 불명상태화하여 조금은 신비화함으로써, 시적 흥취로의 완상적인 대상으로 삼아 읊고 있다.

南山冬栢.

남산의 동백꽃.

눈 속에선 구름 비단 펼치었다가, 雪裏披雲錦

안개 속에 짙은 화장하고 있다만, 煙中傅艶粧
아무래도 늘 푸르른 솔, 잣나무가, 何如松栢樹
우뚝 선 채 얼음, 서릴 깔봄만 하랴! 獨立傲冰霜

해설 동백 꽃과 솔 · 잣나무를 각각 인격체로 우의화(寓意化)하여, 동백 꽃은 미인으로, 솔 · 잣나무는 선비로 설정하고는, 이내 "아무리 미모의 여인이라고 해도 높은 지조와 기개로 우뚝하게 서 있는 선비와 견줄 수야 있겠는가!"라는 결연한 판정을 내리는 시다.

雙亭納凉.

쌍정에서 시원하게 바람을 맞으며.

한쌍 나무 짙은 그늘 어울어진 곳, 雙樹濃陰合
옷깃 풀고 먼 바람을 맞고 있으니, 開襟納遠風
누가 알까? 더위 속에 가는 나그네, 誰知當暑客
갈래진 길 가운데서 땀 뿌릴 줄을! 揮汗路岐中

* 暑 : 이 글자가 筆寫本에는 이대로 되어 있고 木活字 初刊本에는 "曙[새벽 · 동트다]"자로 되어 있는데, 이 글자는 아무래도 시적 의미로 적합하지 않은 것으로 판단하여 "暑"자로 확정하였다.

해설 “이 쌍정에서 시원하게 바람을 맞으며 피서를 하고 있는 사람들이야 그 누군들 정처 없이 헤매듯 더위 속 길을, 땀을 뿌리며 가고 있는 나그네의 정황을 알기나 하겠느냐”라는, 원망과 하소연을 말없이 담아 읊어낸 시다. 물론 여기의 더위 속 땀을 뿌리며 길을 가는 나그네에는, 유랑하는 신세의 작자 자신도 대입되어 있음을 쉽게 알 수 있다.

暮浦歸帆.

저무는 갯펄에 돌아가는 돛배.

포구에서 돛배 조용 돌아가는데,	浦口帆歸穩
강 안쪽엔 물결 일지 않을 것이니,	江中水不波
모름지기 안전한 곳 찾아 밸 대게,	須從安處泊
산 밖에는 밤바람이 많이 불 테니!	山外夜風多

해설 저녁 무렵 포구에서 조용히 돌아가고 있는 돛배를 정겨운 눈길로 바라보고 있는 작자는, 마치도 아끼는 벗인 듯이 그 사공에게 “강의 이 안쪽은 물결도 일지 않고 조용할 것이니, 그 조용하고 아늑한 한 곳에 배를 대게나, 이 강을 두르고 서 있는 산들 밖에는 밤바람이 많이 불 터이니!”라며 타이르듯 부탁하듯 읊고 있는 정겨운 시다.

그런데 여기에는 생활의 풍파를 겪고 사는 세상 사람들을 향해 경계와 충고의 의미를 담아 전하는 듯한 인상을 지울 수가 없다.

三. 六言絶句

無題.

제목도 없이.

꾀꼬리는 백 번 천 번 울부짖으며,	黃鳥百囀千囀
푸른 버들 길고 짧은 가지 늘인 곳,	綠楊長枝短枝
조각한 창 수 놓은 문 깊이 닫은 채,	雕窓繡戶深掩
원망 띤 뺨, 수심 눈썹 홀로만 아네!	怨臉愁眉獨知

해설 버들 숲에서 꾀꼬리가 우짖는 풍경을 기, 승구로 먼저 제시하여, 이 곳을 궁궐 안이나 귀족 고관의 저택으로 상정하여 특수 공간으로 설정하고, 뒤에는 조각된 창과 수를 놓은 천의 문을 그냥 꼭꼭 닫은 채, 원망의 기색이 서린 뺨과 수심에 찬 눈썹을 아무 보는 이도 묻는 이도 없이 홀로 자신만이 알고 있다는 고독의 여인을 주인공으로 삼아 전, 결구로 제시하였다.

가장 흥겨운 봄날, 가장 화려한 공간에다가, 오히려 가장 고독하고 가장 슬픈 주인공을 대비적으로 배치하여, 이 주인공의 한애(恨哀) 감정이 대비적으로 극대화 되도록 한 훌륭한 구상이며 수사라 할 것이며, 그래서 이 작품에는 주인공의 정한을 기막히게 울려내는 구성진 가락이 실려 있다.

그리고 이 정한의 주인공은 비록 여성으로 설정되어 있지만, 여기에는 정녕 관료세계에서는 물론 당시 양반 문사들의 집단에서도 철저하게 소외감을 절감하며 살아야 했던 작자 자신이 투영되어 있음이 분명하다.

又.

또 한 수.

곳곳에서 말 발자국 많이 만나고, 處處多逢馬跡
가며 가며 마차 먼지 또 피하거니, 行行且避車塵
서울 장안 큰 거리 위 꽃 · 버들 속엔, 長安陌上花柳
거의 반이 바로 고관 · 귀인들일세! 半是高官貴人

해설 이 작품에 등장하는 바대로 말 탄 사람과 마차 탄 사람이 모두 당시의 귀족 고관임은 말할 것도 없거니와, 이들의 이렇게 번화하고 환락적인 삶의 풍경을 읊고 있는 이 시의 뒷면에는 작자 자신의 신분적 제약으로 인한 온갖 곤고와 한애의 하소연이 언외로 갈무려져 있어서, 이 작품 자체의 가락이 속으로 삼켜지는 눈물을 머금고 있다.

奉呈柳摠戎.

유총융대장군께 보내 드리다.

장군님의 말씀, 존안 작별 오래에, 虎節音容別久
변방에서 소식까지 뜸하신 챈데, 邊城消息來疎

북쪽 가는 봄 기러기도 끝나려 하고,	北雁春歸欲盡
편지 할 곳 어딘지도 모르겠네요!	不知何處通書

---

* 虎節 : 호랑이 모양을 새겨서 만든 신표로, 옛날 중국이나 우리나라에서 중앙에 있는 이 摠戎大將 같은 군사령관이나 먼 국경 혹은 해안의 수비사령관, 御使 같은 관리들에게 주던 信標로, 원래 똑같은 한 쌍을 만들어서 하나는 임금님이나 중앙관청에 보관하고 하나는 이 관리들에게 하사하여 직무를 수행하게 하고 또 잘 보관하도록 하였다. 물론 여기서는 이 "虎節"을 하사 받아 지니고 있는 柳摠戎을 대유하는 말로 쓰였으며 그래서 "장군"이라고 풀이될 수 있다.
  그런데 이 "虎節[호랑이 모양을 새겨서 만든 신표]"은 그 제작 규정에 따라서 우리나라와 같은 산악이 중심인 나라[山國]의 것이며, 중국 같이 평야 중심의 나라[土國]에서는 "人符[사람 모양을 새겨서 만든 신표]"를, 바다나 못이 중심인 나라[澤國]에서는 "龍符[용 모양을 새겨서 만든 신표]"를 사용하였다.

해설 아마도 작자가 이 유총융대장(유효걸(柳孝傑)로 추정됨)에게서 돌봄을 받아 무척 고마움을 느끼는 상대였던 것으로 추정되거니와, 그래서 그 고맙게 대해 주시던 얼굴과 정겹던 말씀도 전혀 보고 들을 수 없게 된 채, 그 부임해 가신 먼 변경으로부터는 소식도 뜨음해진 채 들을 수 없어 참으로 궁금하고 안타깝건만, 북쪽으로 날아가는 기러기도 봄이 곧 끝나 거의 다 날아가버릴 텐데, 대체 어느 곳인지도 모르니 편지나마도 어떻게 전해야 할지 모르겠다는 그리움과 안타까움의 하소연이다.

別韓書狀.

한서장관과 작별하면서.

길론 노룡 요새 위를 지나 갈 텐데,	路經盧龍塞上
밀성 강가 다락에서 서로 만나선,	相逢密城江樓
손수 버들 가질 꺾어 작별하려다,	手折垂楊欲別
헤질 땐데 그냥 보며 시름뿐일세!	臨分脈脈離愁

* 盧龍 : 이것은 중국 唐나라 때 范陽節度使가 있던 "范陽"이 뒤에 이렇게 "盧龍"으로 명칭이 바뀐 것이며, 이곳이 중국에서도 동북쪽 변방이라, 여기서는 아마도 우리나라의 북쪽 어느 변방지역을 대신 일컫는 말로 쓰인 것인 지도 모른다.
* 密城 : 지금의 평안남도 安州의 옛 명칭이다.
* 江樓 : 강가에 있는 樓閣이라는 말이데, 여기서는 정녕 이 安州 지역을 흐르는 淸川江 가에 있는 百祥樓를 기리키는 것으로 추정된다.
* 折垂楊 : 이것은 중국의 옛날 樂府曲인 "折楊柳"에서 유래한 것으로서 "折柳"와 같은 뜻의 말로, 옛날 중국에서 사람들이 정든 사람과 헤어질 때에 버들가지를 꺾어서 석별의 정을 표시하였다.
* 脈脈 : 정을 머금은 채 서로 바라보기만 하는 상태를 말한다.

해설 누구인지 구체적으로는 모르지만 아마도 당시에 글을 잘 짓는 선비 중 하나였을 것으로 추정되거니와, 실제로 서장관(書狀官)이 되어 중국에 갔었는 지는 모르나 혹시 당시 글을 잘 짓고 중국어도 능해서 반접사(伴接使)가 되었던 한응인(韓應寅)이 아닌가 싶다. 어쨌거나 작자는 이 사람과 그가 길을 떠나는 중에 이 타향 안주(安州)에서 서로 만났다가 작별하면서 주는 시로 "이제 떠나면 그 험난한 노룡의 변경지역을 지나갈 텐데, 이 밀성 강가 다락에서 서로 만나서는, 안타까운 이별의 정을 표해 버들가지를 꺾어 주려고 하나, 막상 헤어지려니 목이 메어 말을 못한 채 서로 바라보기만 하며 시름겨을 뿐일세!"라는 안타까움의 전달이다.

寄妓生.

기생에게 부치다.

손끝서 낸 '또동 똥똥' 추수곡 가락,	指下泠泠秋水
구름 사이 가냘프게 울려간 노랜,	雲間裊裊纖歌
먼 하늘에 홀로 날아 가는 새였고,	遙空獨去飛鳥
지면 가득 불려지는 꽃잎이었지!	滿地吹來落花

* 泠泠 : 가락의 소리가 맑고 고운 상태. 여기서는 현악기(아마도 거문고일 것)의 연주되는 가락이 "또동 똥똥"하며 맑고 곱게 나는 소리의 상태를 말한다.

* 秋水 : 이것의 뜻은 "가을 물". "맑은 상태" · "神의 맑은 정신 상태" · "칼날의 빛" · "거울" · "맑고 곱고 아름다운 눈(白居易 箏詩에 '雙眸翦秋水十指剝春蔥')" 등으로 여러 가지인데, 여기서는 이 白居易의 "箏詩[아쟁을

읊은 시]"를 근거로 하여 작자는 "맑고 곱고 아름다운 여인의 눈을 상징하는 秋水"를 樂曲을 시사하는 말로 이해 수용하여 "秋水"를 그냥 樂曲으로 인정하여 쓴 것이 아닌가 싶기도 하며, 그렇지 않으면 작자가 애초에 저 유명한 鍾子期의 "高山流水曲"에서 "流水曲"을 원용하여 "流水"라고 한 것을 이 작품을 수집한 허균 내지는 후인들이 "秋水"로 오기하여 지금까지 전해진 것이 아닌가 싶기도 하다. 어쨌거나 이 시어는 시적 문맥상의 의미 구조로 봐서도 정녕 樂曲을 지칭하는 것임은 분명하다.

* 裊裊 : 가냘프지만 끊어지지 않고 멀리까지 울려가는 소리의 상태.

해설 기생에 의하여 손 끝으로 연주되는 "추수곡(秋水曲)"의 가락 소리와 불려져서 저 구름 사이로 아련히 가냘프게 울려져 가는 노래 소리를, 바람에 곱게 불려져 지면으로 날아 떨어지는 꽃잎들과 저 멀리 공중으로 가물가물 날아가는 새로 절묘하게 비유함으로써, 이 기생의 연주 솜씨와 가창력을 극찬한 시다. 따라서 그 시적 구상과 수사에 있어서 청각의 영상을 시각의 영상으로 기막히게 전환하여 선연하게 가시화한 신기한 작품이다.

黃州寄申子方.

황주에서 신자방에게 부치다.

백제로 편지 보내 좁쌀 구걸해,	白帝飛書乞粟
황주에서 나그넨 채 오래 됐는데,	黃州作客多時

서로 만나 바쁘게 담소 나누곤, 相逢草草談笑
되려 바로 하염없이 헤여졌구려! 還是悠悠別離

* 白帝 : 이것은 아마도 작자가 이 시를 지으며 머물러 있던 황해도 黃州에서 그리 멀지 않은 같은 황해도의 한 지역인 白川을 중국의 명승지인 白帝城의 명칭을 빌려 표현한 것이 아닌가 추정된다.

해설 백제(아마도 황해도 백천(白川)일 듯)에 편지 보내 쌀을 얻어다가, 지금 이 황주(황해도 황주(黃州))에서 나그네 신세로 오래 된 채 있는 처지인데, 이 타향에서 서로 만나 정신없이 담소를 나누고는, 이내 언제 다시 만날지도 모르는 하염없는 이별을 하게 됐다는 서글픈 호소의 시다.

無題.

제목도 없이.

지는 해에 외론 구름 새 홀로 날고, 落日孤雲獨鳥
앞 마을 고목 숲엔 연기도 찬데, 前村古木寒煙
주민들은 큰 길에서 다 가버리고, 居人去盡官道
잘 손님만 물가 밭길 찾아 가누나! 宿客行尋渚田

해설 해는 저물고 외론 구름만 뜬 하늘에 새 한 마리만 날고, 바라보이는 앞 마을에는 고목 숲에서 차가운 저녁 연기만 피어오르는데, 주민들도 다 가버리고 난 큰 길에서, 하룻밤 자고 가야할 손님인 나만 물가의 밭둑 길을 찾아 가고 있다는, 고적감에 지친 자신의 청승맞은 행색을 이른바 "사구개대(四句皆對;네 구가 모두 서로 대구(對句))"의 수사 형태로 푸념하듯 보여주고 있는 시다.

又.

또 한 수.

먼 하늘의 구름 밖엔 새 날아 가고, 去鳥遙空雲外
외나무 다리 가엔 행인 가는데, 行人獨木橋邊
초가 처마 희끗 희끗 남은 눈 있고, 茅簷隱暎殘雪
문 앞 골목 희멀건히 찬 연기 꼈네! 門巷依俙冷煙

해설 이 작품 역시 사구개대(四句皆對)의 수사로 겨울을 맞은 쓸쓸한 마을의 풍경을 잘 묘사한 것으로 가히 한폭의 훌륭한 풍경화라 할 수 있다. 그런데 이 작품에도 역시 작자 자신의 상황이 "행인(行人)"으로 대유되어 개입되면서 고적한 심경의 단면들이 전, 결구의 풍경들에도 투영되어 있다.

四.

七言絶句

長信宮四時詞.

장신궁의 네 계절 노래

한(漢)나라 황궁 안에서 황제인 성제(成帝)의 사랑을 받던 반첩여(班婕妤)가 뒤에는 조비연(趙飛燕)의 등장으로 소박을 당해, 장신궁(長信宮)으로 가서 태후(太后)만을 시중하는 신세가 되어 스스로 슬퍼하는 글[賦]을 지었다. 따라서 이 제목의 네 수 시들의 화자는 당연히 시적 주체인 반첩여를 대신하고 있는 것이다. 그리고 이 작품의 소재인 "장신궁(長信宮)"은 중국 자체의 시인들은 물론 당시 학당풍(學唐風)에 몰두해 있던 우리나라의 시인들도 누구나 한번씩 주제화하여 시로 지어보고 그 결과로 인정받고 싶어한 소재였다.

<右春 봄의 노래>

외진 울 안 사람 없이 버들만 죽 늘어 섰고,	別院無人楊柳齊
이른 조회 처음 끝나 궁문 저 쪽 흩어 간 뒤,	早衙初散戟門西
단청 들보 이 귀퉁인 한 쌍 나는 제비들만,	畵樑東角雙飛燕
옛날처럼 봄 바람 속 옛둥지를 찾는구나!	依舊春風覓故棲

* 別院 : 외지거나 아주 동떨어져 있는 울안이나 정원이라는 말로, 이 "別"자를 잘 살펴 읽고 이해할 수 있어야 하며, 그 뒤로 이어진 "無"자와 상관시켜 풀고 읽어야 한다.
* 衙 : 중국의 漢나라 때 황제가 집무하던 중심 궁의 전각[正殿]을 지칭한

것으로 이 앞에서 신하들이 조회를 하였다.

* 戟門 : 이것은 창과 칼 같은 무기를 가진 병사들에 의하여 삼엄하게 경비되고 있는 문이라는 뜻으로 궁궐 같은 건물의 정문을 지칭하며, 따라서 궁궐뿐만 아니라 군대의 병영 정문이나 지방 행정 본부의 정문을 지칭하기도 하였다. 그래서 중국의 唐나라 때에는 귀족 고관들의 가옥을 지칭하는 말로도 쓰였다. 그리고 이것은 "棘門"이라고 쓰기도 하였다.

해설 이 작품에서 승구의 생동적인 밝은 상황은, 나머지 기, 전, 결구들 속 주인공 반첩여의 고독하고 적막한 채 우울한 정황을 대립 또는 대비적으로 조장 강화하는 기능을 하는 것임을 이해할 수 있어야 하며, 따라서 "別院"도 "衙"와 대립, 대비된 공간이다. 그런데 전구의 "雙飛燕"은, 우연히도 이 시구의 "飛燕[날고 있는 제비]"이 시적 주체이면서 이 밝은 상황의 주체 여인인 "조비연(趙飛燕)"의 "飛燕"과 같아서 상호 상관된 의미로 쓰인 것으로 오해될 수 있겠으나, 그냥 "한 쌍으로 날고 있는 제비"라는 실제의 동물로 인용된 것일 뿐 "조비연(趙飛燕)"과는 서로 상관이 없는 것이다. 그러나 이 전구의 "雙飛燕"은 이 작품에서 눈 여겨 읽어야 할 중요한 소재임을 알아야 한다.

<右夏 여름의 노래>

상감 마차 건장궁을 향해 새로 납시는지, 龍輿新幸建章宮
십부 악단 풍악 소리 후원 안을 울리는데, 十部笙歌後苑中
깊숙 뜰안 푸른 이끼낀 채 사람 모습 안 보이고, 深院綠苔人不見
석류꽃만 난간 이 편 어울어져 피어 있네! 石榴花暎曲欄東

* 建章宮 : 중국의 漢나라 때 황궁인 未央宮의 서쪽에 있던 궁궐이며 여기에는 班婕妤를 고자질한 趙飛燕이 머물러 있었다.
* 十部 : 중국의 唐나라 때 궁중에 있던 十部樂(열 개 조직의 악단)을 말하며, 이것은 관례적으로 "십부"라고 읽지 않고 "시부"라고 읽었다.

해설 이 작품 역시 앞의 작품과 마찬가지로 전반 기, 승구는 반첩여를 소외시키고 성제(成帝)의 사랑을 독차지한 조비연(趙飛燕)이 거처하는 화려하고 환희에 찬 건장궁(建章宮)의 이야기로, 후반 전, 결구는 푸른 이끼만 끼어 있고, 석류 꽃만 피어 있는 채 아무도 오지 않고 반첩여만 홀로 있는 고적 속의 장신궁(長信宮)의 이야기로 삼아 대비와 대립의 정황으로 설정하여, 주체 반첩여의 한애와 고독감을 강화하는 효과를 거두고 있다. 그리고 이 작품에서도 전구의 "人不見"이라는 어휘가 이 작품의 어떤 전기를 마련하는 요소인 지를 읽어낼 수 있어야 한다.

<右秋 가을의 노래>

심지도 다 사위면서 등불빛은 어둑한데,	玉蟲銷盡暗缸花
고운이는 여섯 폭의 금색 병풍 기대인 채,	六曲金屛倚彩霞
한밤 내내 서궁에는 비바람만 몰아 치니,	一夜西宮風雨急
뜨락 가득 붉은 낙엽 새벽 되면 많겠구나!	滿庭紅葉曉來多

* 玉蟲 : 불이 붙어 타던 등불의 심지를 말한다.
* 缸花 : 등불의 불꽃을 말한다.
* 六曲金屛 : "여섯 폭의 금병풍"이라는 말인데, 우리나라와 달리 중국에서

는 병풍의 장식을 금빛깔로 많이 하며, 여섯 굽이의 병풍은 폭으로는 열두 폭이 되는 것이라, 이것은 바로 열두 폭의 병풍이다.

* 彩霞 : "고운 채색의 노을"이라는 말인데, 이것은 예쁜 여인의 눈썹을 비유하는 말로 여기서는 바로 그렇게 눈썹이 고운 여인(고운 이)을 비유하는 말이면서 구체적으로는 시의 주인공인 班婕妤를 지칭한 것이다.

* 西宮 : 반첩여가 소외된 채 쫓겨나서 태후를 시중들며 외롭게 지내던 황궁 안의 長信宮을 말한다. 그러나 이 서궁은 원래 제왕의 법도에 따라 태후가 기거하는 정식 궁전이지 결코 격하되었거나 소외된 공간은 아니나, 여기서는 시의 주인공 班婕妤 때문에 소외된 인식의 궁이 된 것이다.

해설 이 작품은 앞의 두 작품과 달리 기, 승, 전, 결 네 구 모두가 시적 주체인 반첩여 한 사람의 상황만을 읊은 시다. 기, 수구는 가을 밤 반첩여가 거처하는 방 안에 등불은 어둑한데, 열두 폭 병풍에 기대인 채 앉아 있는 주인공 반첩여의 고적한 상태, 그리고 전, 결구는 이 방이 있는 전각 바로 장신궁 밖에 비 · 바람에 진 무수한 낙엽으로 을씨년스럽고 스산해진 상황을 설정하여, 주인공 반첩여의 절대적 고적감과 한애를 강화하고 있다. 그리고 이 작품에서는 승구에서 문외(文外)의 주어(主語)를 찾아서 읽을 수 있어야 한다.

<右冬 겨울의 노래>

비원 숲의 찬 까마귄 얼었는 듯 날지 않고,	苑樹寒雅凍不飛
옥화로에 향 더 넣자 가는 연기 펴나는데,	玉爐添炷篆煙霏
상감께서 일찌감치 통명전에 납시는지,	君王早御通明殿
궁녀들을 재촉해서 "어의 진상하라"시네!	宮女催呼進尙衣

* 炷 : 이 한자의 많이 쓰이는 뜻은 "심지"이지만, 여기서는 "향나무 한 가지의 향[一支香]" 또는 "한 줌의 향"이라는 말로 쓰였다.
* 通明殿 : 하늘 위에 있다는 玉皇上帝가 거처하는 전각인데, 여기서는 물론 漢나라의 임금인 成帝가 거처하는 전각을 지칭하는 말로 쓰였다.
* 尙衣 : 이것은 원래 임금의 의복을 전담하는 관청 또는 관리의 명칭이었으나, 여기서는 임금님의 의복 자체를 지칭하는 말로 쓰였다.

해설 이 작품은 겨울 아침 임금님[成帝]이 신하들의 조회 받기를 준비하는 상황을 사실적으로 포착하여 간결하게 그리듯이 읊어 보여주고 있다. 그러면서도 여기에서는 화자이면서 작품의 주체인 반첩여의 감정적 언표나 암시가 조금도 없이 그저 평온하면서도 엄숙한 분위기만 감도는 시공간의 상황으로 설정하여 제시되고 있지만, 이것은 반첩여가 임금님을 향한 여일한 흠모와 의연한 자세를 신첩의 당연한 도리로 지키고 있음을 보이는 것이다. 이것은 반첩여의 사연을 주제로 한 이 궁사체(宮詞體)의 기본적 작시 체제를 작자 이달이 아주 잘 알고 실천한 결과라 할 수 있으며, 그러면서도 언외로는 반첩여에 대한 독자의 연민을 말없이 유도하고 있다. 그래서 이 작품의 어디에도 감정적 기미를 눈치챌 수 있는 어휘가 한 글자도 배치되어 있지 않지만, 오히려 태연자약한 반첩여의 자태를 독자인 우리들이 연민의 눈길로 그려볼 수 있게 유도하는 이 작품의 구상과 수사 수법이 참으로 놀라운 것이다.

平調四時詞.

'평조' 네 계절의 노래

중국의 악곡(樂曲)인 "평조(平調)(長歌行 · 短歌行 · 猛虎行 · 君子行 등과 같이 '행(行)'의 가락으로 되어 있는 것)"를 본따서 지은 것으로, 작자가 이것을 본따서 중국의 옛날 귀족여인들의 생활상을 제재로 삼아 작품을 구성함으로써 당시(唐詩)의 풍격을 겨루어서 지어본 것으로 판단된다. 그래서 이 제목의 작품들에서도 작자 자신은 물론 당시 우리 양반 귀족들의 부녀자 생활에서도 실제로 볼 수 없었을 여인들의 일상적 생활상을 지나치게 특수 귀족화하여 읊고 있거니와, 이미 말한 바대로 이것은 물론 지나친 당시풍(唐詩風)의 모의화(模擬化)를 추구한 결과라 할 수 있다.

<右春 봄의 노래>

문앞 골목 해맑아져 제비들은 날아 오고, 門巷淸明燕子來
푸른 버들 안개처럼 누대 주윌 가렸는데, 綠楊如霧掩樓臺
단짝 친굴 따라 함께 그네 타다 내려 와선, 同隨女伴鞦韆下
다시 꽃 속 찾아 가서 풀 따기를 하며 오네! 更向花間鬪草廻

* 鞦韆 : 그네 타기를 말하는 것이다.

* 鬪草 : 우리나라에서는 "풀 따기" 또는 "풀 싸움"이라고 하는 여인들의

놀이로서, 두 사람 이상이 서로 진귀한 풀잎을 상대가 모르게 따서 모아, 나중에 모여서 서로 한 가지씩을 제시하여 상대방이 같은 종류의 것을 못 내놓으면 내가 이기는 놀이이다. 그리고 이 작품이 봄을 읊은 것이므로 마땅히 중국의 唐나라 때 많이 유행했던 놀이인 "鬪花(꽃 따기 · 꽃 싸움)"라고 했어야 하는데, 이 한자어의 "花"는 이 작품의 평측 조율에 맞지 않아 의미로는 맞지 않지만 평측에 맞는 "草"자로 해서 "鬪草"로 결정된 것으로 추정된다. 그런데 이 "鬪草"는 우리나라에서 원래 여름인 음력 五月 五日인 端午節에 하는 놀이였다.

해설 봄을 맞아 제비가 나는 문앞, 푸른 버들이 가리운 누대, 이런 공간에서 귀족 집 아가씨는 친구와 그네 타기를 하고서는, 또 진귀한 종류의 풀을 따서 서로 내기 놀이를 하며 돌아오고 있다는 것이다. 정녕 한폭의 민속적 생활풍정화를 그리듯이 읊어낸 시다.

<右夏 여름의 노래>

오색실 꿴 바늘 그냥 수 놓다가 싫을 즈음,	五色線針倦繡窠
옥 계단엔 석류꽃이 막 새롭게 피었는데,	玉階新發石榴花
하얀 평상 찬 대자리 아무 일도 없는 채로,	銀床氷簟無餘事
하루 종일 앞 정원엔 나비들만 날고 있네!	盡日南園蛺蝶多

해설 너무 한가롭고 조용한 채 그냥 심심하기만할 듯한 여름 날 한낮, 문면(文面)에는 없는 귀족 집 규방 여인의 내내 무료할 듯할 정황을 잘 그려서 보여주는 시다. 이 작품에서도 전구의 "無餘事"가 시상 전체를 어떻게 살려내는 것인지를 잘 읽어내야 한다.

<右秋 가을의 노래>

가을 우물 옥난간에 오동 잎은 져 내리고, 金井梧桐下玉闌
비파 줄은 너무 팽팽 그냥 퉁겨 탈 수 없어, 琵琶絃緊不堪彈
칠보경대 갖다 놓고 새 눈썹을 다듬으려, 欲將寶鏡均新黛
주렴 걷어 올리자니 이른 추위 겁이 나네! 捲上珠簾怯早寒

해설 차갑고 설렁해지는 가을 기운을 처음 맞으며, 조금은 겁이 난 듯 위축된 귀족 집 여인의 행태를 그림처럼 묘사한 시다.

<右冬 겨울의 노래>

비단 장막 스민 향기 향론 오똑 놓여 있고, 錦幕圍香寶獸危
새벽 화장 거울 보자 연지 까슬해지는데, 曉粧臨鏡澁臙脂
고운 새장 앵무새가 심한 추위 싫을까봐, 繡籠鸚鵡嫌寒重
외려 주렴 사일 향해 시녀 아일 찾는구나! 猶向簾間覓侍兒

해설 연지 바르기가 까슬해질 만큼 겨울 추위 속 방안의 상황과 앵무새를 돌보라며 시녀를 부르는 여인의 행태를 그림처럼 떠올려 볼 수 있게 잘 읊어낸 시다.

送別柳摠戎.

유총융을 작별해 보내면서.

이 작품 역시 당(唐)의 변새풍(邊塞風) 시(詩)를 모의한 것이다.

금하에는 얼음 얼고 눈발 흐릿 내려져서, 金河氷合雪糢糊
원수님이 변방 순찰 불의 침입 대비할 젠, 元帥巡邊備不虞
어디선가 호각 소리 달빛 속에 울려 나며, 何處胡笳鳴月裏
북풍 따라 소선우곡 불어 보내 주겠지요! 北風吹送小單于

* 金河 : 지금의 중국 內蒙古自治區의 蔚縣 동쪽을 흐르는 강물.
* 小單于 : 중국의 唐나라 때 樂曲인 大角曲 중의 한 曲을 말한다.

해설 북쪽 변경에 수비 사령관으로 가는 유총융대장의 위엄 있는 기상과 적진의 오랑캐 병졸들의 반응을 예상하여 위로 겸 송별하는 시로, 그 변경 지역을 중국의 지역으로, 예상되는 그 변경의 상황을 중국의 그것으로 삼아 읊음으로써, 너무 당(唐)나라 변새풍(邊塞風) 시(詩)를 닮아 지으려고 한 것이 아쉽다.

又.
또 한 수.

총융대장 사령부를 따라 떠돈 나그네야, 紅蓮幕裏從遊客
백발인 채 시름 속에 어느 곳이 네 집이냐? 白髮愁中何處家
영문에서 칼을 짚고 서로 전송하고 난 뒤, 杖劍轅門相送後
산 속 눈길 홀로 갈 젠 새벽 추위 심하겠지! 獨歸山雪曉寒多

* 紅蓮幕 : 군사령관의 사령부나 지방장관의 집무본부를 말하며, 붉은 연꽃 수를 놓은 천으로 만들어진 휘장을 둘러친 막사가 사령부나 집무실인 경우가 많았었기 때문에 이렇게 불려지게 되었다.
* 轅門 : 임금님의 임시 체류 공간인 行宮이나 또는 임시 체류 처소인 行在所의 정문, 그리고 군사령관의 사령부 정문을 지칭하는 말이다.

해설 자기를 아껴주던 이와 작별하고 이제부터는 다시 의탁할 곳이 없게 된 자신이 밤내 길을 걸어서 고향으로 가는 길에 새벽 추위 속을 가게 될 자신의 처량한 처지를 한으로 안은 채, 자신이 자신을 향해 자문자답(自問自答)하는 자애자련(自哀自憐)의 독백시(獨白詩)다.

祭塚謠.

'무덤 제사' 노래.

흰 개는 앞서 가고 누런 개는 뒤 따르며,	白犬前行黃犬隨
들판 밭둑 풀섶마다 다닥다닥 무덤인데,	野田草際塚纍纍
늙은 영감 제 지내곤 밭 사이로 난 길 위에,	老翁祭罷田間道
해 저물녁 취해 아이 부축 받아 돌아가네!	日暮醉歸扶小兒

* 纍纍 : 서로 잇닿아 있는 상태. 여기서는 "다닥다닥"이라는 말로 쓰였다.

해설 이 작품은 정녕 실제로 본 풍경을 읊은 것으로 추정되거니와, 늙은 영감이 제를 지내고 나서 술에 취해 어린 아이의 부축을 받아 돌아간다는 사실에서, 정녕 어린 손자만 낳아 놓고 자신보다 먼저 죽어간 아들의 무덤에 제를 지내고 나서 너무 슬퍼서 술을 마구 마시고 몸을 가눌 수 없을 만큼 된 영감이, 해가 지는 무렵 그 어린 손자의 부축을 받아 돌아가는 처량한 광경일 것으로 추정되는 시다.

그래서 이 작품은 그의 시 중에서 가장 사실적이고 가장 인간적인 몇 수 작품 중의 하나로, 작자도 목이 메어 읊었을 그 정황도 함께 읽을 수 있어 더욱 애달픈 시다.

拜新月.

초생달에 예배하기.

깊은 안방 아가씨는 나이가 열 다섯 살,	深閨女兒年十五
사람 몰래 당 앞에서 달을 보고 절하더니,	拜月堂前人不知
비단 띠에 바람 불 뿐 묵묵하게 말 없는 채,	風吹羅帶默無語
섬돌 내려 뜨락에 핀 꽃가지를 손수 꺾네!	下階手折庭花枝

* 拜月 : 이것은 원래 중국의 북방 匈奴族의 單于가 한던 행위이나, 중국의 『北史』 <新羅傳>에 "有拜月之俗[달을 보고 절을 하는 풍습이 있었다]"라고 한 바대로 우리나라에도 있었던 풍습인데, 元나라 施惠의 『幽閨記』에서 "拜月亭"이라는 戲曲은, 丞相인 海牙의 아들 興福과 王尙書의 딸 瑞蘭이 金나라와 元나라의 戰亂을 겪고 요행히 혼인을 한 것을 제재로 한 것이라고 한 것을 보면, 아마도 우리나라에서도 아가씨가 달을 보고 절을 하면서 행운과 신기한 인연을 빌었었던 것으로 추정된다.

해설 아마도 달을 보고 절을 하며 복이나 행운을 비는 풍습이 있었기 때문에, 여기의 15세처녀도 당(마루) 앞에서 남 몰래 달을 보고 절을 하며 행운과 신기한 인연을 기원한 것으로 추정되며, 이런 소녀의 섬세한 심리와 은밀한 행태를 잘 파악하여 읊은 것이다. 이 작품에서도 전구의 "默無語"는 주인공의 제재상 행태를 집약하여 제시하고 있다.

襄陽曲.

양양의 노래

<양양의 노래> 이 “양양곡(襄陽曲)”은 중국의 “청상곡사(淸商曲辭)” 중 하나로 양(梁)의 무제(武帝)와 당(唐)의 이백(李白)이 많은 습작(襲作)을 남겼다.

넓게 펴진 호수 위 해 큰 뚝 서편 져내리니,	平湖日落大堤西
꽃 아래서 노는 사람 취해 정신 잃겠는데,	花下遊人醉欲迷
교방 앞 쪽 언덕 길을 다시 벗어 나가 보니,	更出教坊南畔路
집집마다 문 앞 거리 하얀 말들 매어 있네!	家家門巷白銅鞮

* 白銅鞮 : 이것은 원래 중국의 梁나라 임금 武帝가 지었다는 歌曲의 명칭으로 “白銅蹄”라고도 하는데, 이것에 대해서는 이 武帝 때 “襄陽白銅蹄反縛揚州兒[양양의 백동제가, 되려 양주 아일 묶네!]”라는 동요를 부르는 아이가 있었는데, 점을 풀이하는 사람이 말하기를 “白銅蹄는 바로 말을 지칭한다”라고 하였다. 그런데 이 시에서는 전체 의미망의 합리성에 따라서 “가곡”이기보다는 아무래도 “말”이 합리적일 수 있다고 판단된다.

해설 이 작품은 중국의 “양양곡(襄陽曲)”을 모의하여 기녀들을 중심으로 말을 탄 풍류객들의 화려한 생활상을 중국적 풍류의 양상으로 허구화한 것이다. 그런데 이 작품의 결구는 “백동제(白銅鞮)”를 말이 아닌 가곡(歌曲)으로 놓고 풀어 읽으면 “집집마다 문 앞 거리 가곡 소리 울려나네!”라고 하여 기생들의 풍악 놀이 상황으로 볼 수도 있다.

出塞曲.

변방으로 나가는 노래.

적진에서 전해지길 “좌현왕이 출동하여,	虜中傳出左賢王
구름 같은 누런 말들 살기 등등하다” 더니,	塞馬如雲殺氣黃
거연산 밑 벌써 접근 사냥을 하는 건지,	已近居延山下獵
사막 서편 연기 불빛 하늘 비춰 환하구나!	磧西煙火照天光

* 虜中 : 글자들 대로의 뜻은 “오랑캐의 무리 속”이나, 여기서는 바로 “적의 무리 속”이라는 뜻으로 줄여서 말하면 “敵陣”이라는 말로 쓰였다.
* 左賢王 : 중국의 북방 匈奴貴族의 封號로 이 左賢王과 함께 右賢王이 있었으며, 이 좌현왕은 4만 명의 騎馬兵을 거느리는 것으로 알려졌다.
* 居延山 : 아마도 이것은 “居延城”을 말하는 것으로, 이 성은 중국의 漢나라 武帝가 伏波將軍 路博德을 시켜 축조한 성으로 바로 匈奴 地域에 있었으며, 지금 甘肅省 지역에 있었다.

해설 역시 당(唐)나라 변새풍(邊塞風) 시(詩)를 모의하여 지은 시로, 중국 북방 변경의 흉노를 주체로 삼아 그들의 침략상과 황량하고 살벌한 변경 풍경을 매우 실감 있게 잘 허구화(虛構化)하여 읊은 좋은 작품이다.

又.

또 한 수.

도위 군대 나누어서 밤에 적진 돌격하며,	都尉分軍夜斫營
한나라의 철북 소리 변방 성에 진동터니,	漢家金鼓動邊城
아침 되어 항복해 온 되놈 말 또 들어 보니,	朝來更聽降胡說
"서쪽으로 음산 가면 복병들이 있다"하네!	西下陰山有伏兵

* 都尉 : 중국의 漢나라 때 각 지역의 군사적인 사무를 담당하며 전투도 지휘하던 관리.
* 斫營 : 글자들대로의 뜻은 "진영을 돌격하다"인데, 여기의 "營"은 바로 匈奴인 胡[오랑캐]의 兵營이라, 이 시의 주체인 都尉의 편에서 보면 바로 "적의 진지"로 줄여서 말한 것으로 바로 "적진"이다.
* 陰山 : 중국의 북방 崑崙山의 지맥인 산으로 흉노가 항상 이 산을 근거지로 하여 漢나라의 변방을 침범했기 때문에 武帝가 이 산을 탈환하였다.

해설 이 작품 역시 변새풍(邊塞風)의 시로 한(漢)나라의 호병 진지 돌격, 그리고 항복 포로의 등장과 그의 적진 정보 제공 등으로 상황을 허구화하여 매우 사실적인 양식으로 읊어냈다.

又.
또 한 수.

추운 변방 매해마다 봄이라곤 볼 수 없이,	寒塞年年不見春
북녘 강엔 눈 날리고 누런 먼지 덮히는데,	朔河飛雪壓黃塵
되놈 추장 운중 초솔 새로 침범하려 해서,	單于新寇雲中戍
밤에 성문 뚫으려고 병사 모집 자주 하네!	夜鑿城門召募頻

* 朔河 : 朔北 곧 중국의 北方塞外 지역에 있는 河水[강물]을 말한다.
* 雲中 : 중국의 山西省에 있는 雲中城을 말한다.
* 召募 : 군대의 병력을 채우기 위해서 장정들을 소집해 모으는 것.

해설 이 작품 역시 첫째 작품과 같이 북방의 흉노 추장을 주체로 삼아 그 침략 상태를, 병력 보충을 위한 장정 소집이라는 매우 사실적인 양태로 허구화하여 읊고 있다.

錦帶曲贈孤竹使君.
'비단 띠 노래'를 지어서 고죽원님에게 주다.

<'비단 띠 노래'를 지어서 고죽원님에게 주다> 이 제목의 "금대곡

(錦帶曲)”은 중국에는 없는 악곡(樂曲)으로 작자가 창작한 것으로 판단되거니와, 세상에 전해지는 이야기로는 작자가 사랑하는 여인(기녀였을 것)이 비단 장수의 비단을 보고 갖고 싶어 하나, 작자가 그것을 사 줄 수가 없어서 이 시를 지어서 최경창(崔慶昌)에게 주자, 최경창이 작자의 사정을 알아차리고 비단 값을 대납하여 해결해 주었다고 전한다.

되놈 상인 비단 파는 강남 여기 장판에는,	商胡賣錦江南市
아침 해가 비춰 오자 보라 안개 피는 듯해,	朝日照之生紫煙
예쁜 여인 바로 그냥 치마 짓고 싶어져서,	佳人正欲作裙帶
손수 경대 뒤져 보나 치룰 돈이 영 없구나!	手探粧奩無直錢

* 商胡 : 글자들 대로의 풀이는 “장사치 되놈”이지만, 옛날부터 흔히 “비단 장수 왕서방”이라 불리며 비단을 팔고 다니던 중국 상인들을 말하는 것으로 추정되며, 실제로 조선조 시대에는 중국 사람들이 우리나라에 와서 비단을 팔았다고 하거니와, 중국인이 분명 漢族이었을 것인데에도 우리 선인들, 아니 우리가 어릴 때에도 비단을 팔고 다니던 이 중국 사람들을 우리 어른들은 중국 사람이라고 안 부르고 꼭 “되놈”이라고 불렀는데, 이런 호칭은 작자 李達 시대부터 그렇게 불렀던 것으로 추정된다.
* 直錢 : “값으로 치루어 줄 돈”이라는 말이며, 이 “直”자는 “값”이라는 뜻으로 쓰일 때는 “値[값, 치]”자와 같은 것으로 음도 “치”이다.

해설 되놈 비단장수의 비단이 아침 햇볕에 붉은 빛이 찬란하게 반사되어 아름답건만, 예쁜 여인은 이 비단을 사서 치마와 허리띠를 만들고 싶어 하나, 이 여인은 화장경대의 서랍을 아무리 뒤져 봐도 값을 치룰 돈이 없다는 안타까운 형편을, 그녀를 대신하듯 고죽에게 전달해 주는 시다. 그래서 이 시에는 물론 돈이 없는 자신의 빈한한 처지를 말없이 전하면서, 동시에 한편으로는 그 비단 값을 대납해주기를 역시 말없이 호소하고 있는 것이다. 그래서인 지는 몰라도 이 비단의 값을 고죽이 대신 치루었다 알려져 있다. 그리고 이 작품의 결구에서 "無直錢"은 이 시를 시답게 한 아주 중요한 시어(詩語)임을 알아야 한다.

錦衣曲.
비단 옷 노래.

<비단 옷 노래> 이 명칭과 같은 가곡(歌曲)이 중국에는 없는 것으로 봐서, 이것도 작자가 "원앙기(鴛鴦機)"니 "자화금(紫花錦)"이니 하는 시어들과 함께 처음으로 창작한 것으로 판단된다.

원앙 베틀 위서 짜낸 보랏빛의 꽃비단을,	鴛鴦機上紫花錦
황금칼로 잘라 내어 무용옷을 지어 입고,	剪下金刀作舞衣
봄바람 속 노래부채 아래 다시 향해 서니,	更向春風歌扇底
몸이 채색 구름 되어 날아갈까 걱정되네!	却愁身化彩雲飛

* 鴛鴦機 : 이 한자어는 중국의 어떤 문헌에서도 발견되지 않을 뿐만 아니

라, 우리나라 다른 고문헌에서도 아직까지는 볼 수 없는 것으로서 일단은 작자에 의하여 최초로 창작되어 쓰이는 용어로 판단된다. 그런데 전통적으로 가장 금슬이 좋은 부부 또는 남녀 한쌍을 상징하는 "원앙새"에 "베틀"을 결합시켜 조성한 이 용어는 매우 참신한 심상의 용어일 뿐만 아니라, 특히 이 작품에서 이것을 활용한 대비적 심상 강화는 아주 새로움을 더하는 것으로서 작자의 놀라운 구상력과 함께 고도의 기발한 수사 수법을 읽을 수 있어서, 우리 漢詩史의 중요한 독창성을 새삼스럽게 발견하게 된다. 그러나 이것을 행여 "수틀"이라고 오해하면 우선 시상의 의미자질을 오인하게 된다.

* 紫花錦 : 중국에는 "紫花布"라는 토산의 포목으로 된 천에 자주 빛깔 물을 들인 것은 있어도, 이것처럼 자주 빛깔 물을 들인 비단은 기록에 없는 것으로 봐서, 이것도 작자가 창작하여 쓴 용어인 듯하여 역시 "鴛鴦機"와 같이 독창성에 놀라게 한다.

해설 "금의곡(錦衣曲)"은 물론 "원앙기(鴛鴦機)"니 "자화금(紫花錦)"이니 하는 창작의 시어들과 함께 봄바람 속 무희(舞姬)의 행태와 정상을 기막히게 잘 포착하여, 하늘로 신선이 되어 날아갈 듯한 선녀로 형상화하여 곱게 읊어내고 있다. 그런데 이것은 한 여인을 신비롭고 고운 신선 같은 존재로 형상화하고는 여인 자신이 오히려 하늘로 승천하게 될 것을 두려워 하는 것으로 설정하고 있어서, 이것은 우리나라 선녀설화에서도 흔히 보는 바 지상에 내려와서 인간 세상의 남성과 결연하여 살다가 인연이 다해서 도로 승천한다는 이야기를 근간으로 해서 구상되었으면서도, 그 인간 세상의 낭군과 헤어지는 것을 오히려 두려워 하는 양태로 결구한 것이 매우 새롭고 흥미롭다.

江南曲.
강남의 노래.

<강남의 노래> 이것은 물론 중국 악부(樂府) 상화곡(相和曲)의 하나를 본따서 지은 것이다.

예쁜 거리 봄 진흙 길 금빛 굽의 신에다가,	香陌春泥金齒屐
검정 코의 비단 버선 서리 같이 발은 흰데,	雅頭錦襪足如霜
까닭 없이 강남곡을 한 번 불러 보고 나선,	無端一唱江南曲
버들 숲 속 다락 앞서 괜히 애만 태우누나!	楊柳樓前空斷腸

해설 이 작품도 물론 중국의 당(唐)나라 악부시풍(樂府詩風)의 상화곡(相和曲)을 본떠서 지은 작품이라, 당연히 주인공을 중국의 여인으로 삼아 임을 그리워 하는 안타까운 정황을 허구화한 것으로, 비록 공상적 유희의 성향일 뿐이긴 하지만 작품 자체의 수준으로는 높이 평가될 만하다.

采蓮曲次大同樓船韻.

‘연밥 따는 노래’를 대동강 다락배의 시 운자를 따라서 짓다.

<‘연밥 따는 노래’를 대동강 다락배의 시 운자를 따라서 짓다> 중국 악부(樂府)에는 다만 “채릉가(採菱歌)”·“채릉곡(采菱曲)”만 있고, 당(唐)나라 악부(樂府) 궁사(宮詞)에도 “채련자(采蓮子)”·“채련가(采蓮歌)”만 있으며 이 “채련곡(采蓮曲)”이라는 것은 없다. 따라서 이것도 중국의 악부체(樂府體)를 모의하긴 했으면서도 역시 작자에 의하여 창작된 것이다.

연잎들은 들쭉 날쭉 연밥들은 주렁주렁,	蓮葉參差蓮子多
연꽃 서로 사일 두고 아가씨들 노래한 뒤,	蓮花相間女娘歌
여기 올 때 단짝 벗과 횡당 어귀 약속해서,	來時約伴橫塘口
애를 쓰며 배 옮겨서 물 거슬러 올라 가네!	辛苦移舟逆上波

* 橫塘 : 이것은 중국 南京의 秦淮 입구에 있는 큰 둑을 말하며, 여기에는 배가 많이 드나들어 이곳을 제재로 한 시가 중국에서 많이 지어져서 그 대표적인 시가 崔顥의 <長干行>이다.

해설 이 작품은, 조선조 때에 많은 문인들이 해온 바대로 작자도 대동강(大同江)에 와서 정지상(鄭知常)의 <대동강(大同江)> 운(韻)을 따라 당(唐)나라 악부체(樂府體)를 모의해서 지은 것으로, 정녕 중국의 아가씨를 주인공으로 설정하여 연밥을 따다가 이 연못 입구에서 약속한 사람을 만나러 물길을 거슬러 배를 저어간다는 이야기의 시다. 시적 정조는 물론 정지상의 작품과 전혀 달리 현실감이 결여된 주인공의 정념이 실려 읊어지고 있기는 하나, 작품 자체는 살뜰한 정태의 고운 시가 되어 있다.

그래서인지 신흠(申欽)은 그의 『청창연담(晴窓軟談)』에서 "이 작품이 다른 사람들의 어떤 차운시(次韻詩) 작품들보다도 가장 우수하다."라고 호평하였다.

刈麥謠.

보리 베기 노래.

농가의 젊은 아낙 저녁 거리 당장 없어, 田家少婦無夜食
비 맞으며 보릴 베어 숲속 지나 돌아 와도, 雨中刈麥林中歸
생솔 땔감 습기 먹어 연기마저 안 이는데, 生薪帶濕煙不起
문에 들자 아들, 딸애 옷을 잡고 우는구나! 入門兒女啼牽衣

해설 정녕 당시 현실적으로 허다했음직한 민중의 궁핍한 삶, 곧 풋보리를 풋바심해 먹는 춘궁기에 겪는 애처러운 상황을 매우 사실적으로 읊어 보이고 있으며, 그래서 작자의 몇 수 안되는 현장적 사실성의 작품들 중 하나다.

移家怨.
이사 원망.

늙은 영감 솥을 지고 숲 사이로 가건마는, 老翁負鼎林間去
늙은 할멈 아이 끌고 미처 따라 못 가면서, 老婦携兒不得隨
사람 만나 이사 고통 문득 그냥 얘기하길, 逢人却說移家苦
"6년 동안 군 복무로 부자 이별했다" 하네! 六載從軍父子離

해설 비록 중국 한시의 양식(~ ~ 원(怨))을 빌리긴 했지만, 작자가 살면서 겪었을 임진란(壬辰亂) 같은 상황을 체험하며, 민중의 유랑적 생활상을 사실적으로 읊은 좋은 시다.

橫塘曲.
횡당의 노래.

<횡당의 노래>. 비록 중국에 동일한 명칭의 작품이 없기는 하지만, 역시 당(唐)의 악부체(樂府體)를 모의하여 지어진 것이다.

우리 집이 횡당 남쪽 둑 가에 자리 잡아, 家住橫塘南埭邊

항상 단짝 친구 따라 새론 연밥 땄었는데,	常隨女伴采新蓮
도령 만나 한번 웃고 백년가약하고 나선,	逢郎一笑成佳約
"수 놓은 문, 조각한 창 버들 안개 속이랬지!"	繡戶雕窓楊柳煙

* 橫塘 : 이것은 지금 중국 남경의 秦淮 앞 쪽에 있는 큰 둑의 명칭으로 중국이나 우리나라의 시에 많이 등장하는 장소였다.

해설 당시(唐詩) 풍체(風體)를 모의해서 연밥 따는 처녀와 낭군(郎君)을 설정하여 연모(戀慕)하며 유혹(誘惑)하는 여심(女心)을 읊은 것으로 당시 우리 문화와 풍속에서는 남녀상열지사(男女相悅之詞)라는 비난을 받을 만하다. 그러나 어쨌건 백년 가약을 했다는 도령에게 살짝 자신의 집 상황(버들 숲 속 수 놓은 문, 조각한 창)을 일러주는 처녀의 행태가 깜찍하다.

그리고 중국에서는 오히려 이 "횡당(橫塘)"을 작품의 명칭에 붙여 지은 작품이 보이지 않는 데에 비해서, 작자는 이것을 작품의 제목으로 삼았다는 점이 특이하다.

又.

또 한 수.

우리집은 횡당 입구 자리 잡고 있는 터라,	儂家住在橫塘口

강 백로만 항상 저녁 사장 내려 와 노닐 뿐,	江鷺常時下晩沙
이 한 해 봄 좋았던 일 다 지나쳐 가버린 채,	過盡一年春事好
발 틈으로 시름겹게 자동 꽃만 마주했네!	隙簾愁對刺桐花

* 刺桐 : 중국의 南海 지역 산 속에 나는 오동나무로 일명 海桐이라고도 한다.

해설 이 작품은 물론 앞 작품의 주인공 사연이 사뭇 이어지고 있는 것으로, 주인공인 여인이 화자가 되어 가약을 해서 집까지를 알려줬건만 정녕 소식도 없는 처지가 된 자신의 팔자타령을 하는 것으로 "원래 나는 횡당 남쪽 둑 가에서 생장해서, 횡당 입구로 시집 와서 살다가 서방님이 어디론가 가버려서, 한봄 내내 고독하게 살고 있다"는 것으로, 마치 당(唐)나라 시인 이익(李益)의 "강남곡(江南曲)" 같이 자기 상황과 행태를 자술하고 있는 시다.

仙桂曲 題月娥帖.

'신선의 계수나무 노래'로 월아의 시첩(詩帖)에 써 주다.

<'신선의 계수나무 노래'로 월아의 시첩(詩帖)에 써 주다> 문집에서 이 작품 바로 뒤에 이 작품의 운자(韻字)와 꼭 같은 최경창(崔慶昌)

시(詩)를 “부최고죽차운(附崔孤竹次韻;최고죽이 운자를 따라 지은 시를 붙여 놓다)”라고 하여 실어 놓고 있는데, 이 최고죽의 시는 그의 『孤竹集』에 “次益之贈彈琴女韻”이라는 제목으로 실려 있다. 그리고 이 작품의 제목인 “선계곡(仙桂曲;신선의 계수나무 노래)”은 이 시를 써 넣어줄 시첩의 주인공인 “월아(月娥)”라는 아가씨의 이 이름(月娥 : 달 속의 아가씨)이 바로 달과 상관되고, “선계(仙桂)”는 바로 달 속에 있는 “월계수(月桂樹)”와 “남의 자녀(子女)를 찬미하는 말”로서 “월아(月娥)”와 상관되기 때문에, 작자에 의하여 새롭게 붙여진 작품 명칭으로 판단된다.

한 곡 고운 거문고에 가을 한은 끝도 없고,	一曲瑤琴秋恨長
밤은 깊어 수침향도 다 타 없어져가는데,	夜深燒盡水沈香
애 끓게도 저 편 누각 달만 다시 걸려 있어,	多情更有西樓月
가을 계단 내려 가니 지면 가득 서리 꼈네!	步下金階滿地霜

---

* 水沈香 : 沈香의 한 별명으로 “沈水香”이라 부르기도 한다.

해설 깊어가는 가을 밤, 정녕 임을 그리워 하며 거문고를 타고 있었을 고독한 아기씨를 주인공으로 삼아, 잠도 잊고 가을 밤 뜨락을 거닐며 님을 기다리는 안타까운 정상과 행태를 그리듯이 읊어 보이고 있다.

降仙曲 次清澗亭韻.

'신선이 내려오는 노래'를 청간정의 시 운자를 따라서 짓다.

<'신선이 내려오는 노래'를 청간정의 시 운자를 따라서 짓다>이 작품도 중국 악부에는 같은 명칭이 없는 것으로, 아마도 작자가 중국 악부체의 관례를 모의해서 창작한 것으로 판단된다.

셋째 섬의 복숭아가 맺혀진 지 천년 되면,	三洲碧桃結千歲
털 반쯤 센 푸른 난새 한쌍 날아 온다더니,	半白青鸞來一雙
저 하늘의 신선 행차 서왕모가 하강하나?	中天仙節降王母
아롱 다롱 바다 기운 구름 낀 창 이어지네!	玲瓏海氣連雲窓

* 三洲 : 중국에서 신선들의 고향으로 알려진 東海 속 蓬萊島의 第三洲를 이르는 말이다.

해설 이 작품도 물론 관동팔경(關東八景) 중의 하나인 이 청간정(淸澗亭)을 선경(仙境)으로 상정하여, 이 곳에 서왕모(西王母)가 하강(下降)하는 상황으로 설정 묘사하고 있다.

拾穗謠.

이삭 줍기 노래.

밭 사이서 이삭 줍는 마을 아이 말하기를,	田間拾穗村童語
“종일 온 곳 주워 봐야 광주리도 안 차는데,	盡日東西不滿筐
금년에는 벼 베는데 사람들 또 교활해져,	今歲刈禾人亦巧
흘린 이삭 다 주워서 관청 창고 바친다”네!	盡收遺穗上官倉

해설 민요의 형식을 빌려 비록 허구적으로 지어진 것이긴 하나, 정녕 당시 민중의 실제적인 생활의 곤궁상과 관청의 수탈상을 적나라하게 적시해 주고 있어서, 족히 한 수의 역사적인 사실성을 반영하는 좋은 시다.

撲棗謠.

대추 털이 노래.

이웃집의 아이 녀석 살금 와서 대추 털자,	隣家小兒來撲棗
주인 영감 문밖 나와 아이 녀석 뒤쫓으니,	老翁出門驅小兒
아이 녀석 되려 영감 향해서 하는 말이,	小兒還向老翁道

“명년 대추 익기까지 못 살거라” 하는구나!　　不及明年棗熟時

해설 비록 조금은 해학적인 시각으로 구상된 것이긴 하나, 족히 있음직한 상황으로 설정된 것으로 역시 한 수의 사실적인 작품이라 할 수 있다.

步虛詞.
허공을 거니는 노래.

세뿔 상투 높다랗고 귀밑털 윈 비단 꼭지,　　三角峨峨鬟上綃
흩여 내린 남은 머린 가는 허리 지나는데,　　散垂餘髮過纖腰
금방 열릴 서왕모의 잔치 달려 가려는지,　　須臾宴赴西王母
한 곡조의 신선 통소 푸른 하늘 향해 부네!　　一曲鸞簫向碧霄

해설 아주 고도의 상상력으로 선녀의 형상과 행태를 허구화하여 탈현실적 상황으로 설정하여 그려내듯 읊은 시다.

제목인 <보허사(步虛詞;허공을 거니는 노래)>가 시사하는 바와 같이, 이 제목의 작품들은 아마도 작자 자신의 괴로운 현실을 환상적 선계(仙界)의 공간 설정을 통해 거기에서의 자유자재로운 상상적 유희를 함으로써 현실적 불만의 대상(代償)을 도모한 것으로 추정된다.

그리고 같은 제목으로 이어서 지어진 이 여덟 수는 모두 신선을 주인공으로 하여 읊어진 작품들이라, 필연적으로 상상적 허구의 세계를 그릴 수 밖에 없지만, 어쨌거나 작자의 무한한 상상력과 이것을 탈현실의 새로운 공간들로 구성하여 또 다른 신비의 세계로 제시한 구상과 수사의 수법은 타의 추종을 불허할 만큼 놀랍다.

又.

또 한 수.

신선 동자 왕모 시녀 완릉화와 짝을 지어,	靑童結伴婉凌華
한 밤중에 삼주 있는 소옥의 집 내려 와서,	夜下三洲小玉家
한가롭게 자양궁 일 이야기를 하다가는,	閑說紫陽宮裏事
옥계단에 피어 있는 벽도화를 몰래 꺾네!	玉階偸折碧桃花

* 三洲 : 중국에서 전설처럼 신비로운 바다 속에 있다는 세 개의 섬으로 신선들이 노니는 곳이라 한다.
* 小玉 : 중국 唐나라 白樂天의 <長恨歌>에 나오는 인물로, 楊貴妃의 시녀로서 나중의 신선이 되었다는 여인이다.
* 紫陽宮 : 신선의 중궐로서, 紫陽眞君인 李八百이 살았다고 한다.

해설 이 작품도 선녀들의 놀이하는 상황을 상상적으로 허구화하여 매우 명료한 윤관으로 구성하고 그것을 그림처럼 잘 모사하여 읊고 있다.

又.

또 한 수.

서왕모의 구름마차 오색 기린 끌게 하여,	王母雲車五色麟
하얀 난새 앞 세워서 서쪽 순회 떠나는데,	白鸞前導向西巡
하늘 노래 허황전서 이 새벽에 연주하니,	天章曉奏虛皇殿
신선 계수 꽃이 피며 팔만년 봄 여는구나!	仙桂花開八萬春

* 天章 : "天文"이라는 말과 같은 것으로 바로 "하늘" 자체를 말하며, 또한 "天子[황제]의 글"을 지칭하기도 한다. 이것이 어디에도 樂曲의 명칭으로 알려진 것은 없는 데에도, 작자는 이것을 하늘에서 신선들이 연주하는 악곡으로 상정하여 사용하고 있다.
* 虛皇殿 : 이것도 중국의 어느 문헌에도 없는 건물로서, 역시 작자에 의하여 허구적으로 만들어진 하늘의 궁전이며, "虛皇"은 아무래도 "하늘의 황제"라는 뜻으로 흔히 알려진 "玉皇上帝"와 같이 쓰인 것이라, "虛皇殿"도 바로 이 "하늘의 황제"가 거처하는 궁전으로 "白玉樓"와 같은 뜻으로 쓴 것으로 추정된다.

해설 작자는 창작적으로 천상 선계(天上 仙界)와 천상 풍류[천장(天章;하늘의 신선 악곡)]를 상상적으로 허구화하여, 매우 명료하게 그림처럼 묘사하여 읊어 보이면서, 자신도 완상의 동참자임을 언외로 암시하고 있다.

又.
또 한 수.

봉래섬서 향 피우며 옥경 향해 예배하고, 仙島焚香禮玉虛
붉은 기린 재촉하여 다섯 빛깔 구름 그린 마차 타고 가서, 紫麟催駕五雲車
서왕모 궁 시녀들은 예쁜 웃음 많이 짓곤, 西宮侍女多嬌笑
삼천 궁의 비결들을 모두 기록해버렸네! 錄盡三天永見書

* 玉虛 : "玉"은 "白玉京"이고 "虛"는 "하늘"일 것이므로 "玉虛"는 바로 "白玉京이 있는 하늘"일 것으로 판단된다.
* 五雲車 : 다섯 색깔 구름을 그린 마차로 신선이 타는 마차라고 한다.
* 西宮 : 이것은 일반적으로 황실의 太后가 거처하는 궁궐을 일컫지만, 여기서는 "西王母의 궁궐"이라는 말로 쓰였을 것이다.
* 三天 : 하늘의 신선들이 산다는 세 하늘, 곧 "玉淸"과 "上淸"과 "太淸"을 말한다. 그래서 우리나라에서도 조선조 때부터 있어온 이 세 하늘을 상징하는 골짝으로 "三淸洞"이 있다.
* 永見書 : 어느 문헌이나 사전에도 없는 어휘이며, 활자본 『蓀谷詩集』에는 "未見書"로 되어 있는데, 무엇이든 아마도 道敎의 비밀서적인 "道籙"이나 道家의 秘訣 같은 것을 지칭하는 것으로 추정된다.

해설 이 작품은 매우 해학적인 흥미를 곁들여 구상된 것이다. 마치도 서왕모(西王母)가 자신의 시녀들을 시켜 옥황상제에게 예배를 하게 하고 신선 마차를 태워 백옥경으로 보내서, 그곳의 신선들을 무수한 애교의 웃음으로 홀리게 하고는, 그곳 도가의 비밀스런 경전 내용을 모두 몰래 기록해 오게 하였다는 것으로, 조금은 세속적 인간 세상의 소행으로 신선도 유혹했다는 짓궂고 재미있는 수사 수법이 원용되고 있다.

又.

또 한 수.

옥편지와 금편지로 도가 비결 알리려나,	玉簡金書道籙通
옥황상제 예주궁에 처음(새로) 내려 오시는데,	紫皇新下蘂珠宮
신선 관료 걸출하게 늘어 서서 모신 채로,	仙官列侍排龍虎
소리 없이 엄숙한 속 온갖 예를 다하누나!	盡禮無譁肅穆中

* 玉簡 : 名山이나 大川의 神에게 고하기 위해 지어서 玉에 새긴 글을 말하며, 伏羲氏가 禹임금에게 전한 글이라 한다.
* 金書 : 道家의 책을 말한다.
* 道籙 : 道家의 秘訣을 기록한 서적으로 이 도교에 처음 入教하는 사람은 반드시 이 책을 받게 된다.
* 通 : 여기서는 "陳述"과 "說明"이라는 타동사로 쓰였다.
* 紫皇 : 이른바 하늘에 있는 太淸에서 가장 최고의 신선인 "玉皇上帝"를 가리킨다.
* 蘂珠宮 : 중국의 『蜀中廣記』에 "신선이 사는 궁전이다"라고 하였다.
* 龍虎 : 중국의 『眞訣』에 "龍虎 謂傑出人物也[용과 범은 걸출한 인물을 이르는 말이다]"라고 하였다. 여기서는 옥황상제의 고위 신료들을 지칭하는

말로 쓰였다.

해설 옥황상제가 하위 신료들과 군중들에게 도가의 비결을 설법하려고, 신선들이 집회하는 궁전으로 납시는데, 그 부하인 신선 고관들이 늘어서서 시중 드는 예절을 엄숙하게 진행하고 있는 상황을 기막힌 실감으로 상상하여 여실하게 묘사하고 있는 시다.

又.

또 한 수.

서악 맡은 신선께서 자미궁에 오르실 제,	西嶽眞君上紫微
수백 신령 분주하게 위의 갖춰 모셔 가선,	百靈奔走備威儀
삼청 비결 전수 받은 아무 것도 없어선지,	三淸秘訣無傳授
하늘 비결 몰래 베껴 반 밤중에 돌아 오네!	偸寫天章半夜歸

* 西嶽 : 이것은 중국 五嶽 중에 하나로 구체적으로는 "華山"을 말한다.
* 眞君 : "眞宰"라는 말과 같은 것으로 "天地의 主宰者"라는 뜻이며, 따라서 궁극적으로는 "하늘"을 의미한다. 또한 신선을 지칭하기도 하는데, 여기서는 물론 "신선 총수"라는 뜻으로 쓰였다.
* 紫微 : 본래 北斗星 북쪽에 속한 한 별로서 "天帝"의 자리를 표시하는 것이며, 따라서 "紫微宮"은 곧 "天帝宮"을 의미한다. 그리고 지상에서는 天

子의 宮을 의미한다.

* 三淸 : 이것은 하늘의 신선들이 산다는 하늘의 세 곳으로, "元始天尊이 산다는 玉淸, 靈寶道君이 산다는 上淸, 太上老君이 산다는 太淸"을 말한다.

해설 기발한 상상으로. 지상(중국의 화산(華山))의 신선이 천상의 신선비결을 전수 받지 못했기 때문에, 수하 신선들의 융숭한 배웅을 받고 하늘에 올라가서 하늘의 신선 비결을 몰래 베껴 온다는 이야기를, 그림처럼 구상하여 읊고 있다.

又.

또 한 수.

양성의 심부름꾼 참 부절을 가지고서,	羊城使者取眞符
가슴 앞에 내어 놓고 활락돈 양 차고서는,	露佩胸前豁落圖
곧장 부상 가리키고 봄신에게 재촉하며,	直指扶桑催木帝
때에 맞춰 전하는 말 "청도 올라가라" 하네!	及時傳語上淸都

* 羊城 : 중국의 『明一統志』 <寰宇記>에 이르기를 "다섯 명의 신선들이 다섯 가지 빛의 염소를 타고 다섯 이삭의 기장을 가지고 와서, 이 곳을 '五羊城'이라 부르게 됐다 라고 했는데, 지금의 廣州市다"라고 하였다.

* 眞符 : 하늘의 玉皇上帝가 내려주는 참된 믿음의 信標이다.
* 豁落圖 : "豁落"은 "가슴이 확 트이게 시원한 상태"이며 "圖"는 "계책"이므로, 이 것은 아마도 "가슴이 확 트이게 거침이 없고 시원하게 자유자재로운 신선의 삶과 정신을 담은 계책"이라는 뜻으로 쓰인 것으로 추정된다.
* 扶桑 : 중국의 『山海經』에 나오는 나무로 東海 가운데 있었다는 신비로운 나무이며, 『十洲三島記』에는 이 나무가 있는 나라라고 하였고, 중국에서는 日本을 지칭하기도 하였다. 어쨌거나 이 나무가 동해 가운데 있다고 해서 "해가 처음 뜨는 곳"으로 잘 알려졌다.
* 木帝 : 어디에도 출처가 없는 어휘라 아마도 작자가 만들어 쓴 말 같긴 하지만, 정녕 "木"이 "東方"을 지칭하고 또 "東方"은 "봄"이면서 "靑色"이므로 이 東方을 맡은 神인 "靑帝"를 지칭하는 말로 썼을 것으로 추정된다.
* 淸都 : 중국의 『毛詩名物解』 <天說>에 "淸都是帝(天帝)之所居[청도는 천제가 사는 곳]"이라고 하여, 곧 하늘에 있는 玉皇上帝의 宮闕을 말한다.

해설 기발한 상상으로, 신선의 성이라는 양성(羊城)의 사자를 설정하여 그가 옥황상제의 명령을 받고 봄의 신인 동방청제(東方靑帝)를 재촉해서 "빨리 하늘의 옥황상제 거처로 올라가라"는 소식을 전달한다는 이야기를 꾸며 읊고 있는 시다.

又.

또 한 수.

삼청 강단 한밤중에 진경 강의하느라고, 三壇中夜講眞經

뭇신선들 크게 모아 뜨락 늘어 세웠는데, 大集群仙列下庭
노군만이 오직 남아 별채 전각 치워 놓고, 惟有老君修別殿
신기한 글 손수 써서 북방신에 보내누나! 手書雲篆送玄冥

* 三壇 : 본래는 周나라 때 周公이 太王과 王季와 文王에게 제사 들이기 위해서 설치한 제단으로 祭封壇 · 降禪壇 · 朝覲壇을 말하는 것이었으나, 여기서는 하늘 위의 신선들이 사는 세상인 三淸의 講壇을 말하는 것으로 추정된다.
* 眞經 : 道家의 경전인 『南華眞經』을 말하는 것으로 판단된다.
* 老君 : 道敎의 聖人으로 받들어지는 老子의 尊稱으로 "太上老君"의 약칭이다. 그리고 숨어 사는 사람이나 노인을 높여서 부르는 말이기도 하다. 여기서는 물론 老子를 지칭하는 말로 쓰였다.
* 雲篆 : 구름 모양의 篆字 같이 아름다운 글[文章]을 말한다. 신선의 글을 일컫기도 한다.
* 玄冥 : 『禮記』 <月令)에 "물을 담당하는 관리[水官]로 少昊氏의 아들이 이것을 맡았다"고 하였다. 그래서 北方의 神 을 지칭하기도 한다. 또 "深遠幽寂하다"는 뜻이기도 하다. 그리고 "腎神[자지의 신]"이기도 하다.

해설 저 하늘 신선들의 강의장에서 도교의 참경전을 강의하려고, 뭇 신선들을 소집하여 모두 뜨락에 서 있는데, 유독 태상노군(노자)만은 별채의 방을 정리하고, 신기한 글을 손수 짓고 써서 북방을 담당한 신에게 보내고 있다는 것이다.

江陵書事.

강릉에서 있은 일을 시로 짓다.

삼월 맞은 강릉에는 꽃 펴 가지 가득한데, 三月江陵花滿枝
꽃을 꺾자 되려 작년 그 슬픔만 살아나네! 折花還有去年悲
맘 상하니 동쪽으로 흐르는 물 묻지 말라. 傷心莫問東流水
밤낮으로 하염없이 쉴 때 없이 흘러 가니! 日夜悠悠無歇時

* 東流水 : 이 작품에서 이 詩語는 아주 핵심이 되는 것이다. 이 東流水[동쪽으로만 흐르는 물]는 바로 중국에 있어서 黃河나 長江 같은 물들이 모두 태초에서부터 서쪽에서 발원해서 영원히 동쪽으로만 쉼이 없이 흘러가니, 이것은 바로 자연의 영원불변하는 현상을 보이는 것으로, 이 시에서는 잡아맬 수 없이 사뭇 흘러가는 시간(세월)을 말하며, 사람은 이 시간의 흐름을 따라 끝내는 늙어 죽울 수밖에 없다는 것을 말없이 말하고 있는 것이다.

해설 한봄을 맞아 가득 핀 꽃을 꺾어 흥겨워 해보고 싶지만, 꽃을 꺾자 문득 "생로병사(生老病死;사람은 태어나서 살다가 결국에는 병 들어 죽게 된다)"라는 근원적 한계의 존재라는 생각에 작년처럼 또 슬픔만 엄습해 오니, 변함없이 유상한 자연의 시간 현상으로 이 무상한 우리 인생을 늙어 죽게만 하는 세월과 같이 저 동쪽으로만 변함없이 흘러가는 물에게 아무 것도 묻지 말라는 말이며 자신도 묻지 않겠다는 것이다.

그래서 이 작품은, 유상한 자연 앞에 대비적으로 무상하고 한계적인 존재인 인간의 근원적인 한과 슬픔을 대표하듯 읊고 있는 시로, 기막히게 구성진 목청이 실려 있음을 바로 알 수 있다.

宮詞.

궁안의 노래.

<궁안의 노래> 이 작품을 위시한 세 작품은 중국의 『사고전서(四庫全書)』 중 <어선명시(御選明時)>에 무명씨(無名氏)의 작품으로 실려 있다.

아침 되어 해가 뜨자 전각 대문 열리면서,　　平明日出殿門開
봉황부채 두 줄로서 인도하며 올라 오자,　　鳳扇雙行引上來
멀리 예부 임금 분부 알리는 말 들어 보니,　　遙聽太儀宣詔語
"조회 끝엔 망춘대로 새로 납신다"고 하네.　　罷朝新幸望春臺

* 鳳扇 : 이것은 황궁에서 황제나 황후의 행차에 의식용으로 쓰이는 큰 부채를 말한다.
* 太儀 : 중국의 唐나라 때 궁중이나 황제의 행차 의식을 담당했던 주체인 禮部尙書가 의식을 진행하던 궁안의 장소를 말한다. 여기서는 예부라는 관청 자체를 말하는 것으로 쓰였다.

해설 황제가 아침에 조회에 나와서 그것을 마치고, 망춘대(望春臺; 봄 놀이하는 곳)로 봄 놀이 행차를 준비하라는 명령이 내려지는 상황을 모사하여 읊고 있으나, "요청(遙聽;멀리서 듣는다)"이라는 시어를 눈 여겨보고 이 작품을 다음의 작품들과 상관시켜 읽어보면, 정녕 황제의 총애를 상실하고 외롭게 된 처지에 있는 후궁 여인이 자신을 제쳐 놓고 다른 후궁 여인과 새로 봄 놀이 준비하는 황제의 행차를 애처럽게 상상하고 있음을 짐작해볼 수 있을 뿐, 직접적 언표가 전혀 없다는 것이 이 작품의 기막힌 수사상 묘처라고 할 수 있다.

그리고 혹시 이 작품이 중국 당(唐)나라 왕창령(王昌齡)의 <장신원(長信怨)>을 모의하여 지어진 것이라면, 여기의 실총(失寵)한 후궁은 바로 반첩여(班婕妤)라고 할 수 있다.

又.

또 한 수.

궁궐 담장 곳곳마다 지는 꽃만 펄펄 날고,	宮墻處處落花飛
시녀들은 향 사르며 석양 빛만 마주한 채,	侍女燒香對夕暉
봄바람 결 다 보내도 사람은 통 볼 수 없이,	過盡春風人不見
정원 문의 자물쇠는 푸른 이끼(녹) 슬었구나!	院門金鎖綠生衣

* 金鎖 : 자물쇠를 말한다.
* 綠生衣 : 여기의 "衣"는 "靑苔"라는 뜻으로, 여기서는 바로 "녹"이라는 말로 쓰였을 것이라, 그래서 이 시어는 분명 "파랗게 녹이 슬다"라는 말이다.

해설 정녕 실총한 후궁 여인이 살고 있을 별궁(別宮)의 봄을 맞은 상황이, 오히려 지는 꽃과 석양 빛만 마주한 채 고적감 속에 시녀들, 그리고 이후 봄이 다 가도록 아무도 찾는 사람을 볼 수 없어, 별궁 정원의 문도 그냥 잠겨 있기만 하여 자물쇠에 파랗게 녹이 슬어 있다는 것이다. 적막감과 고독에 싸인 주인공의 내적 정황을 외적 상황만의 제시로 잘 암시하고 있다. 그래서 이 작품을 제대로 이해하기 위해서는 "낙화비(落花飛)" · "대석휘(對夕暉)" · "인불견(人不見)" · "녹생의(綠生衣)"를 살펴 읽어야 한다.

又.

또 한 수.

환관들이 맑은 새벽 재인들을 찾아 모아, 中官淸曉覓才人
생황, 노래 합주하자 궁전 가득 봄 되는데, 合奏笙歌滿殿春
따로 이원 명령 내려 옥 피리를 불게 하고, 別詔梨園吹玉笛
비원에서 새로 비단 기린 수옷 하사하네! 御苑新賜錦麒麟

* 中官 : 春官(靑龍 · 木正). 夏官(赤龍 · 火正). 秋官(白龍 · 金正). 冬官(黑龍 · 水正)에 가운데 자리인 中官(黃龍 · 土正)이다. 朝廷의 內屬한 官吏 · 宦官. 여기서는 아마도 "宦官"이라는 뜻으로 쓰였을 것이다.
* 才人 : 옛날 궁중이나 거리에서 온갖 재주를 부리던 광대 같은 기능인을 말하다.
* 滿殿春 : 이것은 우리 고려시대의 가요로서 잘 알려진 "滿殿春"를 말하는 것일 수도 있긴 한데, 이렇게 풀어 읽으면 이 작품은 바로 우리나라의 궁중을 제재로 한 작품이 되어, 앞과 뒤 작품들의 제재적 성격과 너무 달라, 아무래도 이것은 시구의 의미적 요소를 설명하는 하나의 어구로서 "가득 봄을 맞는다" 또는 "가득 봄이 되다"라고 풀이 되는 어휘로 보는 것이 시구의 문맥상으로나 의미 자체로도 합당하다.
* 梨園 : 중국의 唐나라 황제 玄宗이 궁중의 가곡과 무용의 기능자를 양성하기 위해서 300명의 여성을 선발하여 훈련시키던 훈련소를 지칭하며, 이곳 출신의 가수와 무용수를 梨園弟子라 하였다.
* 御苑 : 이것은 물론 황궁의 비밀스런 정원으로 여기에서 황제의 연회가 벌여졌을 것이라, 이곳은 앞의 작품 끝 구에 나오는 "院(別宮의 정원)"과 대비되는 것이다.

해설 이 작품에서는 황제의 공식 연회장일 어원(御苑)과 이원(梨園)의 제자(弟子)들만 등장하고 상을 내리는 화려하고 융숭한 기쁨의 자리만 읊어지고 있지만, 전혀 언표되고 있지 않은 채 소외된 후궁 여인의 슬픈 고독상이 무언으로 암시되어 있다.

許李臺口呼.

허이대에서 구두로 금방 짓다.

푸른 바다 물결 훤히 구름 모양 담겨 있고,	碧海波空雲影涵
흰 갈매기 무수하게 이끼 낀 대(바위) 와 앉는데,	白鷗無數上苔巖
산의 꽃들 다 지도록 돌아가지 못한 채로,	山花落盡不歸去
석봉강의 강물 앞쪽 집만 거기 있게 됐네!	家在石峯江水南

* 許李臺 : 강원도 강릉 해변에 있는 큰 암석으로 옛날에 許琮과 李陸이 사명을 받들고 왔다가 이곳에서 노닐었기 때문에 이런 명칭이 붙었다고 한다.
* 石峯江 : 어디 있는 강인지 확인할 수가 없으나, 분명한 것은 작자가 강원도 원주에서 살 때나 그 밖에 어떤 곳에서 살 제, 그 곳에 있는 하천 명칭일 것으로 추정된다.

해설 봄도 다 끝난 시점 객지 강릉 바닷가 관망대에서, 고독한 나그네의 신세로 귀향도 못한 채 슬픈 심정을 읊은 것이다. 그래서 나그네에게 봄은 귀향의 계절인데, 자신은 끝내 못 돌아가게 됐다는 기막힌 향수를 전구로 토해내고 있는 것이다.

江陵東軒.

강릉 동헌에서.

물 가득 찬 앞 못에는 하얀 안개 피어 나고,	水滿南塘生白煙
대나무 숲 가장 자린 야생 복사 꽃 폈건만,	小桃花發竹林邊
제냥 딱한 이 병객은 한가로운 마음 없어,	自憐病客無閑緖
한 차례 봄 서러운 채 지난 해와 꼭 같구나!	一度傷春似去年

* 小桃 : 시골 산 골짜기나 들판에 재래 야생 복숭아나무로, 흔히 "좀생이 복숭아(야생 복사)"라고 부르는 복숭아라서, 이 열매는 실제로 아무도 따 먹는 일이 없지만 꽃은 자잘하게 많이 핀다.

해설 역시 객지 강릉에서 봄을 맞으면서도 병까지 든 나그네의 처지라서, 한가롭고 편할 여지도 없는 채, 한 차례씩 왔다가 가는 이 봄을 내내 서러워 하는 마음으로 보내자니 바로 지난 해에 그랬던 것과 꼭 같다는 한탄의 시다.

成佛庵.

성불암에서.

서쪽 산봉 있는 암자 중천 거의 가까워서,	西峰庵子近中天
구름 밑서 맑게 울려 멀리 샘물 떨어지고,	雲頭冷冷落遠泉
밤중까지 등불 단(켠) 채 손은 잠 못 들건마는,	半夜懸燈客不寐
늙은 스님 경쇠 치며 부처님께 예불하네!	老僧鳴磬禮金仙

* 金仙 : 이것은 글자 뜻대로는 부처가 아니라 신선이지만, 중국에서 宋나라 때 황제가 칙명으로 부처를 "大覺金仙"이라고 부르게 하여, 부처를 "金仙"이라 지칭하게 되었다.

해설 높깊은 산 위 밤중을 맞은 암자, 고요 속에 구름 밑에 샘물이 소리를 내며 떨어지고, 등불만 달린 채 나그네인 화자는 잠을 못 들고 앉아 있는데, 늙은 스님은 경쇠를 이따금씩 치면서 예불을 하고 있다는 것이다.

정적 속에 잠든 산사의 밤 정경을 그림처럼 그려 보이고 있어서, 마치도 한국 가곡 중의 "성불사의 밤"을 듣는 듯하다.

山行關外作.

관 밖(관북지역)의 산길을 가며 짓다.

시내 근처 성긴 울엔 붉게 살구 꽃 펴 있고,	近水疎籬紅杏花
수양버들 문 가린 채 두 집인가? 세 집인데,	掩門垂柳兩三家
시내 다리 곳곳마다 고운 풀밭 이었건만,	溪橋處處連芳草
산길에는 사람 없이 해만 제냥 기우누나!	山路無人日自斜

해설 관북지역 변경의 한 곳인데, 울타리 옆에는 살구꽃이 피어 있고, 버들가지들이 문 앞들을 가리운 채, 마을 앞 시내 다리에는 이곳저곳 고운 풀들이 파아랗게 짙어져 가고 있건만, 산길에는 하루 종일 오가는 사람 아무도 없이 해만 져가고 있다.

참으로 따사로운 정감의 조용한 봄이 무르익어가고 있는 관 밖 변경 마을의 풍경이 그림처럼 그려지고 있어서, 허균(許筠)은 그의 『국조시산(國朝詩刪)』에서 "如入輞川畵中[왕유의 '망천도(輞川圖)' 속에 들어가는 것 같다]"라고 하며 기리고 있으나, 이 작품이 분명 꿈 속으로 유도하듯 정겨우면서도, 어디인가 나그네인 작자의 고적하고 애상적인 정감의 눈길이 묻어나는 것을 지울 수가 없다. 따라서 허균(許筠)의 이 평가는 작자의 의중과는 맞지 않는 것이다.

龍津.

용나루에서.

가을 강물 빠른 물결 용나루로 내려가니,	秋江水急下龍津
뱃사공은 배 멈추고 웃곤 다시 홧 내누나!	津吏停舟笑更嗔
"서울 가서 나그네로 노닐면서 뭘 이뤘소?	京洛旅遊成底事
십년 동안 오고 가도 벼슬 못한 채로" 라며.	十年來往布衣人

* 龍津 : 이것은 아마도 지금의 충북 端陽에 있는 "용나루"를 옛날 漢字로 바꿔 부른 명칭이 아닌가 싶다.

해설 이 작품은 물론 작자의 자기 신세 한탄을 읊고 있는 시다. 가을을 맞은 강물을 타고 용나루로 내려가고 있는데, 뱃사공은 젓던 노를 멈추고는 나를 보고 놀리듯이 픽 웃고는 이내 화를 내며서 "십년 동안 오고 가면서 그 서울에서 나그네로 노닐고서도 벼슬 한 자리 못한 채로 뭘 한 것이 있소?"하고 말하더라는 것이다. 물론 이것은 허구화한 하나의 일화일 뿐이지만 너무도 실감이 있게 허구화한 장면임은 틀림이 없다.

西江漫興.

서강에서 그냥 흥이 나서.

강 다리께 술깃발은 저녁 바람 늘어졌고,	江橋酒幔晩風斜
울타리엔 한 주 살구 붉게 어려 꽃 폈는데,	一樹映籬紅杏花
"어젯밤 새 서담 안에 마름 열매 익었다"며,	昨夜西潭菱子熟
잘난 처녀 이따금씩 낭도사를 부르누나!	女郎時唱浪淘沙

---

* 西潭 : 여기의 "潭"자가 필사본에는 "澤"자로, 목판본에는 "潭"자로 되어 있는데, "澤"자는 기본적으로 平仄에 맞지 않아 당연히 "潭"자가 맞을 것이다. 그리고 "西潭"은 바로 제목의 "西江"을 바꿔 지칭한 것으로 추정된다.
* 菱子 : 강물 언저리에 자라는 마름의 열매인데, 가을이 되어 익으면 따서 먹었다고 한다. 그러데 이 작품에서는 가을이 아닌 봄인데 이 "마름 열매가 익었다"며 노래를 한다고 읊고 있는 것은 아마도 작자 이달이 이 마름 열매가 익는 계절을 오해하여 읊은 것이 아니라. "浪淘沙"라는 악곡 속의 가사 내용(비록 "서담"이라는 말을 쓰고 있지만)으로 삼아, 그냥 허구적으로 인용하여 읊은 것으로 판단된다.
* 女郎 : 이것은 白樂天의 시에서 "才是女中郎[재간이 여자 중의 사나이일세]"라고 한 바대로 조금은 잘난 아가씨를 말하며, 우리나라에서 흔히 말하는 "선머슴아" 같은 아가씨를 말한다.
* 浪淘沙 : 중국 唐나라의 樂府曲으로 劉禹錫 · 白居易 등이 많이 지은 시의 체제로, 친구 사이나 남녀 사이의 이별하는 감정을 주로 읊은 시들이다.

해설 아마도 작자가 서강(지금의 서울 마포(麻浦))에서 봄을 맞아 풍경을 감상하면서 읊은 시로 추정된다. 그래서 제목에서 "그냥 흥이 나서"라고 한 바대로, 흥에 겨워서 "잘난 처녀[여랑(女郎)]의 노래와 그 가사 내용(어젯밤 새 서담 안에 마름 열매 익었다)"을 허구적으로 인용하며 읊고 있다.

題畫.

그림을 제재로 삼아서.

차가운 숲 안개 자욱 해오라기 날고 있고,	寒林煙暝鷺鷥飛
강 위 저기 어부 집은 대사립문 닫혔는데,	江上漁家掩竹扉
해 기우는 한쪽 다리 사람들은 다들 가고,	斜日斷橋人去盡
많은 산은 짙푸른 채 구름 자욱 끼어 있네!	亂山空翠滴霏微

* 空翠 : 산의 풍경이 짙푸르른 상태.
* 霏微 : 눈이나 비가 부슬부슬 내릴 듯한 상태, 혹은 구름이 자욱하게 끼어 있는 상태. 여기서는 구름이 자욱하게 낀 상태를 말한다.

해설 해가 지는 무렵 조금은 쓸쓸한 강위의 어촌 풍경을 그린 그림을, 실제의 어촌 풍경의 상황인 양 살려서 그리듯이 읊어낸 시다.

又.
또 한 수.

푸른 버들 문 가린 곳 여긴 바로 뉘집인가?	綠楊閉戶是誰家
반쯤 솟은 붉은 누각 노을 자락 어렸는데,	半出紅樓映斷霞
얄밉게도 꾀꼬리는 종일 내내 울어대고,	無賴流鶯啼盡日
느즈막이 개인 문 앞 꽃만 많이 지고 있네!	晩晴門巷落花多

* 斷霞 : "잘려진 듯한 한 자락의 노을"이라는 표현이다.
* 無賴 : 이 어휘는 "불량스럽다"라는 뜻과 "얄미울 정도로 귀여운 것"을 말하기도 하고, "무료하다"라는 뜻으로도 쓰이는데, 여기서는 아마도 얄미울 정도로 귀엽다는 뜻으로 쓰인 것으로 추정된다.

해설 푸른 버들이 문 앞을 가렸고, 붉은 기둥에다 단청이 고운 누각이 반공중에 솟은 채 한 자락 노을빛이 어울어져 있는데, 느즈막이 맑게 개인 문 앞에 꽃잎만 무수히 지고 있는 누군가의 집에는, 이 집의 울 안과 주위의 숲을 옮겨가며 얄미울 정도로 곱고 예쁜 목소리의 꾀꼬리가 하루 종일 사뭇 우짖고 있다는 것이다.

정녕 그냥 한 폭으로 그려진 그림을 온전하게 살아 있는 풍경의 현장으로 살려서 읊어낸 좋은 시다.

又.

또 한 수.

서리 내린 하늘 남쪽 기러기는 떼 져 울고, 霜落天南雁叫群
바람 일자 갈대 꽃은 눈발처럼 날리는데, 荻花風起雪紛紛
한 줄 지어 소상강의 언덕 날아 지나가다, 一行飛過瀟湘岸
반은 물가 내려 앉고 반은 구름 속에 드네! 半落汀洲半入雲

해설 남쪽 하늘을 향해 기러기떼는 울며 날아가고, 하얀 꽃이 눈발처럼 날리는 갈대밭이 있는 한 폭의 풍경화를 실경으로 되살려서, 한 줄을 이루어서 소상강을 날아 지나가는 기러기떼는 반은 물가에 내려 앉고 반은 구름 속으로 들어간다고 읊고 있다.

又.

또 한 수.

차가운 숲 잎 다 져서 새 둥지도 다 보이고, 寒林葉脫見禽棲
한 냇다릴 건너 가자 한 냇물이 또 있는데, 度一溪橋又一溪
소매 가득 산 바람에 잔설 밟고 가노라니, 滿袖山風踏殘雪

뒤 길 남짓 기운 해가 산봉 서쪽 지고 있네!　　　數竿斜日石峰西

해설 잎이 다 진 숲에 새 둥지도 다 보이고, 한 냇물 위의 다리와 또 하나의 냇물, 이 주위에는 잔설이 남아 있는 채 저녁 해가 곧 지려는 풍경이 그려진 한 폭의 그림. 이 그림 속에 작자는 바로 주인공이 되어 차가운 산바람 결 속을 가면서 어느 새 살아 있는 입체의 공간으로 바꾸고 있으며, 함께 어딘가 조금은 쓸쓸하고 고적한 심기의 인상까지를 묘하게 곁들여 놓고 있다.

이상의 네 수는 모두 평면의 입체화, 정태적 상태의 동태적 생동화로 이루어진 좋은 작품들이다.

竹頭庵.

죽두암에서.

경포 호수 주변에는 사람 통행 끊기었고,　　　鏡浦湖邊人不行
강문교의 위 쪽으로 달만 처음 떠오는데,　　　江門橋上月初生
승방 창안 밤내 추워 나그넨 잠 못 들건만,　　　僧窓夜冷客無睡
마름풀 끝 가을 바람 기럭 소릴 실어 오네!　　　蘋末西風來雁聲

---

* 竹頭庵 : 아마도 옛날 강릉에 있었던 암자로 추정된다.

* 江門橋 : 지금 강원도 강릉시 초당동 경포호 입구에 있는 오래된 다리(교량).

....

해설 나그네의 신세로 객지인 강릉의 가을 밤 한 암자 차가운 승방에 붙어 자면서, 홀로인 채 기러기 소리를 들으며 잠을 못 이루고 무한히 외로운 회포에 뒤척이는 자신을 적어 놓고 있다.

遊鏡湖贈宋德求.

경포호에 노닐면서 송덕구에게 주다.

강문교의 위쪽으로 바다 구름 펴오르고,	江門橋上海雲起
해는 다리 서편 있어 영상 동편 있더니만,	日在橋西橋影東
유람객들 머리 돌려 초생달을 바라 보니,	遊人回首望初月
호수 위의 바람 결에 양안 솔숲 불려 우네!	兩岸松鳴湖上風

해설 강릉 경포호의 황혼 무렵을 넘겨 초저녁을 맞는 풍경을 읊은 시다. 전, 결구에는 작자 자신의 풍경 감상과 그로 인한 그윽한 감흥이 말없이 묻어나고 있다.

贈道人.
신선도를 닦는 이에게 주다.

단경 강의 끝낸 다음 돌사립문 열어 놓고, 講罷丹經啓石扉
소나무 밑 홀로 와서 솔가지에 기대 선 채, 獨來松下倚松枝
신선단엔 밤이 깊어 달빛조차 차갑건만, 瑤壇夜久月華冷
산옷 이슬 젖어 와도 도 닦는 인 모르겠지! 露濕山衣人不知

* 丹經 : 道敎의 鍊丹術(신선이 되기 위한 丹藥을 굽는 기술)을 적은 經典.

해설 암석굴 속의 신선의 거처와, 그리고 신선의 놀이터[요단(瑤壇)]의 정황을 허구화하여 설정하고, 여기에 선인으로 비겨지는 상대인 도인(道人)의 행태도 조금은 탈속적으로 허구화하여 그려놓고 있다.

贈僧.
스님에게 주다.

산도 바다 기운 낀 채 석양 속에 잠겼더니, 海氣連山沈夕暉
서편 암자 종소리 속 늙은 스님 돌아 와서, 西庵鍾磬老僧歸

등 밝히고 한 밤 내내 스님하고 자고 나선, 懸燈一夜同僧宿
맑은 새벽 구름 뚫고 푸른 산을 내려 가오! 淸曉穿雲下翠微

해설 문면으로는 스님과 함께 하룻밤을 산사에서 묵고난 사항만을 서술하듯 읊고 있으나, 하룻밤 사이 청정해진 자신의 고마운 심경을 묵시적으로 전하고 있다.

三日浦.

삼일포에서.

펼친 호수 닻줄 풀고 금방 중류 닿고 보니, 平湖解纜忽中流
한물 구빈 백로 나는 물가 돌아 나 있는데, 一水縈回白鷺洲
서른 여섯 봉우리에 아흔 개의 굽이라서, 三十六峰九十曲
어느 곳서 네 신선들 놀았는 지 모르겠네! 不知何處四仙遊

---

* 三日浦 : 고려 때 安軸의 기록에 "浦在高城北七八里 外有重峯疊嶂含包 而內有三十六峯 洞壑淸幽 松石奇古 水中有小島 蒼石盤陀 昔四仙遊此 而三日不返 故得是名 水南有小峯 峯之北崖石面 有丹書六字 曰永郞徒南石行 小島古無亭 存撫使朴公構之於其上 卽四仙亭也[삼일포는 고성의 북쪽 7, 8리쯤에 있는데, 밖에서 겹겹의 봉우리들이 감싸고 있으며, 안에는 36개의 봉우리가 있어 골짜기마다 깨끗하고 아늑하며 소나무와 바위들이

기이하고 예스럽고, 이 삼일포 물 가운데에는 작은 섬이 있어 고색이 창연한 반석이 널브러져 있어서 옛날에 네 신선이 여기와서 노닐면서 3일 동안 돌아가지 않았다고 해서 이 '三日浦'라는 이름을 갖게 됐다고 한다. 이 삼일포 남쪽에 작은 봉우리가 있고 이 봉우리의 북쪽 암면에는 붉은 글씨로 여섯 글자가 새겨져 있는데 '永郞徒南石行'이라고 한 것이다. 작은 섬에 전에는 정자가 없었는데 존무사 박공이 이 섬 위에 정자를 지어 놓아 이것이 바로 '四仙亭'이다]"라고 하였다.

그런데 전구의 "九十曲[아흔 개의 굽이]"이라는 말은 이 三日浦와 관련된 어느 기록에도 없는 것으로 판단되며, 따라서 이것은 작자가 시적 수사의 효과를 위해서 창작한 것으로 추정된다.

* 四仙 : 이 네 신선은 新羅의 花郞으로 關東을 유람한 永郞 · 述郞 · 南郞 · 安詳 등을 말하며, 이들은 이 관동지방의 풍경지를 노닐며 남긴 설화로 인해 후인들에게 "신선"으로 추천되는 존재가 되어 후인들의 시에 사뭇 추모의 대상이 되어 왔다.

해설 삼일포의 풍경 모사와 함께 작자 자신이 주인공으로 뱃놀이를 하며 자술의 형식으로 읊은 시로, 역시 전구에서 36개의 봉우리에다 "아흔 개의 굽이[九十曲]"라는 시어를 더해서 미로의 단초를 예비함으로써, 결구를 "네 신선이 어디에서 놀았는 지를 모르겠다"라는 불명 상태로 마치게 하고 있는 수사의 묘가 새롭다.

靈谷尋春.

영곡으로 봄풍경을 찾아 나서서.

동편 산봉 구름 기운 푸른 산빛 잠겨 있어,	東峯雲氣沈翠微
시냇길에 죽장 짚고 봄 경치를 찾아 가니,	澗道竹杖尋芳菲
깊은 숲 속 몇몇 곳에 이른 봄꽃 피었는지,	深林幾處早花發
때로 산벌 날아 와서 옷자락을 스치누나!	時有山蜂來撲衣

* 靈谷 : 어느 곳에 있는 풍광지인 지는 알 수 없으나, 이 "靈谷[신령한 골짜기]"이라는 명칭이 사사하는 바대로 매우 운치가 있는 풍광지였던 것으로 추정된다.

해설 봄을 맞아 영곡의 풍경을 찾아 나서서 한가롭게 구경하고 감상하는 흥겹고 아늑한 정경을 그리듯이 서술하고 있는 시다.

贈人.

그 어떤 사람에게 주다.

금봉비녀 나직 꽂은 구름꼴 쪽 갸웃한 채,	金鳳釵低雲髻斜

깊은 집안 홀로 열고 뜨락 꽃만 쓴다마는,	獨開深屋掃庭花
시름 와도 봄 서러운 곡 부르진 제발 마오,	愁來莫唱傷春曲
"봄 서럽다" 부를 제는 한만 다시 많을 테니!	唱到傷春恨更多

해설 그 어떤 한 사람을, 임과 이별한 채 고독 속에 맞는 봄을 슬퍼하고 있는 한 서린 한 여인으로 설정하여 그녀를 동정하며 어루만지듯 위로하는 시로, 이른바 아주 잘 지어진 "애렴체(哀艶體;아주 슬프면서도 아름다운 시의 형체)"의 좋은 실례가 되는 작품이다.

그래서 제목의 "인(人;어떤 사람)"은 분명 여인일 가능성이 높다. 특히 승구의 "獨開深屋掃庭花"라는 상황 설정과 결구의 "唱到傷春恨更多"라는 정한의 풀이는 그런 가능성을 더욱 높이고 있으면서, 이 작품의 구상적 묘미와 읊조림의 구슬픈 가락을 기막히게 잘 살려내고 있다.

松京懷古.

개성에서 옛일을 되새겨 보며.

전왕조의 망대 · 전각 풀 안개만 짙어 있고,	前朝臺殿草煙深
석양 지는 그늘 속에 소 · 염소만 내려 오니,	落日牛羊下夕陰
모두 함께 하릴 없는 망한 나라 땅 됐는데,	同是等閑亡國地
우습게도 누런 잎은 계림에만 찼다 봤네!	笑看黃葉滿鷄林

해설 이 작품은 조선시대(朝鮮時代) 정홍명(鄭弘溟)이 지은 "청학동비(青鶴洞碑)"의 명(銘)에서 "최치원(崔致遠)이 '青松黃葉 歎息於鵠嶺鷄林[곡령에는 푸르른 솔인데, 계림에는 누런 낙엽일세!]'라며 곡령이 있는 고려는 새로 일어나는데, 계림이 있는 신라는 망해가는구나!"라고 했다는 것과 『신증동국여지승람(新增東國輿地勝覽)』 <합천군(陜川郡), 가야산(伽倻山)>에 "高麗太祖將興 崔致遠上書 鷄林黃葉 鵠嶺青松之語 羅王惡之 致遠卽帶家 隱于伽倻山[고려 태조가 장차 흥할 즈음에 최치원이 글을 올려 '계림에는 잎이 누렇게 되고, 곡령에는 솔잎이 푸르다'라는 말이 있어, 신라의 임금이 이것을 미워하자 최치원은 가족을 데리고 가야산으로 숨었다]"라는 것을 놓고, 이 시에서는 "이제에 와서는 신라이든 고려이든 똑같이 다 멸망하고 말았는데, 왜 신라만 멸망한다고 탄식을 했는가?"하는 시로서, 인간의 역사는 궁극적으로 흥망성쇠를 무상하게 반복하는 것이라는 말이다.

寄謝慕伯.

모백에게 지어 부치고 감사해 하면서.

그대가 준 말을 타고 그대가 준 옷 입은 채,	乘君之馬衣君衣
만리 길의 시골 산천 눈발 바로 날릴 텐데,	萬里湖山雪正飛
서럽게도 이번 길엔 작별 전송 없겠어요,	惆悵此行無送別
흥인문 밖 게서부턴 벗도 거의 없는 터니!	興仁門外故人稀

해설 모백(慕伯)이 누구인지는 모르나, 작자는 그를 향해서 "그대가 마련해준 말을 타고 그대가 마련해준 옷을 입고서, 떠나가려는 만리 길의 고향 산천에는 눈발이 펄펄 날릴 텐데, 서글프게도 이번 길에는 작별할 것도 전송할 것도 없게 됐어요, 흥인문 밖 게서부터는 벗도 거의 없는 터이니"라며 상대에 대한 고마움과 함께 자신의 고독감을 안타깝게 전하고 있다.

鍾城道中.

종성 가는 길에.

옥문관의 이 밖에는 산들 온통 눈 덮이고,	玉門關外雪漫山
사하 널린 모랫벌엔 달빛만이 비추는데,	月照沙河亂磧間
어느 곳의 먼 초소서 슬픈 피리 불어주나?	何處悲笳鳴遠戍
밤 깊도록 유격 기병 사냥하고 오나본데!	夜深游騎射鵰還

* 玉門關 : 중국의 敦煌 서쪽에 있는 관문으로 서북 국경의 중요한 요충이다.
* 沙河 : 중국의 遼寧省에 있는 지역이며 강물이요 요충이기도 하나, 여기서는 모래로 이루어진 강물처럼 펼쳐져 있는 사막 벌판을 말하는 것이다.
* 射鵰手 : 아주 활을 잘 쏘고 사냥을 잘하는 名弓手를 말한다.

해설 우리나라 관북지역의 황량한 겨울 풍경을, 저 중국 북방 변경의 황량하고 냉혹한 눈 속 풍경으로 가상 설정하고, 이곳에서 사냥하는 장쾌한 상황을 허구화하여 읊은 시다.

摩天嶺題院壁.

마천령에서 원집(역의 여관) 벽에 써 붙이다.

마흔 먹은 나이인데 귀밑털은 흰 실 같아,	四十之年鬢若絲
사람 향해 "남아"라고 말하기가 부끄런 채,	向人羞道是男兒
어느 때쯤 천산 산 위 나무에 칼 걸어 놓고,	何時掛劒天山木
오랑캐의 술 천 병을 월지 마시게 할 건가?	虜酒千鍾飮月支

* 天山 : 중국의 新疆省에서 시작한 산맥으로 이루어진 거대한 산으로 높은 곳에는 항상 녹지 않는 눈이 있어서 "雪山" 또는 "白山"이라 불려지기도 한다.

* 月支 : 이것은 "月氏" 또는 "月支"라고도 하며 중국의 서역에 있던 나라의 명칭이면서 그 나라 사람으로 이루어진 부족의 명칭이기도 하였고, 때로는 중국에 복속해서 조종을 받아 중국을 돕기도 하였다.

해설 이것은 작자가 대장부로 태어나서 신분의 한계로 인한 불우한 처지와 그로 인해 꺾인 의지의 좌절을 "남아 대장부로 태어나서 겨우 40세에 벌써 귀밑털만 세어버린 채, 사람들에게 '사나이'라는 말도 할 수 없이 부끄러운 건, 호탕한 대장부의 기상으로 장군이 되어 나라를 위해 오랑캐를 무찌르고 나서, 도와준 월지족 병사들에게 노획한 오랑캐들의 술을 실컷 마시게 하지 못하게 돼서"라는 넋두리로 청승맞게 읊은 시다.

題甓寺.

벽사(신륵사)를 제재로 삼아서 짓다.

여주강엘 삼월 맞아 외론 배로 와서 보니,	驪江三月孤舟還
집만 서담 구름과 물 풍경 속에 있겠는데,	家在西潭雲水間
안개 피는 마름 물가 새는 숲에 날아 들고,	煙生蘋渚鳥投樹
바위터엔 꽃이 피고 스님은 문 닫고 있네!	花發石臺僧掩關

* 西潭 : 이 시어는 작자의 다른 작품에도 쓰여지고 있는데, 이것은 작자가 아마도 서울에 와서 객지 생활을 하며서 기식하고 있던 곳을 지칭하는 것으로, 아마도 당시의 한강 서편에 있던 西江지역에 작자 자신이 붙어 살면서 이곳을 雅稱한 것으로 추정된다.

해설 삼월을 맞은 여주에 외딴 배로 와서는, 서담에 있는 집을 생각하다가, 저녁을 맞는 신륵사의 풍경을 관람하며 읊은 시다. 그런데 작자의 다른 작품들에 비해서 전반부와 후반부의 시상 사이에 상호 유기성이 조금은 떨어진다.

宿洞宮.

삼청동(三淸洞)에서 자면서.

산골 샘물 소리 멎고 가을 산 속 휑해진 채,	風泉響落秋山空
바위문에 달이 뜨며 종소리도 뜸해진 뒤,	石門月出疎鐘後
도 닦는 인 황정경을 한차례 다 읽고나서,	道人讀罷黃庭經
밤중 천단 청소한 뒤 북두성께 예배하네!	夜掃天壇拜北斗

* 道人 : 글자들대로의 뜻은 "도를 닦는 사람"이나, 여기서는 道教를 믿고 신선이 되겠다며 상관된 책을 읽고 수련을 하는 사람이다.

* 黃庭經 : 道教의 經典으로 老子가 지었다고 하나 명확하지 않고, 신선이 되기 위해서 五臟과 六腑를 수련하는 비방이 기록되어 있다.

* 北斗 : 北斗星의 神으로『淮南子』<天文訓>에 나오는 바 "北斗之神有雌雄[북두성의 신은 암수가 있다]"라고 했는데, 이 신에 대한 예배도 신선 수련의 한 과정이었다.

해설 조선조 때 노자(老子)에게 제사를 올리는 사당인 "소격전(昭格殿)"이 있고 도교(道敎)에서 천계(天界)의 상징으로 여기는 삼청동(三淸洞)에서 자게 된 작자는, 가상의 주인공인 도인(道人)을 허구적으로 설정하고 이곳의 밤 풍경과 분위기를 유현심수하게 설정하여, 여기에 상응하게 도인의 행태를 실제처럼 연출하며 읊고 있다. 여기에서는 작자의 능숙한 체격시(體格詩) 창작의 수완을 확인할 수 있다.

尋伽倻山.

가야산을 찾아 가서.

중천에선 생황 학만 이 가을 밤 내려올 뿐,	中天笙鶴下秋宵
천 년 전의 고운선생 이미 적막해지신 채,	千載孤雲已寂寥
달 밝은 속 마을 어귄 물만 흘러 갈 뿐이라,	明月洞門流水在
어느 곳에 무릉교가 있는 지를 모르겠네!	不知何處武陵橋

---

* 秋宵 : 이 시어에서 "宵"자는 일부 필사본과 판본에는 여기서처럼 "宵[밤]"자로 되어 있고, 또 다른 일부 필사본과 판본에는 "霄[하늘]"자로 되어 있는데, 이 작품이 공시적인 상태의 형상화라고 하면 아무래도 "秋宵[가을 밤]"라는 표현이 맞을 것이라, 여기서는 일단 "宵"자로 결정하였다. 그러나 "霄"자도 시상의 의미 자체에 문제가 있는 것은 아니다. 그리고 "宵" · "霄" 두 글자가 모두 평성 "蕭" 운에 속하는 글자로서 어느 글자인

든 平仄으로는 문제될 것이 없으며, 또한 "秋宵"와 "秋霄"가 모두 시어로 많이 쓰이고 있다.

* 千載 : 『新增東國輿地勝覽』 <陜川郡, 伽倻山>에 李穡이 지었다는 시에 "孤雲孤雲千載鶴[고운 고운 천년 전에 타셨다는 학]"이라고 한 것을 보면, 고운 최치원이 학을 탔었다는 말이며, 그래서 넌지시 최치원이 신선이라는 것을 인정하는 것이다.

* 武陵橋 : 이것은 역시 『新增東國輿地勝覽』 <陜川郡, 武陵橋>에 나오는 다리로, 金宗直이 "孤雲寧蹈畏途麽[고운선생이 오히려 두려운 길을 밟았겠는가?]"라는 시구로 시사하는 바대로 고운이 이 무릉교를 경유하여 숨어 들어 왔다는 전설이 있었음을 알 수 있다.

해설 가야산의 홍류동 을 찾아와서 최고운의 유적과 설화를 시로 재구성하여 읊은 것이다. 그런데 고운이 탔었다는 저 하늘의 학은 마치도 고운이 탔을 때에는 신선이 생황도 불었으련만, 지금은 달빛만 환하게 비출 뿐 고운선생은 안 오시고 학만 하늘에서 내려올 뿐이고, 또한 고운이 지나갔을 그 무릉교도 지금은 어디 있는 지 모르겠다는 것이다.

그래서 "어느 곳에 무릉교가 있는 지를 모르겠네!"라는 이 결구는 이 작품을 회고(懷古)의 좋은 시로 만드는 잘된 마무리라 할 수 있다.

清道九日.

청도에서 구일을 마나서.

지난해의 구일에는 한양성에 있었더니, 去年九日漢陽城

금년의 구일에는 강남 길에 와 있는데, 今年九日江南道
매해마다 그전대로 국화꽃은 꺾건마는, 年年依舊折黃花
작년의 이 사람은 금년에는 늙었구나! 去年人到今年老

* 江南道 : 이 시어의 뜻은 물론 "강남의 길"이라는 것으로 실제로는 서울에서 멀리 남쪽(흔히 당시의 전라도나 경상도 지역을 지칭하는데, 여기서는 바로 경상도를 지칭하고 있다)인데, 이 "江南"이라는 시어는 중국의 시에서 근원한 것으로 중국에서는 長江의 남쪽지역을 지칭하며, 이 지역은 기후가 온화하고 산물이 풍부하여 생활이 유족하므로 일찍부터 道敎的인 낭만성이 짙은 곳이면서도, 華中과 華北 지역의 역대 문인 관료들이 이 지역으로 유배되거나 좌천되어 가서는 그 지역의 기후와 풍토에 적응이 어려워 괴로운 곳으로 인식되어 있었다. 이 중국의 강남 지역은 중국의 문학에서 이렇게 서로 상반된 두 가지의 심상으로 각인되어 왔으나, 우리나라에서는 대체로 낭만적인 인상의 상상공간으로 시에 수용되어 왔다.

해설 이 작품은 "今年"·"去年"이라는 시어를 두 번씩 겹쳐 쓰고, "年"자를 여섯 번이나 겹쳐 써서, 형식상으로는 완전히 탈격(脫格)의 시로 거의 노래가 되어 있는 것이다. 작자는 서울을 떠나 유상한 자연 앞에 대비적으로 무상한 인생의 주인공 신세로 남도를 유랑하는 자신을 넋두리하는 시로, 문맥상으로는 낭만적인 멋의 가락이 실려 있으나 이면에는 유랑인의 한애와 인생의 무상감이 짙게 깔려 울리고 있다.

曉發孤山村.

새벽에 고산 마을을 출발하면서.

행인들은 고산에서 새벽 길을 떠나기에,	行人曉發孤山路
해가 떠도 옷섶 서린 미쳐 아니 걷힐 텐데,	日出未消衣上霜
낡은 주막 사립 열고 말 여물을 먹이면서,	荒店開扉秣征馬
돌솥에다 부싯불로 누런 기장 밥 짓누나!	石鐺敲火熟黃粱

해설 작자 자신을 포함한 행인들이 새벽 길을 떠나려고, 주막집에서 말 여물을 먹이고 부싯돌로 불을 붙여 누런 기장의 밥을 짓는 상황을 스케치하듯 그려 보이고 있다.

尋金子佩山屋.

김자패의 산 속 집을 찾아 가면서.

긴 수염에 술병 메고 지는 달빛 받고 가니,	長鬚擔酒帶殘月
산길에다 새벽 서리 사람 통행 통 없었고,	山徑曉霜人不行
늙은 소도 한밤 내내 식은 여물 삭임질 끝,	老牛終夜荳萁冷
자네 집에 닿기 전에 날은 벌써 샜네 그려!	未到君家天已明

* 荳萁 : 이 한자어의 원래 뜻은 "콩대"이나 여기서는 분명 소의 먹이로 쓰여지는 "콩깍지"를 말하는 것으로 우리말로는 흔히 "여물"이라고 하는 것을 말한다.

해설 정녕 친한 벗으로 추정되는 김자패의 산 속 집을 찾아, 져가는 새벽 달빛 속에 아무도 다니지 않고 있는 산길을, 술병을 메고 추위 속에 식은 여물을 먹고는 사뭇 삭임질을 하는 소를 탄 채 가다가, 미쳐 자네 집에 닿기도 전에 날이 벌써 샜다는 말이다. 자신의 행태와 상황을 설명하듯 읊은 시다.

題睡軒壁.

수헌의 벽에 써 붙이다.

이 영마루 저 영마루 구름들이 맞닿더니,	東嶺雲連西嶺雲
금방 바람 일어나며 비가 주룩 내리건만,	須臾風作雨紛紛
도 닦는 인 홀로 산중 향해 와서 졸을 테니,	道人獨向山中睡
비 · 바람 칠 산중서도 조느라고 못 듣겠지!	風雨山中睡不聞

해설 이 작품은 상대의 호인 "수헌(睡軒)"의 "수(睡)"자를 기막힌 발상의 단초로 삼아 기발하게 시상을 구성하고 상대방이 세속을 벗어나

깊숙하게 숨듯이 사는 고상한 삶의 의지와 취향을 말없이 추켜 기리고 있는 시로, 기구와 승구는 시끄러운 세속의 상황을 비유하고, "道人"이라는 주체어와 "睡不聞"이라는 행태어는 주인공의 초탈적인 인품을 그려 보이는 핵심 시어들이다. 여기에서도 전구의 "山中睡"는 잘 가려서 놓여진 시어다.

挽南格庵師古.

남격암 사고를 위한 만사.

신선 행차 약목진을 훨훨 날듯 떠나더니,	鸞馭飄然若木津
엄군평의 주렴 아래 웬 사람이 다시 왔나?	君平簾下更何人
제상 이편 제자들이 남긴 원골 거둬 보니,	床東弟子收遺草
신선 세계 복숭아꽃 수만 그루 봄의 실세!	玉洞桃花萬樹春

* 南師古 : 생몰년대가 불분명한 조선조 중기의 奇人이며 道士로 강원도 蔚珍의 출신으로 알려져 있으며 格庵은 호이다. 풍수 지리와 卜術 豫言 등에 많은 일화와 저술을 남겼으며, 조선조 東西分黨 · 壬辰亂, 심지어는 韓日合邦 · 南北分斷 · 六, 二五 南侵 · 南北統一 · 經濟大國化 등도 예언하고 있다는 서적들을 남겼다. 그런데 후대 문인들은 그를 도교의 신선술로 신선이 되었다고 믿기도 하였으며 여기서도 바로 그런 생각으로 읊어지고 있다.
* 鸞馭 : 글자들대로의 뜻은 "난새를 부려 탄다"는 뜻이나, 여기서는 "신선

이 되어 난새를 타고 간다"라는 의미의 "신선 행차"라는 말로 쓰였다.

* 若木津 : 若木은 나무 이름인데, 해가 지는 곳이라는 장소의 명칭으로도 쓰인다. 그런데 "若木津"은 중국의 明나라 張次仲의 시 <天闕>에서 "若木津難逮[약목진은 닿기 어렵다]"라고 한 바대로, 신선이 되어 하늘로 올라가는 도중의 한 길목인 곳으로 알려졌다.
* 君平 : 중국의 漢나라 사람인 嚴遵의 字이며, 그는 成都에 살면서 점을 잘 쳤고 사람들에게 忠孝信義를 가르쳤으며, 점을 쳐서 百錢만 벌면 문을 닫고 老子만 읽었다.
* 床東 : 여기서 "床"은 아마도 南師古의 几筵(魂帛을 모신 곳)에 놓인 床을 말하는 것으로 추정된다.
* 玉洞 : 원래 글자들대로의 뜻은 "옥이 산출되는 동굴"이나, 이것은 신선이나 숨은 선비가 사는 곳을 지칭하는 말로 전용되었다.

해설 주인공 남사고가 신선이 되어 중국의 유명한 복술가(卜術家)인 엄군평(嚴君平)의 제자가 되었을 텐데, 격암의 제자들이 제상 이편(현실의 세계)에 남겨진 원고를 수습해보니, 남겨 놓은 모든 글들과 시가 모두 자신이 가서 있게 될 신선 세계의 봄 풍경들이라는 것이다. 그래서 여기에는 작자 자신의 동화(同化) 소망(所望)이 투영되어 있다.

病中折花對酒吟.

병중에 꽃을 꺾어 놓고 술을 마주해서 읊다.

꽃 피는데 사람은 병 문을 깊이 닫은 채로, 花時人病閉門深

애써 꽃의 가질 꺾어 술 마주해 읊어 보나, 强折花枝對酒吟
서글퍼라 가는 세월 꿈 속처럼 넘어가니, 惆悵流光夢中過
봄을 감상해 보아도 소년 마음 다시 없네! 賞春無復少年心

해설 인간의 근원적인 한을 읊은 시다. 꽃이 피는 좋은 시절을 만나서 오히려 병에 걸려 있으니 누구도 만나기가 싫어 출입문을 꼭 닫은 채로, 홀로 억지로 꽃을 꺾어 놓고 그것을 마주해서 술을 마셔 보면서 스스로를 달래보지만, 슬프게도 흐르는 세월은 꿈 속처럼 허망하게 훌훌 흘러가버리니, 봄을 애써 감상해 봐도 다시는 젊었을 적의 그 좋던 감흥이 없다는 기막힌 한탄의 시이다. 우리 민요의 가락을 옮겨 놓은 듯하다. 이 작품에서도 전구의 "몽중과(夢中過;꿈속처럼 넘어가다)"는 참 잘 가려 놓여진 시어다.

寄問鵝溪相公.

시를 부치며 아계 상공의 안부를 묻다.

나뭇잎도 드문 때에 강가에서 이별한 것, 離別江潭木葉稀
지금까지 꿈 속에도 다시 그냥 생생한데, 至今魂夢更依依
외론 배는 한 번 간 뒤 소식을 통 못 들으니, 孤舟一去無消息
가을풀 속 추운 냇가 홀로 사립 닫았어요! 秋草寒溪獨掩扉

* 鵝溪相公 : 조선조 宣祖 때 재상이었전 李山海를 말하며 시를 잘 지었고 아계는 그의 호이다.
* 江潭 : 이 어휘의 본 뜻은 "강물이 깊은 곳"이지만, 그냥 "강물"이라는 뜻을 범칭하는 말로 쓰인다.
* 魂夢 : 글자들대로의 뜻은 "혼과 꿈"이지만, 이것은 시에서 그냥 "魂"이라는 말로 쓰인다.

해설 지난번 잎도 거의 다 진 강가에서 작별한 뒤, 외로운 감정은 갈수록 더욱 간절해지는데, 끝내 한 번의 안부 소식도 없어서, 홀로 그리운 심경을 안은 채 사립문도 닫고 그냥 고적하게 지내고 있다는 안타까운 심경의 전달이다.

哭楊蓬萊.

궂긴 양봉래를 위해서 울다.

인간에서 신선 되어 가신 것을 알겠으니,	知是人間尸解身
서글퍼서 눈물 흘려 수건 적실 필욘 없고,	不須惆悵淚沾巾
봉래섬의 바다 위로 동쪽 돌아가는 길엔,	蓬萊海上東歸路
아무래도 벽도화의 천 그루 봄 맞겠구려!	疑有碧桃千樹春

* 楊蓬萊 : 조선조 中宗 때 사람인 楊士彦을 말하며, 蓬萊는 그의 호이고 자는 應聘이며 관향은 淸州이다. 글씨를 잘 썼으며 方外人의 기질을 가지고 있었던 것을 그의 "蓬萊"라는 호로도 확인할 수 있다.
* 尸解 : 도교나 신선의 수련을 마치고 죽는 사람이 육신은 그대로 이 인간 세상에 남겨 놓고 정신과 영혼은 신선이 되어 신선 세상으로 간다는 것을 말한다.
* 蓬萊 : 여기서 "蓬萊"는 바로 "蓬萊島"를 말하는 것으로 도교에서는 동해 속에 있다는 신선들의 세상이라고 말하는 이상적 공간이다.

해설 육신을 남기고 영혼은 신선이 되어 갔으니, 눈물 흘리며 슬퍼할 필요도 없고, 당신이 장생불사(長生不死)의 신선이 되어 봉래도로 돌아가는 길에는, 벽도화 같은 신선의 꽃들이 무수히 피어 환영하겠다는 축사 같은 만사(輓詞)다. 그래서 파격 같지만 참으로 잘 지어진 시다. 이 작품에서도 전구의 "東歸路[당연히 그리고 가고 싶어 하다가 돌아가는 길, 흔히 많은 사람들이 싫어하는 죽음이 아니라 그 많은 사람들이 오히려 다 되고 싶어 하는 신선이 되어 가는 길인, 바로 동쪽 봉래섬 신선의 고향으로 돌아가는 길]"라는 시어는 결구의 "疑[아무래도]"자와 함께 아주 잘 가려서 놓여진 수사의 결과라 하겠다.

題湖寺僧卷.

동호의 절 스님의 시 모음 책(시축)에 써 넣다.

옛 절 종은 쓸쓸하게 푸른 산 속 울려 나고,	古寺寒鐘鳴翠微
자균 울음 멈췄건만 한은 그냥 남았는데,	子規啼歇恨依依
남호 위에 마름쌀 귀 벌써 가시 돋혔건만,	南湖菱角已成刺
삼월 떠난 이 사람은 돌아 가게 될지 말지!	三月行人歸未歸

* 湖寺 : 글자들대로의 풀이는 "호수 가의 절"인데, 율곡 李珥의 <東湖問答>이 자신이 讀書堂에 있을 당시 지어진 것임을 감안하면, 이 독서당이 자리했던 곳인 바로 지금 옥수동과 압구정동 사이의 한강이 "東湖"임을 알 수 있고, 따라서 이 동호를 놓고 보면 이 동호의 바로 동남쪽에 있는 것이 지금의 奉恩寺이므로, 이것은 아무래도 봉은사로 추정된다.
* 南湖 : 이것은 한강이 동쪽인 東湖와 서쪽인 西湖(麻浦)에 비하여 훨씬 남쪽인 지금의 용산 지역의 강을 "南湖"라고 지칭했던 것으로 추정된다.
* 菱角 : 이 어휘의 글자들 대로의 풀이는 "마름 귀"인데, 강물에서 자라는 마름이 꽃을 피우고 진 뒤에 맺힌 열매를 "마름 열매" 또는 "마름 쌀"이라고 하며, 이것은 귀가 두 개 또는 세 개, 혹은 네 개가 달리기도 하고, 그 빛깔이 혹은 파란 것도, 혹은 붉은 것도 있으며, 채취해서 날 것으로 먹을 수도 있고 익혀서 먹을 수도 있다.

해설 작자가 시를 짓고 있는 지금은 날씨가 차가워지기 시작하는 가을인데, 작자는 정녕 봄인 3월에 집을 떠나와서 이 남호(南湖;지금 서울의 봉은사 뒤쪽 한강)의 마름쌀 귀가 벌써 가시가 돋힌 이 가을까지 고향에 못 돌아간 채, 돌아가게 될지 안 될지도 몰라 안타까운 향수에 어찌할 바를 모르겠다는 한탄의 읊조림이다.

贈樂師許億鳳.

궁중 악사 허억봉에게 주다.

두 눈썹은 눈을 덮고 귀밑털은 허연한데, 雙眉覆眼鬢蕭蕭
일찍 악단 자옥 퉁소 손끝 잡고 불었더니, 曾捻梨園紫玉簫
이젠 요대 이리 와서 한 곡조를 불더니만, 移向瑤臺彈一曲
곡 마치자 눈물 지며 선왕 얘길 하는구나! 曲終垂淚說先朝

* 梨園 : 중국의 唐나라 황제 玄宗이 음악을 좋아하여 세운 훈련소로, 여기에서 음악과 무용의 기능인인 梨園弟子 300명을 뽑아 교육하였다.
* 瑤臺 : 신선들이 모여 노니는 놀이터를 말하나, 여기서는 이미 승하하신 선왕의 영혼이 깃든 곳을 암시한다.

해설 앞에서는 전에 궁중악사인 허억봉이 늙은 채 통소를 불던 모습을 안쓰러워 하고, 뒤에서는 허억봉이 이제 승하하신 선왕을 사모하면서 슬퍼하는 행태를 말없는 동정의 눈길로 서술하고 있다.

西京.

평양에서.

교방 앞쪽 둔덕길을 홀로 느릿 걷노라니, 教坊南畔獨行遲
누각들이 겹친 곳곳 모두인가 싶더니만, 樓閣重重處處疑
밝은 달빛 환한 거리 인적 고요하여지곤, 明月滿街人寂寂
밤이 깊자 옥피리들 짧게 길게 부는구나! 夜深吹送玉參差

* 教坊 : 옛날 궁중이나 관청의 연회에 대비해서 음악이나 무용의 기능자를 기르던 관청이나, 여기서는 주로 기녀들의 주거지를 암시하는 말로 쓰였다.

* 玉參差 : 이 어휘의 글자들 대로의 풀이는 "옥이 들쭉 날쭉하다"인데, 여기의 "玉"은 분명히 "玉笛"일 것이고 "參差"는 "길게 짧게"라는 뜻으로 쓰였을 것이다. 그래서 다시 더 자세하게 풀어 읽으면 "옥피리를 짧게 또는 길게 분다"가 된다.

해설 달빛이 밝은 밤 평양의 기생집 거리를 거닐다가, 그 거리에서의 누각들이 늘어선 곳곳마다가 모두 기녀들의 풍악 놀이인가 싶게, 풍류적 정경을 체험하며 그리듯이 읊은 시다.

嘉山道中.

가산에서 길을 가는 중에.

가릉에서 북쪽 보니 구성군과 닿아 있어,	嘉陵北望接龜城
온길 차례 헤어 보며 다시 멀리 떠나려고,	歷數來途更遠行
시험 삼아 긴 숲 향해 나루터를 바라 보니,	試向長林望津渡
젖은 구름 들판 깔려 불분명한 채로 있네!	濕雲沈野不分明

* 嘉山 : 지금의 평안북도에 있던 한 군의 지역인데 조선 말기에 博川郡으로 통합되었다. 그런데 기구에서 "嘉陵"이라고 표현한 것은, 우리 선인들이 흔히 郡이나 어떤 한 지방 명칭의 첫 글자에다가 "州"자나 "陵"자를 붙여서 중국의 지역 명칭처럼 표현해온 관습에 따른 것이다.
* 龜城 : 역시 조선시대 평안도에 있었던 한 군지역이다.

해설 가산에서 길을 가는 도중 장차 멀리 가려는 차에, 가려는 여정의 조금은 심기를 어둡게 하는 풍경과 상황을 있는 대로 서술한 시다.

題南塘.

남당(옛 집 앞에 있던 방죽)을 제재로 삼아서.

집이 호서 단풍숲에 자리 잡아 있었기로,	家住湖西楓樹林
그 때에는 바닷가 산 새 양 편히 살았는데,	當時棲宿海山禽
나그네의 신세 된 채 매년 서울 오게 돼선,	年年作客來京洛
매번 자네 집에 와서 나그네 맘 푸념하네!	每到君家說客心

* 南塘 : 이것은 한 지점이나 장소를 지칭하는 말이기보다는 아마도 고향(여기서는 湖西의 한 마을일 것) 마을이나 집 앞에 있는 방죽이나 못 같은 것을 지칭하는 말일 것으로 추정되며, 여기서는 작자가 일찍이 그 湖西에 살 때 집 앞쪽에 있었던 방죽으로, 돌아가서 다시 보고 싶은 풍경이다.

해설 해마다 정처 없이 떠도는 나그네 신세로 서울에 머물고 있기 때문에, 그 고향 같은 호서에 머물러 새가 깃들 듯이 좀 편했던 삶을 그리워 하며, 이제 언제나 자네의 집에 들를 적에는 나그네로서 그 호서의 집 앞 방죽을 그려보며 외로운 내 심경을 말하게 된다는 말이다.

送人從軍.

종군하는 사람을 보내면서.

도호에다 절제까지 높은 겸직 맡으신 분,	都護新兼節制高
그 휘하에 귀속되면 그댄 날쌘 칼 찰 테니,	君歸麾下劍吹毛
교하 밤에 거너갈 제 겹겹 얼음 얼었어도,	交河夜渡層氷合
곧장 누란 목을 베다 군복 온통 핏물 들리!	直斬樓蘭血滿袍

* 都護 : 都護府使의 준말로, 이것은 조선조 때 정3품의 지방행정관이었다.
* 節制 : 역시 都節制使의 준말로, 이것은 조선조 때 정2품의 일선 무관이었다.
* 吹毛 : 이것은 "날카로운 칼"을 지칭하는 말로, 杜甫가 그의 시에서 "騎突劍吹毛[막 달리는 말을 타고 날카로운 칼을 차고]"라고 읊었다.
* 交河 : 중국의 산서성에 있는 강물로 桑乾水로 흘러 들어간다.
* 樓蘭 : 중국의 서역지역에 있는 부족국가이며, 漢나라 때 孝昭皇帝가 정벌하여 그 왕을 처형하고 서방으로 소통할 수 있게 하였다.

해설 옛날 중국의 樓蘭 정벌 고사를 인용하여 종군하는 대상에게 비유적으로 종군하는 행동을 권장하면서, 용감하게 오랑캐(정녕 만주지역의 야인(野人))를 무찌르고 승리하여 개선할 것을 격려 기원하는 시다.

送許功彦朝天.

명나라 황제 탄신에 축하 사절로 가는 허공언을 전송하면서.

기성 낭관 신분으로 한원 역할 신하로서,	騎省郎官翰苑臣
멀리 천자 탄신 잔치 축하사절 되어 가니,	遠朝天子萬年春
요하 지역 하급 관리 만일 물어 보거들랑,	遼河小吏如相問
"동국에선 제일 가는 사람이라" 알리시오!	報道東藩第一人

* 許功彦 : 조선조 宣祖 때의 문신인 허성(許筬)의 자이며 호는 岳麓이요 관향은 陽川이다. 草堂 許煒의 아들이요 篈과 筠의 형이며 許蘭雪軒의 오라비로 아주 글을 잘하는 문장가요 귀족 가문이었다. 그리고 그는 작자 이달에게 시를 공부하기도 하여서 작자에게는 시 제자이기도 하다.

해설 당시로서는 천하의 문명 중심지인 연경(북경)에 가서 우리나라의 명문가 자제로서 또 문장가로서 재능을 한껏 겨루고 펼쳐 자랑하고 돌아오라는 권장과 칭송의 시다. 결구의 "第一人"이라는 표현은 더할 수 없는 극찬이다.

又.

또 한 수.

요서 지역 수십 로정 가서 가서 다 끝나면,	行盡遼西數十程
사막 벌판 수도 없는 기러기 떼 날며 울고,	磧沙無數鴈飛鳴
회중궁에 해 저물면 봉화불이 전달되며,	回中日暮傳烽火
때로 음산 다녀 오는 척후병도 볼 것이요!	時見陰山斥堠兵

* 回中 : 중국의 秦나라와 漢나라 때 감숙성 고원현과 섬서성 롱현에 흉노족의 침범에 대비하기 위해서 건립한 別宮들을 말한다. 그런데 작자는 이 별궁들이 우리 사절단이 경유하는 요녕성이나 하북성 지역에 있는 것으로 가상하여 원용하고 있다.
* 陰山 : 이것은 중국의 서북지역에 있는 곤륜산의 북쪽 산맥을 말하는 것으로 흉노족이 이 산을 근거지로 삼아 저항하고 침략하였다. 그런데 이 산에 대해서도 작자는 요녕성이나 하북성 지역에 있는 것으로 가상 원용하고 있다.

해설 연경으로 가는 과정의 험난하고 고생스러울 상황을 중국의 서북지역 변경의 상황으로 가상 설정하여 위로하면서, 묵시적으로 잘 다녀오기를 기원하는 성의를 투영하고 있다.

又.
또 한 수.

하늘 거리 하얀 촛불 밤은 느릿 깊어 가고,	天街銀燭漏聲遙
높고 낮은 궁궐들은 하늘이지 싶을 텐데,	帝闕參差近紫霄
특명으로 베풀어진 궁정 잔치 끝이 나면,	別詔內庭宣宴罷
조정 백관 아침 일찍 오문 다릴 내려 가리!	千官朝下午門橋

* 天街 : 글자들이 지시하는 뜻은 "하늘 거리"인데, 이것은 天子(皇帝)가 있는 황제의 궁성인 紫禁城 안을 의미하는 것이다.
* 紫霄 : 이것은 원래 황제의 궁궐에 있는 궁전들을 말하는 것이나, 여기서는 "紫禁城의 하늘"이라는 말로서 곧 "황제 궁궐 위에 옥황상제가 있는 하늘"이라는 말로 쓰였다. 그런데 아마도 황제의 특명으로 이 안에서 조공을 온 각국의 사절단과 중신들을 위한 연회가 저녁부터 베풀어지는 것이 관례였던 것으로 추정된다.

해설 황제의 특별 명령으로 황궁 안에서 저녁에 벌여진 연회의 풍성하고 화려한 광경을 가상적으로 설정하고, 그것이 밤 새워 끝난 뒤에 엄숙한 퇴장의 풍경까지를 기막힌 상상으로 구성하여 실경처럼 읊어 보여주고 있다.

送李觀松之龍灣.

이관송(李爾瞻)이 용만으로 가는 것을 전송하면서.

썰렁썰렁 가을바람 국경지역 막 불 텐데,	獵獵金風動關塞
그댄 지금 부윤 되어 용만으로 가오마는,	君今作尹向龍灣
대동강의 남쪽일랑 머리 돌려 보지 마오,	浿江南畔休回首
지척이던 궁궐 문이 수만 산에 막혔으니!	咫尺君門隔萬山

* 觀松 : 조선조 광해군 때 중신이었던 李爾瞻의 호이다.

해설 주인공 이이첨(李爾瞻)은 선조(宣祖) 말년에 대북파(大北派)의 영수로 정인홍(鄭仁弘)과 광해군 옹립(光海君 擁立)을 위해 영창대군(永昌大君)을 옹립하려는 소북파(小北派)의 유영경(柳永慶)과 대립한 적이 있는데, 이 때의 일인지는 모르나 무슨 혐의를 받아 의주부윤(義州府尹)으로 좌천되어 갔던 모양이며, 그는 이극돈(李克墩)의 후손으로 많은 상대를 살육하여 광창부원군(廣昌府院君)으로 봉해지며 권세를 누렸으나, 광해군이 폐위되자 도망가다가 잡혀서 세 아들과 함께 모두 처형되었다.

그런데 이 시에서 작자 이달은 그와의 친분이 있어서인 지는 모르나 오히려 그를 억울하게 임금으로부터 소외된 양 위로하며 읊고 있다.

送鄭士徽點馬之京.

말을 점검하고 서울로 가는 정사휘를 전송하며.

서리 내린 가을 강엔 나뭇잎들 휘날리고,	霜落秋江木葉飛
변방 길로 그댈 보내 다시 생각 더날 텐데,	送君關路更依依
이젠 늙어가는 판에 집도 없는 이별에다,	如今老去無家別
구월 맞은 가을 바람 동복 지급 때도 되네!	九月西風近授衣

* 點馬 : 방목장이나 병영에 있는 말들을 점검하는 것을 말하며, 이 임무를 맡은 관리를 點馬別監이라 부른다.

해설 분명 작자가 함경도 북쪽 어디엔가 있으면서, 말을 점검하고 서울로 가는 정사휘를 송별하는 순간에 자신의 이별하는 심정과, 추위가 곧 닥쳐도 옷도 새로 지급 받을 수 없는 처지인 자신의 고독하고 괴로운 객지 형편을 호소하듯 함께 읊어 전하고 있다.

催粧戲贈蛟山.

(기녀에게) 화장을 재촉하며 장난 삼아 교산에게 지어 주다.

서왕모궁 막내딸인 셋째 옥치 아가씨는,	西宮季女玉巵娘
운요 몰래 모창 위해 깊은 안방 닫은 다음,	偸寫雲謠閉洞房
외인들은 딱 금지해 엿볼 수도 없게 하고,	禁着外人窺不得
구화장에 연촉 켜고 신선 낭군 기다리리!	九華蓮燭待仙郎

* 西宮 : 이 한자어는 흔히 太后가 거처하는 宮을 지칭하는 말로 많이 쓰였으나, 여기선는 분명 "西王母의 宮"이라는 뜻으로 쓰였음을 이어지는 "玉巵"라는 어휘와 상관시켜 서 알 수 있다.
* 玉巵 : 중궁의 『誠齋雜記』에 "此西王母第三女 玉巵娘也[이 아가씨는 서왕모의 셋째 딸 옥치 아가씨다]"라고 한 바대로 서왕모의 막내딸이면서 셋째 딸이다.
* 雲謠 : 글자들대로의 뜻은 "구름 위의 노래"이므로, 이것은 "하늘 위에 있는 신선들의 노래"라는 뜻으로 쓰였다.
* 偸寫 : 이 한자어의 뜻은 "몰래 흉내내다"인데, 여기서 "寫"자의 뜻은 "倣效[본떠서 흉내내다]"이므로 "몰래 模唱한다"라는 말이다.
* 九華 : 이것은 唐나라 白樂天의 <長恨歌>에 나오는 시어로 "九華帳"이라는 휘장을 지칭하는 말이다.
* 蓮燭 : 연꽃 모양의 초.

해설 이 작품은 그 제목이나 내용으로 봐서, 분명 교산 허균에게 수청을 들고 싶어서 화장을 곱게 하고 기다리는 기녀를 서왕모의 막내딸 옥치에다가 비겨서, 정말로 장난기 넘치게 읊어 전해주는 기발한 솜씨의 좋은 시다.

又.

또 한 수.

신선 가문 화촉 행사 세 번 밤이 남아 있어,	仙家華燭隔三霄
이슬 젖은 은하수를 오작교로 건널 텐데,	露濕銀河渡鵲橋
옥병풍을 펼쳐 놓고 부절 행차 마중하며,	開着玉屛迎絳節
오채란은 한밤중에 문소 불러 오게 하리!	彩鸞中夜喚文簫

* 三霄 : 이 한자어에서 "霄"자는 "밤"이라는 뜻으로도 쓰여 "宵"자와 통용되며, 따라서 여기에서는 "세 번의 밤"이라는 말로 쓰였다.

* 絳節 : 중국의 唐나라 皇甫冉의 <少室山韋鍊師昇仙歌>에서 "絳節靑幢迎少君[붉은 부절 · 푸른 기로 소군을 맞는구나!]"라고 한 바대로, 이 "絳節[붉은 부절]"은 지금 우리나라에서 결혼식 전에 신부 집에 함을 전달할 때에 청사초롱을 드는 것처럼, 옛날 중국의 귀족이나 이른바 신선들이 선녀에게 장가를 갈 때에는 그 신랑을 선도하는 사람들이 이 "붉은 부절"이라고 하는 것을 가지고 갔던 모양이다.

* 彩鸞 : 글자들대로의 뜻은 "채색의 난새"이지만, 여기서는 "채색의 난새가 끄는 마차"를 말하며, 이 마차는 또 신선이 타는 마차를 말한다. 그런데 이 작품에서는 "吳彩鸞"이라는 신선 설화의 주인공인 여인의 이름으로 쓰였다.

* 文簫 : 중국의 『古今事文類聚』에 "太和(唐 文宗)末 有書生文簫往鐘陵西山 遊惟觀 睹一姝甚麗 吟曰若能相伴陟仙壇 應得文簫駕彩鸞 生意其神仙植足不去 姝亦相盼 相引至絶頂 俄有仙童持天判 曰吳彩鸞以私慾泄天機 罰爲民妻一紀 姝乃與生 下歸鐘陵[태화 말기에 서생인 문소가 종릉 서산에 가서 유관(도교의 사원)에 노닐다가, 예쁜 한 아가씨가 '만약 서로 짝이 되어 신선 터에 오른다면, 응당 문소 만나서는 채란 타게 될 것인데!' 라며 시를 읊어, 문소는 저 아가씨가 신선인가 싶어 가지 않고 딱 서서 있자, 아가씨도 또한 서로 곁눈질을 해보다가, 서로 끌려 절정에 함께 오르자, 조금 후에 한 신선 동자가 하늘의 판결서를 가지고 와서 말하기를 '오채란이 사욕으로 천기를 누설하여 벌로 인간세상으로 추방하여 백성의 아내를 삼아 1세기 동안 있게하노라' 라고 하였다. 그래서 아가씨(오채란)와 서생(문소)은 내려와서 종릉으로 돌아왔다]"라고 하였다. 이 문소와 오채란의 신선설화는 중국에서 많이 유행하며 그림으로도 무수히 그려져 전해졌다.

....

해설 이 작품에서는 수청을 들어가려고 하는 기녀를 오채란(吳彩鸞)으로 삼고, 허균을 문소(文簫)로 삼아서 하늘의 선녀인 기녀를 허균이 사랑하게 되어 선녀인 기녀가 하늘의 신선 기밀을 인간세상에 누설한 그 벌로 지상에 추방되어 지상의 풍류 선비인 문소와 같은 허균에게 사랑을 받게 되었다는 이야기로 읊어진 시다.

비록 풍류적인 멋을 부리며 허균의 흥취도 돋우고 자신의 시적 재능도 부려보려고 한 것이긴 하지만, 명색이 시 공부의 사제지간인 사이에 이런 시를 지어준 것은 근엄한 체통을 지킬 필요가 없었을 것이 아니라, 오히려 체통을 지킬 만한 처지가 못 되는 작자 이달의 자위를 위한 행위여서, 이 시는 우리에게 서글픔을 던지고 있다.

別意.
이별하는 마음.

오늘 아침 이별하고 서관(평안도)으로 나가려니,	今朝離別出西關
내게 묻길 "서쪽 가셔 언제 돌아 오시나요?	問我西歸幾日還
만약 돌아 안 오시면 괜히 첩만 남았다가,	郎若不歸空有妾
첩은 끝내 망부산에 올라 가게 돼요"라네!	妾身終上望夫山

해설 이 작품은 제목의 표현 양태로 봐서 작자 자신의 실재 상황을 배경으로 삼아 읊어진 것으로 추정된다. 작품 속의 화자는 물론 작자 자신이지만 상대로 등장된 여인이 누구인지 그 신분이 어떤 사람인 지를 알 수는 없다. 다만 문맥상으로 서로 극진히 사랑을 주고받는 사이의 인물임을 추정할 수는 있다. 그런데 작자의 신분이나 추정되는 상황으로 미뤄보면 그 자신이 이런 애정의 사연을 실제로 체험할 수 있었을까 하는 의문도 부정할 수 없어, 이 작품이 시종 허구의 것일 수도 있다.

그러나 작품 내용의 사실성 여부를 떠나서, 승, 전, 결구로 읊어지고 있는 여인의 이별 상황과 애원의 정상은 작자의 능숙한 구상과 수사 수완을 잘 보여주는 것이다.

湖南簡恕仲.

호남에서 서중에게 편지 삼아 지어 부치다.

호남에서 나그네로 친한 벗도 드문 차에,	湖南爲客故人稀
기러기는 봄을 만나 다시 북쪽 날아 가니,	海雁逢春更北飛
한 장 글을 부쳐 보내 안부 묻고 싶으네만,	欲寄一書相問訊
서울 향해 날아 가게 될는 지를 모르겠네!	不知飛向帝城歸

* 恕仲 : 이것이 누구를 지칭하는 것이지 알 수 없지만, 분명한 것은 작자와 가까운 사이의 인물임은 분명하며 또한 이 "恕仲"은 아마도 상대의 이름이 아니라 字일 것으로 추정된다.
* 帝城 : 황제가 머무는 궁궐[紫禁城]이 있는 서울이라는 말로, 대체적으로 중국의 황제가 머물고 있는 서울로, 작자 당시에는 중국의 燕京[북경]을 지칭하는 것이었다. 그런데 우리나라는 당시 중국과 兄弟之義를 맺은 관계라서 우리나라의 서울인 한양을 그냥 "都城"이라고는 해도 "帝城"이라고 표현할 수는 없었는데, 여기에서 작자가 이렇게 "帝城"이라고 표현한 것은 매우 이례적인 사항이라 할 수 있다.

해설 이 호남에서 나그네로 떠도는 처지라서, 봄을 만나서 다시 북쪽으로 날아가고 있는 바다 기러기들을 보니, "서중" 그대에게 편지 한 통을 써서 이 기러기 편에 부쳐 그대의 안부를 묻고 싶네만, 이 기러기들이 그대가 있는 서울을 향해 날아갈 지를 확신할 수 없어 안타깝다는 말이다.

따라서 이 작품은 당연히 작자의 안타까운 심경을 실어야 시가 되는 것이니, 상대인 서중에게 안부를 물을 수 없어야 하고, 실제로도 기러기가 서울로 날아갈 지는 모르지만 모르는 것으로 해야 한다. 그래서 이 작풍의 결구에서 "不知"라는 두 글자는 이 시를 시답게 하고 있는 키로 삼아 놓은 시어다.

題僧軸.

스님의 시축에 써 넣다.

집 떠난 지 며칠 되어 산길을 가노라니,	離家數日行山路
꽃가지만 봄 남은 채 그것 또한 안 많은데,	春在花枝亦不多
끝도 없이 봄 아까운 마음만은 오직 있어,	唯有惜春無限意
병골 애써 버티면서 남은 꽃을 꺾어 보네!	强扶衰病折殘花

해설 집을 떠난 며칠 째에 나그네 신세로 여행 중에 산길을 가다가, 겨우 몇 개 가지에만 꽃이 좀 남아 있는데, 다 가고 있는 봄이 너무 안타까운 마음만은 끝도 없어, 늙고 병든 몸둥이나마 억지로 추스려서 남아 있는 꽃가지를 꺾어보고 있다는 것이다.

洛陽(中)有感.

서울에서 느끼는 바가 있어서.

곳곳마다 만나지는 좋은 벼슬 높은 관린,	好爵高官處處逢
흐르는 물 같은 마차 용과 같은 말 탔는데,	車如流水馬如龍
서울 장안 거리 위서 때로 머리 돌려 보나,	長安陌上時回首
지척 있는 임금님 문 아홉 겹에 가려 있네!	咫尺君門隔九重

해설 서울 거리 곳곳에서 만나게 된다는 고관대작들을 내세워, 서얼이라는 신분의 근원적 한계를 벗어날 수 없는 자신의 처지와 대비하면서, 바로 가까이에 있는 저 궁궐이 자신에게는 아홉 겹의 문으로 가리워져 있다는 말로, 임금님의 은혜는 전혀 입어볼 길이 없는 자신의 실의한 삶의 처지와 한을 말없이 하소하고 있는 청승맞은 가락의 시로, 읽는 사람의 무한한 연민을 자아내고 있다.

又.

또 한 수.

성문 안엔 높고 낮게 큰집들이 늘어선 채,	城闕參差甲第連

대감댁들 풍악소리 구름 안개 울리는데, 五侯歌管沸雲煙
파릉교 위 지나가는 당나귀 탄 나그네는, 灞陵橋上騎驢客
양양 사는 맹호연이 그 사람뿐 아니로세! 不獨襄陽孟浩然

* 城闕 : 이것은 城과 宮闕이라는 말이 아니고 "도성의 안"이라는 말이다.
* 五侯 : 이 어휘는 원래 "公·侯·伯·子·男" 같이 이른바 중국 고대의 다섯 등급의 제후들을 지칭하는 것이었으나, 漢나라 때부터는 황제 밑에서 "侯"로 봉해진 고위직의 귀족들을 지칭하는 말로 쓰여졌다. 따라서 여기서는 작자 당시 서울의 귀족 고관들을 지칭하는 말로 쓰였다.
* 灞陵橋 : 이것은 중국의 唐 나라 때 長安城의 동쪽에 있던 다리로 많은 사람들이 여기에서 서로 헤어지면서 버들 가지를 꺾어 주던 관습이 있서 유명해졌으며, 특히 唐나라 孟浩然이 임금님의 버림을 받았다면서 당나귀를 타고 눈 내리는 속에 이 다리를 자나 고향 襄陽으로 돌아갔다고 해서 "灞橋騎驢"라는 제목으로 많은 그림이 그려지기도 하였다.

해설 이 시는 작자가 중국 당(唐)나라 맹호연(孟浩然)에 자신을 비겨 읊은 시다. 당나라 수도 장안(長安)에 즐비한 고관 귀족들 집과 같이 우리 서울 장안의 고관 귀족들 집에서도, 모두 풍악소리가 저 구름에까지 닿을 정도로 울려 퍼지며 호화롭고 풍성한데, "不才明主棄[재능 없어 밝으신 상감께서 버리셨네!]"라며 못난 자신을 탓하며 당나귀를 타고 파릉교를 지나 고향으로 돌아간 맹호연처럼, 자신도 버려진 존재로 서글프게 귀향할 수 밖에 없는 존재가 됐다는 기막힌 한탄의 시다.

東郊訪許美叔篈.

동쪽 교외로 허미숙을 찾아 가서.

밭 사이로 말 채찍 쳐 가는 길은 울툭불툭,	策馬田間路不平
시내 건너 정자에서 봄 밭 갈 일 물어 보곤,	隔溪亭榭問春畊
서로 만나 각자 보니 얼굴 모양 바뀌어서,	相逢各自容顔改
그대론 건 이십년 전 옛날 성명뿐이구려!	二十年前舊姓名

해설 헤어진 지 20여년이 지난 끝에, 늙어버린 채 만나 얼굴 모양도 서로 알아보지 못 하고서, 오직 성명을 서로 말하고서야 알아보게 됐다는 말만 하고 있으나, 인생무상에 대한 슬픔과 탄식을 무언으로 시사하고 있다.

望孤竹村庄.

고죽의 마을 별장을 멀리 바라 보며.

마을 별장 멀리 보며 눈물 수건 흥건한데,	遙望村庄淚滿巾
오년 지난 무덤 숲은 덤불들로 가렸겠지,	五年墳樹蔽荊榛
양담이가 취중 갔던 서주 문 밖 그 집에다,	西州門外羊曇宅

다시 산양 피리 소리 속에 있던 사람 있네! 更有山陽笛裏人

* 羊曇 : 중국의 晉나라 謝安의 사위로 安이 죽은 뒤에는 西州의 성문 밖 謝安이 살던 곳을 다시는 안 가겠다고 맹서했다가, 어느 날 취중에 모르고 이곳에 왔다가 이내 깨닫고 나서는 통곡을 하고 죽었다고 한다. 따라서 여기의 "羊曇宅"은 "양담이 사는 집"이라는 말이 아니고 "羊曇이가 취중에 찾아갔던 謝安의 집"으로, 여기서는 기막히게 그리운 사람의 집을 대신하는 말로 쓰였다.
* 山陽笛裏人 : 이것은 중국의 晉나라 때 사람인 向秀가 자신이 옛날 살던 山陽의 옛집터를 지나가다가 누군가가 부는 피리 소리를 듣고 옛날이 그리워 혼이 나간 채 있었다고 한다. 여기서 이 "피리 소리를 듣는 속의 사람[笛裏人]"은 바로 작자 이달 자신이나 "山陽"은 자신의 고향을 의미하는 것으로 쓰인 것이 아니고, 바로 이 시의 주인공인 孤竹 崔慶昌의 고향 마을을 대신한 말로 쓰였다.

해설 작자 이달이, 시의 벗이었던 고죽(孤竹) 최경창(崔慶昌)이 죽기 전 살았던 마을을 눈물이 흥건한 눈으로 바라보며, 사후 오년이 지난 그의 무덤을 상상해 보고, 고죽이 살던 집만 남아 있는 마을에서, 누군가가 불고 있는 피리 소리를 들으며 슬프다는 말 한 마디 없이, 슬픔에 잠겨 넋이 빠진 채 서 있는 자신을 읊어 보이고 있다.

巫山道中 逢雨感懷.

무산 가는 길에 비를 만나 감회를 적다.

키 큰 숲과 높다란 봉 석양 빛을 띠어 있고, 高林蒼巘帶斜暉
무산 둘러 난 길 돌아 한 필 말로 가는 중에, 路繞巫山匹馬歸
무산 신녀 시 짓는 손 올 걸 이미 알았는지, 神女已知詞客至
짐짓 오는 비를 시켜 나그네 옷 젖게 하네! 故教行雨濕征衣

---

* 巫山 : 강원도 高城郡과 麟蹄郡 사이에 있는 산이다. 여기서는 물론 중국의 사천성 무산현에 있는 巫山을 비겨서 거기에 설화로 남아 있는 楚懷王과 神女의 사랑 이야기를 원용하기 위한 수사의 일환이다.

해설 무산을 향해 가는 길에 비를 만나서, "무산(巫山)"이라는 지명과 가면서 맞고 있는 "비"라는 자료로 착상하여 지은 시로, "비"를 저 중국의 옛날 초(楚)나라 회왕(懷王)과 사랑을 나눠 문학사의 기막힌 설화를 남긴 무산(巫山)의 신녀(神女)로 의인화하고, 자신을 은연 중 그녀의 상대로 삼아 그녀가 자신을 만류하나보다라고 읊고 있는 시다.

이 작품이 문면상으로는 정녕 제법 남녀간 연정을 빗댄 풍정이 묻어나는 시이긴 하나, 작자의 현실적 신분의 한계나 삶의 질곡을 감안하고 읽어보면, 애써 자신을 눙쳐보려는 몸짓임을 읽게 되어 애처럽기 그지없다.

控江亭.

공강정에서.

이별하곤 홀로 앉아 마음 시름 겨운 채로, 離人獨坐意悠悠
차가운 강 낙엽 지며 물가 역엔 가을인데, 木落寒江水驛秋
관북 해서에서 이 근래에 원망 이별 많이 해서, 關海近來多怨別
나그네 길 간 곳마다 지쳐 다락 오르누나! 客行隨處倦登樓

* 控江亭 : 평안도 安州 지역 淸川江 가에 있던 정자로 추정된다.

해설 이렇게 가을을 맞으면서 이 근래에 함경도 쪽과 황해도 쪽으로 친구들을 많이 이별해 보낸 뒤라, 서글픈 심경을 애써 달래보려고 가는 곳마다 시원한 정자나 다락 위엘 지친 채 올라간다는 애처러운 목청의 시다.

成川贈京妓喚御史.

성천에서 어사에게 불려 가는 서울 출신 기생에게 주다.

예쁜 걸음 패에 들어 옛날 교방 있었을 젠, 蓮花隊裏舊梨園

법부 풍의 추천 받아 임금님 곁 갔었으니,	法部豊呈近至尊
일찍 겪은 태평 성대 한창 좋던 일이라서,	曾是太平全盛事
눈물 흘러 서방님과 마주 말도 못하겠지!	不勘垂淚對郎言

---

* 成川贈京妓喚御史 : 이 표제를 흔히 국역하는 바대로 "성천에서 서울 출신 기녀에게 주고 어사를 부르다"로 번역을 하면, 마치도 작자 이달이 "기녀에게 시를 지어 주고 어사를 부르는 것"이라는 뜻으로, 이것은 흡사 "기녀를 불러 놓고 어사를 불러 소개하려는 의도"를 표현하는 것일 수 있다. 이렇게 번역을 해서 이렇게 추정할 수 있는 단서가 제공되는 것이라면, 작자가 기녀를 유도하는 꼴이 되어 있을 수 없는 일이고, 또 작자가 지엄의 분부를 수행하는 어사를 농락하는 짓이 되어 더욱 있을 수 없는 일이다. 그래서 이 표제는 마땅히 "성천에서 어사에게 소환된 서울 기녀에게 주다"로 번역해야 한다. 다시 말하면 "喚御史"는 "喚於御史"의 생략형이며, 또 이 "喚御史"는 그 앞에 있는 "京妓"를 뒤에서 수식해 주는 관형어임을 알아야 한다. 중국어나 한문은, 관형어가 반드시 그 수식을 받는 앞에만 놓일 수 있는 우리말의 어순(Word order)과 달리 피수식어의 뒤에도 놓일 수 있다는 것을 알아야 한다.
* 蓮花隊 : 여기의 "蓮花"는 "여인들이 사뿐히 걷는 발길과 그 발에 신겨 있는 신"을 총체적으로 지칭하는 말이며, "蓮花隊"는 이렇게 예쁘고 경쾌한 신을 신고 그렇게 걷는 여인들의 무리(패)를 말한다. 이것은 원래 중국의 南北朝 때 南齊의 東昏侯 妃인 潘妃가 侯로부터 극진한 사랑을 받아, 侯가 못을 파서 거기에 황금으로 만들어진 연꽃을 띄워 놓고 潘妃가 이것들을 밟고 물위를 사뿐사뿐 걷게 하였다. 그런데 여기서는 이 서울의 기녀가 일찍이 서울에 있을 때에는 다 같이 예쁘고 경쾌한 걸음걸이의 여인들(패)과 함께 이 潘妃처럼 궁중 안에까지 불려가서 임금님 앞에까지 나가 사뿐사뿐 예쁜 걸음을 거닐면서 사랑을 받았었을 지도 모른다는 말이다.
* 梨園 : 중국의 唐나라 玄宗 때 궁중이나 국가 행사에 활용할 무용과 음악

의 기능인을 기르기 위해서 설립한 기관으로, 여기서 배출된 기능인을 "梨園弟子"라 하였다.

* 法部 : 중국의 唐나라 梨園의 樂曲인 法曲의 演奏를 전담하여 연주하는 수석 연주자를 말한다.
* 豊 : 이것은 아마도 법곡 연주자 중의 대표 연주자인 사람의 姓으로 추정된다.

해설 연민의 눈길로 서울에서 낙향한 기녀를 보며 자신이 일인칭 화자가 되어, 기녀가 서울에서 젊었을 시절 누렸을 행운을 상상으로 재구성하고, 낙향한 지금은 새로 만날 어사님에게 그 옛날을 이야기하며 눈물을 못 가눌 것이라는 동정과 위로를 곁들여 읊고 있다. 이 작품에서 전구의 "曾是太平全盛事"는 참으로 잘 설정된 주인공의 푸념이다.

又.
또 한 수.

금물 그린 향낭에다 석류 빛깔 치마 입고,	金泥香疊石榴裙
원망 실린 거문고 곡 손끝으로 들려 주니,	怨入瑤琴指下聞
이 무협 속 작은 별장 찾아와 머물면서,	來住小庄巫峽裏
그 몇 번을 비가 됐다 다시 구름 되었는고?	幾回爲雨更爲雲

* 香疊 : 향의 가루를 뭉쳐서 만들어진 덩이로, 여기서는 이 향을 넣은 작은 향주머니(향낭)를 말하며, 옛날에는 특수 계층의 여인들이 이 주머니를 차고 있었다.
* 巫峽 : 이것은 저 유명한 옛날 중국의 楚나라 懷王과 사랑을 나눈 神女(女神)가 살았다는 巫山 골짝이로, 이 神女가 아침에는 구름으로 저녁에는 비가 되어[朝雲暮雨] 있었다는 이른바 雲雨之夢의 설화를 남긴 곳이다.

해설 먼저 향낭에다 석류빛 치마를 입고 앉아, 자신의 원한을 실어 거문고 가락으로 타는 기녀의 자태를 제시하고, 그녀를 저 중국의 무산 선녀로 삼아 지난 날에 누렸던 사랑의 추억을 되짚으며 위무하고 있다.

又.

또 한 수.

서울서도 십자 거리 거기에서 낳고 자라,	生長京城十字街
작은 금빛 명팰 문 앞 깊이 붙여 놨었는데,	門前深貼小金牌
이제 와선 난리 만나 노래 춤도 그만둔 채,	如今離亂停歌舞
상자에서 때로 옥연 그 비녀만 볼 뿐일세.	篋裏時看玉燕釵

* 十字街 : 十字 모양의 네 거리라는 말로 번화한 도시의 네 거리라는 말이다.

* 小金牌 : 금물 빛깔을 칠 한 작은 門牌를 말한다.

* 玉燕釵 : 옛날 중국 漢나라의 武帝가 神女(女神)에게서 받았다는 "옥으로 제비 모양을 새겨 만든 비녀"로, 이것을 사랑하는 후궁 趙婕妤에게 주었다.

해설 여기서도 작자는 작품 중의 주인공인 기녀로 일인칭 화자가 되어, 옛날 서울에서 생장하여 젊은 날엔 많은 사랑을 받았었는데, 이제는 난리를 만나 타향에 떠도는 신세로 춤과 노래도 모두 그만둔 채, 때때로 옛날 사랑을 베풀어 주시던 고귀하신 분이 선물로 주신 그 제비 모양의 옥제 비녀만 상자 속에서 내어 볼 뿐이라는 말이다. 물론 떠돌이 신세가 된 한탄을 말없이 실어 읊은 작품이다. 이 작품에서도 전구의 "정가무(停歌舞)"는 주인공의 낙망의 한을 집약한 시어임을 읽을 수 있어야 한다.

次僧軸韻.

스님의 시축(시 적은 두루마리)의 운을 따라 짓다.

동자 아이 병 가지고 정화수를 긷고서는,	童子持甁汲井華
"바위산 속 물맛"이라 남들 향해 자랑하곤,	石山泉味向人誇
금방 손 써 화로에다 불을 피워 놓고서는,	須臾手撥爐中火
향등 마주한 채 앉아 홀로 차를 달이누나!	坐對香燈獨煮茶

해설 산사의 동자승이 병에 정화수를 길어와서, 사람들에게 보란 듯이 물맛 자랑을 하고는, 금방 화로에 불을 피워, 향등을 마주한 채 홀로 차를 달이고 있는 천진스런 모습을, 그리듯이 읊어 보이고 있는 시다.

贈李會源.

이회원에게 주다.

만난 것이 그냥 바로 난리 통 속부터라서,	相逢自是亂離中
눈 앞 온통 마음 상할 텅빈 장판일 뿐인데,	滿目傷心市井空
철 풍경은 인간사를 따라 변화 안 하는지,	節物不隨人事變
비원 안의 꽃 버들은 또 춘풍 속 한창이네!	上林花柳亦春風

해설 서로 만난 것이 한창 전란을 치르는 중에서부터라서, 온통 눈 앞에 펼쳐지는 마을이나 장판의 풍경은 모두 인적도 드문 채인데다, 아! 인간들의 삶은 이 전란의 상흔 속에 더없이 무상하건만, 저 비원의 버들 가지와 온갖 꽃들은 옛날과 같이 유상하게 또 봄을 맞아 푸르러지고 피어난다는 슬픈 가락의 읊조림이다. 유상(有常)한 자연과 무상(無常)한 인간사(人間事)를 대비적으로 읊어내는 많은 한시(漢詩) 작품(作品)의 예(例)를 표본적으로 보여주는 한 작품이다.

上巳.

(삼월) 상사일(원래는 음력 3월 첫 번째 "사일(巳日)"로, 우리나라에서는 뒤에 음력 3월 3일인 "삼짇날"로 인정되었음)에.

서울 장안 궁궐들에 비가 산뜻 개어지자,	長安宮闕雨新晴
안개 같은 버들 가진 성안 쓸듯 채질인데,	楊柳如烟拂綺城
이월달에 집을 떠나 한식 지나 보내고서,	二月離家過寒食
다만 이젠 나그네 돼 청명 맞게 되었구나!	只今爲客到淸明

해설 정녕 서울에서 한창 봄이 짙어가는 서울 장안과 궁궐의 풍경들을 구경하면서, 고향을 떠나 이 객지에서 한식을 보내고 청명을 맞는 자신의 상황을 그냥 넋두리하듯 읊고 있으나, 조금은 외로운 나그네의 처량한 심정이 말없는 가락으로 실려 울리고 있다.

江行.

강가 길을 가며.

강물 가를 둘러난 길 십리 거리 멀다마는,	路繞江干十里長
진 꽃잎들 밟고 가서 말 발굽도 향긋하니,	落花穿破馬蹄香

"산수 속을 괜히 그냥 오고 간다" 말들 말라,　　湖山莫道空來往
새로 시들 많이 지어 금낭 가득해졌으니!　　羸得新詩滿錦囊

---

* 羸得 : 이 어휘에서 "羸"자는 필사본과 인쇄본의 여러 『蓀谷詩集』에 모두 이대로 되어 있으나, 이 글자는 "파리하다". "약하다" 등의 뜻으로 조동사 "得"자와 합쳐져서 쓰이는 경우가 거의 없을 뿐만 아니라 어떤 뜻의 숙어로도 쓰이지 않으며, 특히 이 시구에서는 의미적 소통의 어휘가 되지 않는다. 그런데 이 시구에서 이 어휘는 "많이 얻어 가진다"라는 말로 쓰였음을 감안하면, 이 "羸得"은 "贏得[이익을 보다]"이라는 어휘로 바뀌어야 된다. 따라서 이 "羸"자는 마땅히 "贏"자로 정정되어야 한다.

해설 꽃이 지는 강가의 풍경 속을 말을 타고 가고 있으니, 사람들아 내가 괜히 강가 길을 오간다고 말하지는 말라. 나는 오히려 봄의 흥취 속에 취해서 저절로 많은 시가 지어져서 비단 주머니에 가득 채워져 있다는, 흥에 겨워 자랑하듯 읊은 시다. 그래서 전구에는 자랑하는 듯한 목청이 실려 읊어졌을 것이 분명하다.

贈申判官.

신판관에게 주다.

바로 이젠 봄바람에 삼월 맞은 날씨라서,　　正是春風三月天

복사꽃은 웃나 싶고 버들은 잠 든 듯하니, 桃花如笑柳如眠
벼슬 관둬 다소라도 마음 상한 일들일랑, 罷官多少傷心事
옥거문고 백설곡에 모두 부쳐 푸시구려! 盡付瑤琴白雪絃

* 白雪 : 여기서는 중국의 宋玉의 <諷賦>에 "中有鳴琴焉 臣援而鼓之 爲幽蘭白雪之曲[여기에는 잘 울리는 거문고가 있어서, 신이 가져다가 타면서 幽蘭과 白雪의 曲을 연주했습니다]"라고 한 바대로, "白雪"은 거문고의 曲인 "白雪曲"을 말한다.

해설 지금은 바로 봄바람이 한창 불어 버들 잎과 꽃들이 피어나는 참말 좋은 시절이니, 벼슬을 그만두게 되어 다소 상심하게 되었드라도, 거문고로 "백설곡(白雪曲)"이나 뜯어 타면서 모든 것을 다 풀어버리라는 당부의 시다.

悼亡.

죽은 아내를 슬퍼하며.

화장 경댄 거미줄에 거울에는 먼지 일고, 粧奩蟲網鏡生塵
문 앞 가린 복사꽃은 적막 속에 봄 맞는데, 門掩桃花寂寞春
옛날처럼 작은 누각 밝은 달만 떠 있을 뿐, 依舊小樓明月在

모르겠네 그 누구가 주렴 걷을 사람인지!　　　　不知誰是捲簾人

해설 죽은 아내가 쓰던 경대, 그리고 경대에 달린 거울, 복숭아 나무를 창 앞에 심어 꽃을 볼 수 있게 꾸민 아내의 침실, 그리고 작으나마 누각과 주렴, 이런 것들이 극빈의 삶을 산 작자의 부인에게 제공이 되어 있었을 거라는 점은 상상도 되지 않는다. 따라서 이것들은 물론 죽은 아내를 영혼이나마 위로하고, 또한 시적 상황의 설정과 미화를 위한 수사였을 뿐임은 말할 필요도 없다.

직접적인 자기 감정의 언표가 전혀 없이, 상황만의 설정과 전달만으로 대신하고 있으면서도 기막히게 고적한 작자 자아의 말 못하는 슬픔을 무언으로 대변하면서 이른바 애염(哀艶)의 풍격(風格)을 잘 살린 수작이다. 그러나 한편 시적 상황이라 해도 실제 자아의 신분적 한계나 생활의 실상과는 너무 현격한 미화의 수사(粧奩 · 小樓 · 捲簾)가 작품의 현실감을 떨어뜨리고 있으며, 이것은 이 시대 숭당풍(崇唐風)의 성취와 인습을 함께 보여주는 일예다.

그러나 전구의 "明月在[밝은 달빛만 비추고 있다]"라는 시구의 배치는 이 작품의 시상을 살려내는 기막힌 구성과 수사가 아닐 수 없으며, 따라서 작자 이달의 아내를 그리워 하는 고독한 인상을 선연하게 그려볼 수 있게 하는 조사(照射)의 기능을 수행하는 요소로서, 이 작품 자체를 수작으로 완성한 요체가 되어 있다.

卽事.

있은 일을 그대로 읊다.

여강(여주 강) 나루 뱃사공이 떠날 배를 준비하여,	驪江津吏具行舟
삼월 맞은 안개 꽃 속 급류 타고 내려 가니,	三月煙花下急流
옛적부터 평생 서로 알던 사인 아니래도,	不是平生舊相識
인간 세상 이별이란 모두 시름 거리일세!	人間離別摠關愁

해설 한창 무르익는 봄인 삼월(三月)을 맞아, 며칠 동안이나마 배 안에서 함께 지내면서 주고 받은 인정으로 인해, 비록 나와 뱃사공이 서로 옛 친구의 사이는 아니지만, 막상 헤어지자니 이별의 시름이 없을 수 없다는 애틋한 고백의 시다. 어쨌거나 이 결구로 총괄한 인간 이별의 한 타령은 역시 한의 화신이다 싶이 평생을 산 작자의 청승맞게 구슬픈 목청이 실려 울리고 있다.

贈人.

어떤 사람에게 주다.

육년 동안 영호남은 아직 풍진(난리) 속이라서,	六年湖嶺尚風塵

서쪽 피난 온 나그넨(자신) 식행활도 구차한데, 避地西來旅食貧
간 곳마다 시골 마을 많은 곳이 소란하여, 到處鄉閭多擾擾
문 나가면 모두 병정 점호하는 사람일세! 出門俱是點兵人

해설 아마도 작자가 임진왜란을 당해서 피란 중에 겪는 곤궁한 생활과 도처에 젊은이들이 징집을 당해 출정하는 처량항 상황을 사실적으로 읊어 전하고 있는 가슴 아픈 역사 현장의 보고 같은 시다.

畫.

그림을 보고.

냇다리껜 급한 물살 저녁 구름 잔뜩 끼고, 溪橋水急暮雲多
하얀 연기 엉긴 고목 까마귀떼 모였는데, 古木蒼煙集亂雅
구름 밖에 작은 산은 뭉갠 듯이 파아랗고, 雲外小山靑一抹
석양 빛이 환한 곳에 인가들이 놓여 있네! 夕陽明處有人家

해설 그림을 제재로 삼아 지은 시지만, 실제 산촌의 저녁 풍경인 양 살려서 그리듯이 읊은 시다.

贈別韓益之.

한익지를 작별해 보내면서 지어 주다. 익지(益之)는 유천(柳川) 한준겸(韓浚謙)의 자(字)다.

양산에는 이월에도 모진 추위 안 풀려서,	楊山二月寒凝苦
눈 가득한 산천이라 봄은 볼 수 없겠소만,	雪滿山川不見春
내일 서쪽 향해 떠나 수양(해주)으로 가는 길엔,	明日西行首陽路
가마에다 어머님을 편안하게 모시겠소!	肩輿穩侍大夫人

* 楊山 : 당시의 황해도 安岳을 지칭하는 또 다른 호칭이다.
* 首陽 : 당시의 황해도 海州를 지칭하는 또 다른 호칭이다.

해설 해서(황해도) 지역의 이른 봄 아직 눈이 내려 추위가 심할 것을 추정하여, 한준겸이 그 어머니를 정성껏 모시고 안악군(安岳郡)의 원님으로 부임하는 상황을 상상하면서, 간접적으로 한준겸의 효성을 추천 권장하는 은근한 의미를 담아 읊은 시다.

題蔡景一幽居.

채경일이 시골에 묻혀 사는 것을 제재로 삼아서 짓다.

중화군의 동면에는 채경일이 살고 있어,	中和東面蔡君居
농사 남새 제 때 수확 쌓여 여유 있게 된 채,	農圃登場積有餘
한 해가 다 가도록 세 바치는 일 말고는,	終歲任輸關稅外
문 닫은 채 할 일 없어 시경. 서경 볼 뿐이리!	閉門無事看詩書

* 中和 : 조선조 시대 평안도에 속해 있던 한 郡이었다.
* 登場 : 여기서는 농산물 같은 것들을 수확해 놓은 것을 말한다.

해설 시적 주인공인 채경일(蔡景一)이 힘껏 농사를 지으면서 자족(自足)하는 것, 조세를 잘 바쳐 자신의 분수를 다하는 것, 독서를 열심히 하면서 자락(自樂)하는 것 등을 서술하여 보임으로써, 주인공 채경일이 이른바 "낙천지명(樂天知命;천명(天命)을 알고 천명(天命)을 즐기는 것)"하는 훌륭한 선비라는 것을 말없이 기리고 있는 좋은 시다.

李仁瑞家催粧詩.

이인서의 집의 혼례를 제재로 한 시.

금물 꽃의 속치마에 연꽃 수를 놓은 채로,	金泥花襯繡芙蓉
밤 혼례를 열고 있는 신선 누각 열 두 난간,	夜宴仙樓十二重
붉은 촛불 환한 앞에 옥비녀를 급히 꽂고,	催上玉釵紅燭爛
병풍 앞에 비단 버선 조용조용 거닐겠지!	錦屛羅襪步從容

* 李仁瑞 : 조선조 광해군 때 사람인 李麟奇를 말하며, 仁瑞는 그의 字이고 호는 松溪로 관향은 靑海였다.
* 催粧 : "화장하는 것을 재촉한다"라는 뜻이나 이것은 신부의 혼례 준비의 한 절차로 혼례 자체를 지칭하는 말로 쓰였다.
* 金泥花襯 : 금물로 꽃을 그려 넣은 천으로 기워져 만들어진 속옷(속치마).
* 仙樓十二重 : 여기의 "仙樓[신선의 누각]"이라는 표현은 미화법의 수사이고, 고운 단청이 된 누각이라는 말이며, "十二重"은 누각의 열두 굽이 난간을 말하는 것이다.

해설 화려하면서도 정숙한 신부의 차림과 혼례의 분위기를 상상적으로 허구화하여 매우 실감 있게 그려낸 시로, 소재들만을 내적 정황의 파악이 가능하도록 시구들을 구조적으로 배치하고 나열하여 시화하였다. 그래서 혼례를 제재로 짓는 투식시(套式詩)의 좋은 예가 될 만하다.

贈權察訪仲明.

권찰방 중명에게 주다.

중화에서 세모 정 쯤 한 번 웃어 잊었던 건,	中和一笑惜年情
만리 행차 연경에서 귀환 행차여섰지만,	萬里乘槎自帝京
오늘에는 대동강 위 에서 대화하고 나면,	今日大同江上話
내일 아침 되려 의주 향해 가게 돼 있구려!	明朝還有義州行

* 權仲明 : 조선조 선조 때 사람인 權眄의 자가 仲明이며, 그가 호를 閉戶로 한 것으로 봐서 책을 많이 읽었던 것으로 추정되며, 시의 내용으로 봐서 燕行使의 幕僚로 북경에 갔다가 온 것으로 추정된다.
* 中和 : 평안도에 있는 지역[郡]으로 여기에는 使臣들의 留宿 장소인 生陽館이 있었다.

해설 전번에 중화에서는 세모를 맞았으면서도 세월 가는 것을 안타까워 하는 감정 쯤은 한 번 웃어 잊을 수 있었던 건, 그대가 만리 먼 북경에서 돌아오는 길에 서로 만났었기 때문이지만, 오늘은 이 대동강 위에서 작별하는 이야기를 길게 하지 않을 수 없는 것은, 그대가 내일 아침에는 의주로 떠나야 할 형편이라 서로 안타까워서 그렇다는 말이다.

送尹佐郎暉之上京.

북경으로 가는 윤좌랑 휘를 전송하면서.

구월이라 요양에는 변방풀들 시들테고,	九月遼陽塞草腓
북풍에다 서릿기운 나그네 옷 가득할 것,	朔風霜氣滿征衣
행인들이 연연산에 가까이 가 자려 할 젠,	行人欲近燕山宿
들판서 울 기러기들 새벽에도 안 날겠지!	雁吼平蕪曉不飛

해설 윤휘가 장차 지나가야 할 요양은 구월을 맞아 어느 곳보다도 추위가 심하고 을씨년스러울텐데, 기러기도 너무 추워서 새벽에도 날지도 않을 테니, 그 여행 중의 형편이 얼마나 괴롭겠는냐고 하는 위로의 시다.

又.

또 한 수.

진나라 땐 외려 옛날 그 장성을 쌓아 놓고,	秦時猶築古長城
회중 굴서 말 먹여도 평정하지 못했더니,	飮馬回中窟未平
만리 길을 가는 사람 관 안에서 잔다 하니,	萬里征人關裡宿
지금에는 오랑캐들 넘보지를 못하겠지!	至今胡虜不窺兵

* 回中 : 중국의 秦나라 때 지금의 감숙성 固原縣에 축조한 변방의 宮城.
* 窟 : 여기의 "窟"은 秦나라에서 축조한 長城 아래에 말과 사람이 마실 수 있는 물을 공급할 우물을 파기 위해서 窟이 만들어진 것이다. 그래서 <飮馬長城窟行> 같은 樂府詩도 있다.
* 窺兵 : 이 한자어의 뜻은 아마도 "되놈들이 明의 兵士를 넘보다"라는 것으로 추정된다.

해설 옛날 되놈들의 침입에 대비해서 쌓은 장성(長城) 근처가, 지금은 유숙하기에 걱정할 것이 없을 정도로 되놈들이 감히 엿볼 수가 없는 안전지역이 되어 있을 것이라는 내용을 읊은 것이나, 이것은 언외로 명(明)나라 황제의 위엄과 덕화(德化)로 변방이 안전해졌다는 것을 찬양하고 있는 것이다.

又.

또 한 수.

봉래전의 안쪽에는 동짓날이 돌아 오고,	蓬萊殿裏一陽生
만국 문화 중심 찾아 황제 서울(북경) 모일 텐데,	萬國車書會帝京
동쪽 나라 우리 사절 조공 직분 다하려고,	東土使臣脩職貢
봉천문의 바깥에서 닭 울기를 기다리리!	奉天門外待鷄鳴

* 蓬萊殿 : 이것은 원래 중국의 唐나라 大明宮을 唐 高宗이 蓬萊宮으로 개명한 것인데, 여기서는 北京의 당시 紫禁城 明 皇帝의 正殿을 비유한 말로 쓰인 것이다.
* 奉天門 : 중국의 明나라 때 북경의 자금성 황제의 正殿 正門을 말한다.

해설 당시 북경에 이른바 만국(萬國)의 동지사(冬至使)들이 명황제(明皇帝)에게 하례(賀禮)를 드리는 것을 상상적으로 재구성하고, 우리 동지사 일행도 이 하례를 위해서 경건한 차림으로 첫새벽에 황궁 정문 앞에서 기다리는 상황을 추정하여 읊고 있다.

題畵.

그림을 제재로 하여 짓다.

삼월 맞은 복숭아꽃 온산 가득 피어나서,	三月桃花開滿山
꽃잎 뜬 채 흐르는 물 인간세상 향해 가니,	泛花流水出人間
무릉도원 입구에서 은근하게 좋이 흘려 보낸다만,	慇懃洞口好相送
이제 가면 외론 배는 어느 날에 돌아 오나?	此去孤舟何日還

해설 정녕 봄을 맞은 시냇물 위에 복숭아꽃이 피어 있는 풍경을 그린 그림을 "무릉도원(武陵桃源)"의 그림으로 상정하고 제재로 삼아

지은 시로 추정되며, 그래서 시냇물에 떠서 흘러가는 복숭아꽃잎이 마을 입구를 떠나가는 것을 "은근한 마음으로 복숭아 꽃잎을 좋게 인간세상으로 보내고 있다만 외론 배는 언제 돌아오나?"라고 이어서 읊은 것은, 이 무릉도원(武陵桃源)에서 아늑하게 숨어 살던 사람이 저 혼란한 속세의 흐린 물결 속으로 들어가는 것을 안타까워 하는 것이다.

又.

또 한 수.

황학루 다락 앞엔 가을달이 환히 밝고,	黃鶴樓前秋月明
긴 피리 곡 한 가락이 강을 건너 들리더니,	一聲長笛過江橫
금방 끝나 바로 학은 날아가나 싶더니만,	須臾曲盡鶴飛去
하늘 바람 다시 타고 상청(위 하늘)으로 돌아 가네!	更馭天風歸上淸

해설 아마도 누군가가 강가 누각 난간 머리에서 강 건너로부터 피리 소리를 듣는 듯한 자세로 앉아 있는 그림을 제재로 삼아, 그 강 건너에서 피리를 부는 사람은 정녕 신선인지 피리 소리 한 가락이 곧 끝나자 학을 불러 바람 결을 타고 저 높은 하늘로 날아가더라는, 기막힌 상상으로의 허구지만 참으로 잘 지어진 시다. 그래서 그림 속 누각 난간 머리에 앉아 강 건너로부터의 피리 소리를 듣고 있는 그 사람에는 물론 작자 자신이 정감의 주체로 대입되어 있다.

送人入京.

서울로 들어가는 사람을 보내면서.

황해 · 평안지역은 서울 쪽과 아득 멀리 닿은 채라, 西關迢遞接秦京
먼 길 위서 봄 만나서 풀은 다시 돋을 텐데, 遠路逢春草又生
나라와 집 파괴되고 온통 난리 겪은 뒤라, 家國破亡亂離後
떠날 자네 보내자니 눈물 흘러 못 참겠네! 不堪垂淚送君行

해설 여기 서관에서 서울은 멀어서 그대가 가는 도중 기간에 봄을 만나서 풀은 다시 새싹이 돋을 텐데, 아! 자연의 계절은 유상하여 또 봄이 오련만, 나라도 집들도 파괴된 채 전란의 고통 속에 이 객지에 떠도는 나는 고향으로 돌아가지도 못하니, 흐르는 눈물을 주체할 수 없다는 비탄의 하소연이다.

呼韻.

운을 불러 주어 짓다.

굽은 난간 개인 날씨 한량 없이 앉은 채로, 曲闌晴日坐多時
겹겹문들 그냥 두고 시도 짓지 않건마는, 閑却重門不賦詩

담 귀퉁이 좀상매화 바람결에 다 져버려, 墻角小梅風落盡
봄 애탄 맘 살구꽃 핀 가지 위로 옮겨 가네! 春心移上杏花枝

* 閑却 : "아무렇게나 그냥 두고"라는 말이나, 여기서는 "겹겹의 집안 문들을 닫은 채 그냥 두고"라는 말로 쓰였다.
* 小梅 : 이것은 야생의 매화를 가리키는 말로서 꽃의 크기가 작은 채 많이만 피어서, 흔히 "좀상매화"라고 부른다.

해설 봄날 하루 종일 출입 문들도 다 닫고 툇마루 굽은 난간 머리에 하염없이 앉은 채로, 시도 짓지 않고 그냥 무료하게 있자니, 담 귀퉁이의 좀상매화 꽃도 다 져버려서, 애틋하게 아끼던 마음은 이제 마악 피어나는 살구 꽃으로 옮겨가게 됐다는 독백 같은 시다.

이 작품의 전구가 말하고 있는 "매화 꽃이 다 져버린 것"은 실제의 현상을 말하고 있는 것일 뿐이라 해도, 이 작품의 시상을 시답게 꾸리는 계기를 마련하는 구상과 수사로서 손색이 없다.

贈浙江人桂玉.

절강 사람 계옥에게 주다.

연푸른 색 좁은 소매 전포 새로 지어 입고, 新制雅青窄袖袍
나는 장군 멀리 따라 림조 와서 전투하니, 遠隨飛將戰臨洮

남아로서 뜻과 기개 되려 서로 통하는 건,	男兒意氣還相許
허리춤에 천금 같은 보도 차고 있어설세!	腰下千金有寶刀

* 飛將 : 중국 漢나라 때의 名將이었던 李廣이 아주 용감하고 날래서 붙여진 명칭이다. 물론 여기에서는 壬辰倭亂 당시 우리나라에 明의 援軍 사령관으로 왔던 李如松 같은 사람을 비유적으로 지칭한 말이다.
* 臨洮 : 중국의 甘肅省 臨洮縣을 말하며, 이 곳은 중국의 서북방 변경으로서 일찍이 李廣이 匈奴의 침입을 격퇴한 곳이다. 물론 여기에서는 壬辰倭亂 당시의 우리나라를 비유적으로 지칭한 말이다.

해설 이 절강(浙江) 사람 계옥(桂玉)은 중국인으로 임진왜란(壬辰倭亂) 당시 원군(援軍)으로 왔던 명(明)나라 군인부대의 장교로서 우리나라에 왔던 사람으로 추정되며, 작자와 이 사람은 서로 아는 사이가 되어 왜적에 대한 적개심에 함께 분개하며 의기가 서로 통했던 것으로 추정된다. 그래서 바로 상대방의 허리춤에 차고 있는 천금(千金) 값의 날 선 칼을 보면서, 간교하고 흉악한 왜적의 무리들을 단번에 목 베는 기개와 의분을 공감하고 있기 때문이라는 말이다.

秋夜淨友堂同李栗谷話因呼韻.

가을밤에 정우당에서 이율곡과 함께 담화를 나누다가 이내 운자를 불러 주어 짓다.

섬돌 잔디 가을 벌렌 애절하게 울어대고,	陰蟲切切怨階莎
외론 촛불 타고난 끝 밤기운 막 스미건만,	孤燭燒殘夜氣多
작은 난간 각기 기대 함께 잠을 못 드는 채,	各倚小闌同不寐
후둑이는 온 못 비 속 가을 연잎 소릴 듣네!	一池疎雨聽秋荷

해설 자신의 신분적 한계에도 자신의 시재와 인격을 인정하여 자신을 참으로 알아주는 벗이었던 율곡(栗谷) 이이(李珥)를 참 마음의 고마운 벗으로 여겨, 가을 밤 연못에 내리는 비 소리를 함께 듣는 아늑한 감흥과 고마운 우정을 못내 겨워 하며 가슴에 여미듯이 읊은 시다. 이 작품의 전, 결구는 그런 인정과 행태의 단면을 곱게 보여주고 있다.

題畵.

그림을 제재로 삼아서.

주렴 장막 한적한데 작은 울안 아늑하고,	簾幕蕭蕭小院幽

한 뜨락 위 파초 잎엔 비 소리 속 가을인데, 一庭蕉葉雨聲秋
못 안에는 물 차갑고 연댄 꺾여버린 채로, 池塘水冷荷摧折
오직 원앙 한쌍만이 머리 마주 서 있구나! 唯有鴛鴦立幷頭

* 蕭蕭 : 한가로운 상태. (물론 비바람 치는 소리의 상태, 말의 울음 소리, 쓸쓸한 상태 등의 뜻도 있다).

해설 가을을 맞은 어느 집 울안의 한적한 풍경을 그린 그림을 조용한 실경처럼 곱게 살려서 읊어 보이고 있다.

寄孤竹.

고죽에게 부치다.

동편 성시 아득히게 서편 성을 바라보며, 東城迢遆望西城
그 몇 번을 서로 그린 두 곳의 정이었던가? 幾度相思兩地情
내일이면 서울 떠나 강 거슬러 가는 길에, 明日離京泝江路
모래톱엔 붉은 단풍 모두 가을 소릴 테지! 磧沙紅葉盡秋聲

해설 아직도 나는 (서울의) 성 동쪽에서 성 서쪽 그 곳에 있는 그대를 아득히 그리워 하며 바라볼 뿐인 채이다가, 내일이면 가을을 맞으며 다시 서울을 떠나 강을 거슬러 (정녕 집이 있는 원주로) 가는 뱃길에, 강가에는 붉게 물든 단풍들만 우수수 낙엽이 지는 가을 소리를 내고 있을 거라는 정황을 알리며 무언으로 자신의 외롭고 쓸쓸한 감회를 전하고 있다.

遊三淸洞.

삼청동에 노닐면서.

선경 풍경 조용하고 외진 전각 텅 볐는데,	仙磬寥寥野殿空
흰 구름 속 뭇별 향해 멀리 예배 드린 다음,	衆星遙拜白雲中
잠깐 있다 도사님은 문을 닫아 버린 뒤에,	須臾道士關門後
한 점 향만 신선 세상 바람 타고 펴오르네!	一點香飄上界風

해설 노자(老子)를 모신 삼청동의 소격서(昭格署)에 와서 삼청전(三淸殿;나중에 소격전(昭格殿)이 됨)에서 조용한 밤 예배를 드리는 도사(道士;도교(道敎)를 믿으며 신선(神仙)을 희구(希求)하는 사람)의 행태와 정숙한 분위기를 그리듯이 보여주고 있는 한 폭의 풍경화 같은 시다. 물론 작품 속의 상황은 실제의 상황이 아니라 허구화한 풍경이지만 매우 사실적인 양태로 잘 그려져 있다. 이 작품에서도 전구의 "關門後[문을 닫아 버린 뒤]"라는 시어는 이 작품의 전반적인 정황을 특수한 분위기의 공간으로 전환하는 기능의 단초가 되어 있다.

乞火.

불을 빌리려다가.

백마나루 강가에는 나루 사공 사는 건지,	白馬津邊津吏住
띠풀 엮어 지붕 인 집 강 모퉁이 숨었는데,	縛茅編屋隱江隈
길 가는 이 불 빌리러 어부 집문 두드리니,	行人乞火叩漁戶
대 울타리 눈 쌓인 채 문도 열지 않는구나!	雪壓竹籬門不開

해설 눈이 내린 강마을의 좀은 을씨년한 풍경과 어부 집에서 불을 빌리려는 시적 자아(작자)의 고적한 정상을 읊어 전하는 시다. 그런데 사공의 집과 어부의 집 두 대상을 그냥 병렬 상태로 설정하여 시적 시점의 상관적 통일이 없이 정감의 집약도가 떨어진다.

이 작품에서 전구의 "叩漁戶[어부 집문 두드리니]"와 결구의 "門不開[문도 열지 않는구나!]"는 상호 "呼[부르고]"와 "應[대답하고]"을 전제로 한 유기적인 구상과 수사이면서도, 상황을 이내 "呼"에 대한 "不應[대답하지 않다]"으로 결구함으로써, 작자 자신을 위시한 행인과 이 강 마을의 뱃 사공. 어부를 좀은 세속인과 은자(隱者)로 상대화하고 오히려 애착의 눈길을 실어 읊어 보이고 있다.

送友人之京.

서울로 가는 벗을 전송하면서.

홍농 여기 성 밖에는 해도 마악 지고 있고,	弘農郭外日初斜
자넬 서울 보낼 차에 다시 꽂도 져가는데,	送子秦城更落花
아득히 먼 타관 길에 한식 맞은 절기라서,	關路迢迢寒食節
집을 멀리 떠난 객은 형편 못 견디겠구려!	不堪爲客遠離家

* 弘農 : 지금의 전라남도 靈光郡 弘農面을 말한다.

해설 기구의 "日初斜", 승구의 "更落花", 전구의 "寒食節"을 작자 자신의 대역인 결구의 "客"과 상관하여 읽음으로써, 먼 타향의 나그네 처지로 한식을 맞아 서울로 친구를 보내면서, 자신은 오히려 고향으로 돌아갈 수 없는 형편이라, 절실해지는 향수를 견딜 수 없다는 말임을 확인할 수 있어야 한다.

滯病寧城蓮閣示主人.

영성의 연각(연못 속 집)에 병으로 체류하고 있으면서, 주인에게 지어 보여 주다.

새벽 노을 어린 숲에 달은 처음 기울었고,	曙霞籠樹月初斜
병든 손은 가을 만나 갑절 집이 그리운데,	病客逢秋倍憶家
난간 기대 실심한 채 사람일랑 안 보이고,	怊悵倚闌人不見
지면 함빡 찬 이슬에 연꽃들만 젖었구나!	滿地凉露濕荷花

* 寧城 : 지금 전라북도 남원 지역의 일부로 옛날에는 居寧縣이었다고 한다. "蓮閣[연못 속에 지어진 집]"이라고 한 것으로 봐서 이곳에 아마도 작자와 친분이 있는 사람이 살면서 제법 여유로운 생활을 하고 있었던 것으로 추정된다.

이 작품에서도 전구의 "人不見[사람일랑 안 보이고]"는 실제 사실의 언표이건 아니건 간에 시적 구상과 수사의 중요한 기능 요소가 되어 있다.

해설 먼 객지 나그네의 신세로 가을을 만나 병까지 얻은 채, 고마운 지인의 돌봄을 입어 머물러 있으면서, 고독한 신세의 슬픔으로 향수를 못 이겨 하는 자신의 처지를 호소하는 시다.

題長沙倅綾陽幽居四時.
篇篇皆佳而可以謂生動之畫也.
장사(長沙)원님이 능양(今和順一部"綾城"?)에 묻혀 사는 곳(별장)의 네 계절을 제재로 해서 짓다.

<장사(長沙)원님이 능양(今和順一部"綾城"?)에 묻혀 사는 곳(별장)의 네 계절을 제재로 해서 짓다> 그런데 이 제목의 네 계절을 읊은 시들은 모두 사실적으로 잘 지어진 작품들로서, 진실로 "생동(生動)하는 그림들"이라고 할 만하다.

띠풀 새로 이엉 엮어 바위 터를 덮어 짓고,	新結茅茨覆石壇
대 울타리. 이끼 낀 길 푸른 산 속 나 있는데,	竹籬苔逕翠微間
사립문엔 하루 종일 찾아오는 사람 없고,	柴門盡日無人到
곳곳마다 먼 산에는 봄구름만 피어 나네!	處處春雲生遠山

* 長沙 : 당시 茂長縣의 옛날 호칭이었으며 지금의 전라북도 高敞의 일부이다.
* 綾陽 : 어디를 지칭하는 지를 확인할 수는 없지만, 아마도 원님의 고향일지도 모르는 綾州(和順郡 綾州面)의 한 지역이었던 것으로 추정된다.

해설 고상한 선비의 아늑하고 평화롭고 한가하고 조용한 주거 공간의 봄 풍경이 그림처럼 펼쳐져 있다. 여기에서도 전구의 "無人到[찾아오는 사람 없고]"는 작자가 의도하는 시상의 내적 공간과 심기를 살려내는 단초로 마련된 시어다.

又.

또 한 수.

이월 맞은 봄강에는 봄 맞은 물 잘판하고, 二月春江春水平
흰눈 같은 강 모랫벌 갈대 포긴 싹 돋아서, 江沙如雪荻芽生
아이들이 급히 "복어 올라온다" 알려 오자, 兒童急報河豚上
배 꼬리서 그물 갖고 강둑 따라 가고 있네! 船尾持罾傍岸行

해설 봄을 맞아 갈대 새순이 돋으며 강물을 거슬러 올라오는 복어를 잡으려는 어부의 행태를 잘 포착하여 한 폭의 생동화로 읊어낸 시다.

又.

또 한 수.

사월 맞아 강가 밭엔 보리 익어 누우렇고, 四月江田大麥黃

집집마다 문 앞 골목 유채꽃이 향기론데, 家家門巷菜花香
짙은 그늘 가득 진 곳 해는 한낮 정오건만, 濃陰滿地日亭午
대자리와 막대 평상 산 속 꿈이 길겠구려! 竹簟藜床山夢長

해설 첫 여름을 맞은 강 가 마을의 풍성한 풍경과 여유롭고 한가로운 속에 자족자락하는 생활상을 잘 펼쳐 보이고 있다.

又.

또 한 수.

마을 앞쪽 마을 뒤쪽 비가 처음 개고 나자, 村南村北雨晴初
집 아래 쪽 참외 밭을 손수 제냥 매고 나서, 舍下瓜田手自鋤
깊은 골목 긴긴 해에 아무 할 일 없는 터라, 深巷日長無箇事
숲 그늘에 자리 옮겨 아이 글을 가르치네! 樹陰移榻課兒書

해설 여름날 한낮 농사일을 마치고난 다음 한가롭고 편해진 여가를 분수껏 보내고 있는 농부의 진실한 일과를 곱게 소개하고 있다.

又.

또 한 수.

연주산의 아래에는 큰 강물이 흘러 가고, 聯珠山下大江流
강 위 층층 봉우리는 담쟁이 잎 가을이라, 江上層巒薜蘿秋
강둑 논엔 벼들 베며 마을길은 아득 먼데, 沙岸刈禾村路遠
숲 건너 편 사람 소리 낚시 배가 있나보네! 隔林人語釣魚舟

해설 가을을 맞은 강 마을의 추수하는 풍경과 낚시질 하는 정경을 그려 보이고 있다.

又.

또 한 수.

저 하늘 끝 멀리멀리 열두 산봉 늘어 섰고, 天際遙遙十二峰
산봉 머린 아침 저녁 채색 구름 짙으더니, 峰頭朝暮綵雲濃
첫서리가 하루 밤 새 이 산중에 내려 치자, 新霜一夜山中下
겹겹 봉들 이어진 산 비단 자락 겹쳐졌네! 疊嶂連巒錦繡重

해설 가을이 깊어져 서리가 친 뒤에 단풍이 짙게 물든 풍경을 흥겨워 읊어 보는 시다.

又.

또 한 수.

강마을엔 눈 내린 뒤 사립문들 닫혀 있고,	江村雪後掩柴扉
찬 연기 낀 엉성한 숲 참새들도 뜨음한데,	煙冷疎林鳥雀稀
늙은이는 화로 앞서 때로 손을 쪼이면서,	老子當爐時煖手
겨울옷 솜 두는 아낼 웃으면서 보고 있네!	笑看中婦絮寒衣

* 老子 : 이것은 분명 "老子"라는 고유명사로 쓰인 말이 아니고 보통명사로 쓰였을 것으로 "아버지를 높여 부르는 말" 또는 "덕이 높은 어른"의 뜻일 수 있으나, 여기서는 결구에 "中婦[늙숙한 아내]"라는 것과 상관되는 문맥상 정황으로 봐서 오히려 우리말의 "늙은이" 또는 "늙은 영감" 이라는 뜻으로 쓰였음을 알 수 있다.
* 中婦 : 여기의 "中"자가 "늙숙하다"라는 뜻임을 감안하면 이 말의 뜻은 "늙숙한 아내" 또는 "늙숙한 아낙"으로 앞에 나오는 "老子"와 부부간일 가능성이 추정된다.

해설 강마을 촌가에 겨울 준비를 하는 안방의 소박하고 정겨운 노부부 모습이 사실대로 그려지듯 읊어진 시다.

又.

또 한 수.

먼지 낀 채 방안 벽엔 낡고 검은 사모 하나,	塵埋屋壁舊烏紗
한 번 웃고 돌아 오니 세월들이 느꺼운데,	一笑歸來感歲華
창밖으로 아이 와서 기쁜 소식 알리기를,	窓外小童來報喜
"물가 마을 싸락 눈 속 매화 꽃 폈어요" 라네!	水村微雪有梅花

* 一笑 : 이 시어의 글자들대로의 뜻은 그냥 "한 번 웃다"이나, 여기서는 "여태까지 살아오면서 겪은 일들"이라는 목적어가 생략된 것으로 "이런 일들을 한 웃어버리고" 라는 말임을 알아야 한다.

해설 지난 날 겪은 일들을 느꺼워 하며 한번 웃어버리고 귀향한 주인이 봄을 기다리다가 눈 속에 매화꽃이 피었다는 소식을 전해 듣고 은근히 자족자락하는 정경을 그려 보여주는 시다.

물론 이상 작품들의 주인공은 제목에 나오는 장사(長沙)의 원님으로 봐야 한다.

杜山縣夜風雨感懷.

두산현 밤에 바람이 불고 비가 내려 느끼는 감회를 읊다.

삼경 닥친 비바람에 외론 성안 휩싸이고, 三更風雨暗孤城
성안 숲은 바람 불려 잎들 소리 야단이라, 城樹風號葉葉聲
가지 위에 자던 새들 제 자리를 못 잡고서, 枝上宿禽栖不定
온통 떼 져 놀라 날며 비 속에서 울어대네! 亂群飛起雨中鳴

* 杜山縣 : 이것은 지금 전라북도 金堤의 萬頃을 지칭하는 옛날 명칭이다.

해설 한밤 중 비 · 바람 치는 외로운 성안에서 겪는 을씨년한 상황을 말하면서, 이 속에서 느끼는 자신의 산란한 심경도 말없이 전하고 있다.

蔓菁浦望土亭舊業悵然作.

만청포에서 토정이 살던 옛터전을 바라 보면서, 서글퍼져 짓다.

만청포 입구에서 뱃사공을 부르자니, 蔓菁浦口呼舟子

어부집들 연기 피며 해는 기울려는 땐데, 漁戶煙生日欲斜
멀리 토정 일찍 살던 옛집터를 바라 보니, 遙望土亭曾住處
줄줄 흐른 한 줄 눈물 강 물결에 떨어지네! 一行衰淚落江波

해설 작고하신 옛선배님인 토정을 회상하고 추억하면서, 못내 슬퍼지고 속상해지는 마음을 못 이겨 하는 자신의 모습을 읊어 전하는 시다.

雨後梨花.

비 온 뒤에 배꽃을 보고.

연일 흐린 봄날씨라 울안 문을 닫았는데, 連日春陰閉院門
밤 깊어선 부슬빈지 주렴 밖서 들리더니, 夜深微雨隔簾聞
아침 되자 제냥 깨어 창문 열고 내다 보니, 朝來自起開窓看
따슨 구름인 양 피난 배꽃 숲에 가득하네! 滿樹梨花濕暖雲

해설 봄이 지나가면서 가랑비가 내리다가 개인 다음 날 아침 구름처럼 하얗게 어우러져 핀 배꽃의 풍경을 잘 모사한 시로, "暖雲"의 "暖"자는 배꽃에 대한 정겹고 귀여운 심상(心象)을 기막히게 잘 포착한 글자다. 그래서 여기서는 "따스하다"로 풀어 읽었다.

詠梅欲開未開者.

필듯 말듯한 매화를 읊다.

대숲 밖의 매화 나무 세 가진가 두 가지는,	竹外梅花三兩枝
뜰 거닐며 마주 보니 피지 않을 땐 듯한데,	步庭相對未開時
다만 억지 봄바람의 잘못 붊을 당해선지,	只緣强被東風誤
바로 식국 말이 없던 그 여인과 꼭 같구나!	正似無言息國姬

해설 필듯 말듯한 매화꽃을, 초(楚)나라 임금에게 납치되어 와서 자식까지 낳았으면서도 절개를 못 지킨 원한으로 벙어리인 양 말을 하지 않았다는 식규(息嬀)라는 여인으로, 봄바람은 초(楚)나라 임금으로 비유하여, 기벽(奇癖)하지만 의인(擬人)과 활유(活喩)의 수법을 기막히게 잘 살려 읊은 시다.

이 작품의 전구인 "只緣强被東風誤[다만 억지 봄바람의 잘못 붊을 댕해선지]"는 실제로는 봄바람이 아직은 온화한 기운을 띠지 않고 너무 찬 기운을 띤 채 불어, 오히려 매화가 얼 정도로 잘못 분 꼴이 된 것을 의인화(擬人化)하여 풀이한 것이며, 그래서 결구의 "息國姬"로 연관되게 함으로써, 저 중국의 옛날 초(楚)나라의 임금인 초자(楚子)가 식(息)나라의 왕비인 식규(息嬀)의 미모를 탐내서 식(息)나라를 침략하여 멸망시키고, 식규(息嬀)를 데려와서 부인으로 삼아 도오(堵敖)와 성왕(成王)까지 낳았는 데에도 벙어리인 양 종내 말을 한 마디도 하지 않아, 초자(楚子)가 그 이유를 묻자 "한 여자로서 두 남자를 섬기는 반인륜적인 짓을 하고서도 죽지는 못했지만 무슨 할 말이 있습니까?"라고 하였다. 그래서 이 전구의 “꽃이 오히려 필 수 없도록 잘못 불어온 찬 봄바람”은 바로 이 식규(息嬀)를 강탈한 초자(楚子)로 비유된 것이며, 결구의 필듯 말듯한 매화의 꽃 봉오리는 말할듯 말하지 않는 식규(息嬀)의 애틋한 자태로 비유된 것이다.

寄梁伯休.

양백휴에게 부치다.

봄날 시름 한 반쯤은 거문고에 부쳐 풀며,	春愁一半付瑤琴
쇠향로에 향 사르는 이 밤 집안 깊숙한데,	金博銷香夜閣深
서글퍼라 고향에는 돌아갈 수 없는 채로,	惆悵故山歸不得
꿈만 꽃빌 따라 나서 동쪽 숲 속 헤매누나!	夢隨花雨落東林

해설 장차 저물어가는 봄날을 맞아 객지(아마도 서울인 듯)에서 외롭게 지내면서, 견디기 어려운 향수를 조금이나마 풀어보자고 거문고를 타보지만 풀리지 않는 채라, 꿈 속에서만 꽃이 지고 있는 동쪽 숲 속(동림(東林);아마도 서울에서 동쪽인 작자의 고향 원주(原州)의 손곡(蓀谷)일 것))을 찾아가 헤맨다는 것이다. 그래서 전구의 “歸不得”과 결구의 “夢隨”는 작자의 상승(相乘)하는 객수(客愁)와 향수(鄕愁)를 집약하여 전달하고 있다.

次雙阜相公淳昌東軒韻.

쌍부 상공이 남긴 순창 동헌의 운자를 따라 짓다.

<쌍부 상공이 남긴 순창 동헌의 운자를 따라 짓다> 쌍부(雙阜)는 이양원(李陽元)의 호이다.

목련꽃이 다 진 뒤에 엄나무 꽃 피어난 채,	辛夷落盡刺桐開
깊은 울안 인적 없이 제비들만 날아들 뿐,	深院無人鸞子來
주렴 밖엔 녹음 짙고 한봄 낮은 길고 긴데,	簾外綠陰春晝永
채색 난간 이편에서 꿈을 처음 깨났구나!	繡闌東畔夢初回

해설 한가롭고 조용한 봄날 한낮, 홀로 동헌(東軒) 툇마루 난간 앞에서 누워 낮잠에 들었다가, 꿈 속에서 홀연 깨어난 자신의 상황을 그리듯이 읊어 보이는 시다. 모처럼 평온한 일상을 누리고 있는 작자 자신의 신상 보고 같은 시다.

路中憶蓀谷庄示孤竹.

길을 가는 중에 손곡 마을 내 집을 그리워 하며 지어서, 고죽에게 보여 주다.

집 가까이 푸른 시내 외나무의 다리 있어, 家近靑溪獨木橋
다리 가엔 버들 가지 간들간들 거릴 테고, 橋邊楊柳弄輕條
양지 언덕 해 따뜻해 남은 눈 다 녹아 있어, 陽坡日暖消殘雪
잔디 깔린 흙계단엔 작약 싹이 자라겠지! 料得莎階長藥苗

해설 제목에서 알 수 있는 바대로 아마도 객지에 있으면서 봄날 길을 가던 중에, 멀리 고향에 펼쳐지고 있을 이른 봄 풍경을 꿈속처럼 그려 보며, 애틋한 향수의 정감을 조용한 목청에 실어 곱게 읊어 보이고 있는 시다.

對花歎老.

꽃을 마주해서 늙는 것을 한탄하며.

봄바람도 또한 바로 공평 원칙 없는 건 지, 東風亦是無公道
수만 나문 꽃 피는데 사람 홀로 늙어 가니, 萬樹花開人獨老

꽃가지를 애써 꺾어 흰 머리에 꽂아 보나, 　　强折花枝揷白頭
흰 머리는 꽃과 서로 어울리지 않는구나! 　　白頭不與花相好

해설 봄을 맞아 꽃을 보고는 노쇠해진 자신과 대비하며 애써 소년의 몸짓을 해보지만, 끝내 인생의 무상함을 절감하면서 말없이 한스러운 슬픔과 탄식만을 되새길 뿐이다. 이 작품은 동서고금을 막론하고 시인이면 누구나 운명처럼 절감해야 하는, 유상한 자연 앞에 무상한 인생의 근원적인 한을 대표하듯 안타깝게 읊어낸 작품이다.

塞下曲贈柳摠戎.

변방 용새 밑의 노래로 유총융에게 주다.

정탐 기병 몰래 되놈 본부 주변 정찰하고, 　　探騎潛窺虜帳邊
한의 병력 깊이 진입 기연산을 지나다가, 　　漢兵深入過祈連
전초 부댄 밤에 음산 가는 길을 잃은 채로, 　　前軍夜失陰山道
큰 눈으로 잠깐 사이 말 안장(언치)이 묻히겠네! 　　大雪須臾沒馬韉

해설 옛날 중국의 한(漢)나라 군인들이 흉노(匈奴)를 서북쪽 변방으로 추격하는 상황을 상상하여, 눈이 내리는 북쪽 우리 국경 지역의 황량한 상황을 비유하며, 그곳으로 부임하는 유총융(柳摠戎)이 겪을 어려운 형편을 위로하는 시다.

又.

또 한 수.

하룻 밤새 짙은 서리 변방 풀들 다 시들고, 一夜繁霜塞草腓
호강교위(장교) 전투에서 처음 귀환 도중인데, 護羌校尉戰新歸
무기 상처 피가 솟고 가을 기운까지 만나, 金瘡血逆(迸)逢秋氣
울며 남쪽 구름 보며 갑옷인 채 누워 있네! 哭望南雲臥鐵衣.

* 護羌校尉 : 중국의 漢나라 武帝가 서북쪽 국경 흉노의 침입을 대비하여 신설 임명한 武官이었다.

해설 중국 한(漢)나라의 서북 변방 방어 장교인 호강교위(護羌校尉)를 주체로, 그 변방의 황량한 상황을 상상하여, 그 전투에서의 유혈 참상과 망향하며 통곡하는 정상을 허구화하여, 실제로 우리의 북방 변경에서의 실재 가능한 전투 참상을 비유적으로 읊어 위로하는 시다.

五.

五言律詩

丘山驛.

구산역에서.

<구산역에서> 이 "구산역(丘山驛)"은 강릉(江陵)에 있던 역(驛)이다.

홀로 저만 이별 시름 가슴에 안고,	獨自抱離憂
도로 낡은 역 누각에 올라서 보니,	還登古驛樓
칼집에는 외롭게도 울분만 남고,	劒囊孤憤在
단약 책엔 쪽 구름만 남겨진 채로,	丹籙片雲留
저녁 맞은 바다 입구 새 날아 가고,	鳥渡海門夕
가을 깊은 관동 숲엔 매미만 울뿐,	蟬鳴關樹秋
님을 그냥 생각할 뿐 만날 순 없어,	懷君不可見
한 필 말로 서주 향해 가고 있다오!	疋馬向西州

* 片雲 : 중국의 宋나라 劉敞의 시 <煉丹井>에서 "丹竈久已毁……徘徊片雲下[단약 굽는 부엌 이미 헐린 지 오래라……쪽 구름 아래 배회하노라]"라고 한 바대로, 이것은 속세를 떠나 신선이 되어 보려고 해도 신선이 되는 丹藥을 굽는 부엌조차 헐려서 "片雲留[쪽 구름만 남았다]"라는 것이라, 세상을 떠나서 숨어 살고 싶은 뜻도 이룰 수 없다는 것을 말한다.

해설 작자 이달 자신이 작품 속의 주체와 화자가 되어, 분명 독백으로 읊어진 시이지만 마치도 누구에게 넋두리하며 주는 듯이 지어진 시다.

대장부가 되어 출세하여 큰 뜻을 펴고 싶지만 그것은 신분적 한계로 불가능하고, 속세를 떠나 신선처럼 숨어 살고 싶지만 그것도 뜻대로 이루어질 수 없어, 가을을 맞아 추워져 을씨년한 이 북쪽 변방 지역(아마도 함경도 지역일 것)에는 새만 날아가고 매미만 울어댈 뿐이라, 나의 마음을 알아 줄 그 누구를 그리워 하건만 그런 사람을 만날 순 없는 데에도, 행여 그런 사람을 만날 수 있을까 싶어 西州[서쪽 지역]를 향해 한 필 말을 타고 떠난다는 말이다.

여기에 "劍囊孤憤在[칼집에는 외로운 분개심만 남아 있다]"라는 것은 대장부의 큰 뜻을 못펴고 있다는 것을, "丹籙片雲留[단약 굽는 곳에는 쪽 구름만 머물러 있다]"는 것은 신선이 되어 숨어 살 처지도 못 된다는 한탄을 읊은 대구(對句)들이다. 그리고 "西州"는 정녕 고유명사의 어느 곳을 지칭한 것이 아니라, 작자가 현재 떠돌고 있는 함경도 지역에서 역시 찾아갈 수 밖에 없는 "서울"을 암시하는 것으로 추정된다. "懷君[임을 그리워 한다]"라는 말로 봐서 아무래도 자신을 그래도 이해해 줄 지인이 이 서울에 있을 것이기 때문이다.

그래서 미련의 앞구인 "懷君不可見"은 정녕 실제 상황의 제시이면서 이 작품을 시답게 하는 아주 평범하면서 아주 중요한 키로 놓여진 시구다. 여기에서 또 한번 작자의 시적 구상과 수사의 능숙한 솜씨를 확인할 수 있다.

鏡湖次崔内翰大中韻.

경포호에서 최내한 대중의 운자를 따라 짓다.

가을 풀 속 신선 누댄 고색이 짙고, 秋草仙臺古
안개 호수 물기운은 짙푸르른데, 煙湖水氣蒼
이 내 몸은 이 멀리서 나그네 된 채, 此身爲遠客
내일 바로 중양절이라 하건만, 明日是重陽
저녁 해만 모랫벌에 썰렁 비추고, 夕照寒沙浦
가을 바람 바다 마을 산란케 부니, 西風起海鄉
서로 함께 좋은 명절 아까워 하며, 相携惜佳節
노란 국화 두어 가질 꺾어 꽂았네! 折揷數枝黃

해설 객지인 강릉에서 벗과 함께 고향을 떠난 향수를 견디지 못해, 국화꽃 가지를 꺾어 꽂아 놓고 관상을 하며 애써 외로운 심경을 달래보려 하는 것이다. 경련의 "寒"자와 "起"자 등은 작자의 심기를 읽을 수 있는 아주 중요한 심상(心象)의 글자들이다.

贈鑑上人.

감상인에게 주다.

옛날 중대 같이한 밤 추억해 보니,	憶昔中臺夜
상원사 종소릴 함께 들었었는데,	同聞上院鍾
헤어져서 이십 년이 되어버린 채,	睽離二十載
구름과 숲 몇 천 겹에 가리웠던가?	雲樹幾千重
발우 씻자 가을 시내 갔었을 테고,	洗鉢臨秋澗
등 줄(덩굴) 잡고 석양 산봉 건넜을 텐데,	攀藤度夕峯
서로 만나 나이들을 물어 보고는,	相逢問年歲
각기 옛날 얼굴인가 얄궂어 했네!	各怪舊時容

---

* 中臺 : 五臺山에 있는 智爐峰을 가리키며 上院寺가 이 아래에 있다.

* 睽離 : 이 시어는 "어그러져 헤어지다"의 뜻으로 쓰였는데, 여기의 "睽"자는 "暌"자와 통용된다.

* 雲樹 : 이 시어는 "春樹暮雲"의 준말로서 杜甫의 시 <春日憶李白>의 "渭北春天樹 江東日暮雲[위북에는 봄 하늘 밑 숲, 강동에는 해 저물 녘 구름]"에서 나온 말로, 이백과 두보가 서로 멀리 떨어져 있는 두 곳을 그 풍경으로 대유하면서 서로 그리워 하는 것을 암시하는 말이다.

해설 수련과 함련에서는 서로 헤어진 뒤 20년 사이에 막막했던 상황을 서술하고, 경련에서는 지금까지 상인스님이 살아왔을 일상의 행태를 미루어 생각해 보고, 미련에서는 오랜만에 서로 다시 만난 놀라움과

반가움의 정황을 그리고 있다. 시상의 내적 윤곽과 정황이 아주 명료하게 그려져 있는 좋은 시다.

經廢寺.

폐기된 절을 지나가다 보고서.

이 절간은 어느 해에 폐기됐는고?	此寺何年廢
문 앞에는 솔숲 길만 깊숙 있는데,	門前松逕深
안개 찜질 비는 글자 훼손되었고,	嵐蒸碑毁字
비가 새서 부천 금빛 바래버린 채,	雨漏佛渝金
묵힌 우물 가을 잎에 메워져 있고,	古井塡秋葉
그늘진 뜰 잘 새들만 내려온다만,	陰庭下夕禽
모름지기 너무 느껴 슬퍼만 말자,	不須多慨感
이 세상도 그 몇 번을 삭아졌으니!	人世幾消沈

해설 폐기된 절을 지나가다가 그 고적감 속에 황폐한 채 버려져 있는 풍경들을 보고 감개의 정한을 못내 겨워하다가, 이내 인간과 세상의 일들이 역시 그 얼마나 부침하고 기복하는 가를 회고 · 대비하면서 애써 자위하려는 시다. 물론 이 작품은 둘째 구에서부터 사람이 아무도 찾아오지 않는다는 것을 말없이 암시하고 있거니와, 특히 함련과 경련에서는 황폐와 적막에 상응하는 풍경들의 사실적 묘사로 그 황량한 상황을 잘

살려 보여주고 있다.

次允上人軸.

윤상인의 시축의 운을 따라 짓다.

나그네로 서로 만난 처지이면서,	逆旅相逢處
된서리에 계수 가지 시들었을 적,	淸霜凋桂枝
한 쪽배로 광릉에서 이별을 하며,	扁舟廣陵別
뒤해 뒤에 서울 재회 약속해 놓곤,	數歲洛陽期
가을 냇물 구리병에 길었을 게고,	秋澗銅甁汲
새벽 재엔 돌바릿대 지녔을 텐데,	晨齋石鉢持
바다 위의 절을 함께 찾아와 보니,	同尋海上寺
종소리를 듣던 때가 문득 그립네!	却憶聽鍾時

* 淸霜 : 이 시어는 그냥 "맑은 서리"라는 뜻이 아니라 "된 서리"라는 뜻이다.

해설 몇해 전 가을 된서리로 추워진 어느 날, 나와 윤상인 스님 당신이 이 광릉(아마도 봉은사(奉恩寺)일 것)에서 작별을 하면서 서울에서 다시 만날 약속을 했었고, 그 사이 윤상인 스님 당신은 구리병에 물을 긷거나 새벽에 돌바릿대를 갖고 재를 올리며 지내왔을 텐데, 지금 윤상인

스님 당신과 함께 이 바다 위 절을 찾아와 보니, 문득 그 몇 해 전 우리가 봉은사에서 함께 종소리를 듣던 일이 그립다는 것이다. 이 작품에서는 함련의 대구로 이루어진 구상과 수사가 좋고, 미련의 마무리도 잘 되어 있어 좋다.

送崔時中之京.

서울로 가는 최시중을 전송하면서.

<서울로 가는 최시중을 전송하면서> 시중(時中)은 율곡(栗谷)과 한 마을에 살면서 벗이었던 최운우(崔雲遇)의 자(字)이며 재능이 있었음에도 벼슬은 현감(縣監)으로 끝났다.

인생 행로 이렇게도 어려운 건지, 行路難如此
대체 그댄 다시 먼 길 떠나가는데, 夫君更遠征
큰 재능은 일찍부터 품어 왔건만, 大才懷夙昔
낮은 벼슬 한 평생을 등져 있는 채, 薄宦負平生
해안에는 포기 매화 꽃 피어나고, 海岸叢梅發
산골 다린 얄궂은 새 울고 있으니, 山橋怪鳥鳴
이별 회포 정말 너무 쓸쓸해져서, 離懷正蕭索
절(날) 달래며 홀로 마음 상하겠구려! 撫景獨傷情

* 撫景 : "撫影"과 같은 말로 여기의 "景"과 "影"은 같은 의미로 통용된다. 따라서 "影"자와 같은 의미로 쓰인 이 "景"은 여기에서 주인공인 時中의 자기 그림자이면서 바로 자신을 대신한 말이라 "저[彼]"이면서 동시에 "나[我]"이다. 뿐만 아니라 이것은 져가는 저녁 무렵 햇볕인 석양의 그림자라 주인공 자신의 늘그막을 상징하기도 하는 것이다. 그래서 이 "撫景"은 주인공 시중 자신이 자신의 처지를 애처롭게 다둑이고 어루만진다는 말이나, 여기에는 물론 작자 이달 자신의 처지로 인한 同病相憐의 심경과 이별하는 안타까움의 정한이 함께 투영되어 있음을 알 수 있다.

해설 이 시는 아마도 최시중(崔時中)이 지방의 원님으로 있다가 만기가 되어 가면서도 승진이 안 된 채 서울로 가기 때문에, 그의 많은 재능에 비해 벼슬의 운이 없어 종래 포부를 펴지 못하는 것을 안타까워해서 위무(慰撫)하는 작품이나, 여기에는 작자 이달 자신의 처지도 말없이 담아지고 있음을 감지할 수 있다. 이 작품에서는 함련의 대구로 이루어진 구상과 수사가 시적 주인공의 정상을 너무 잘 읊어내고 있다.

東閣尋梅.

동각으로 매화를 찾아 가서.

동각으로 매화꽃 길 찾아가 보니,	東閣尋梅逕
사느란 향 외진 곳서 풍겨 오는데,	寒香生處孤

두어 가지 성긴 꽃은 고생 뒤 핀 채, 數枝疎影苦
늙은 등걸 반 몸체가 말라 있으니, 老樹半身枯
고운 분을 위해 바쳐 드리려 하나, 欲爲美人贈
맑은 밤이 가버린 걸 그 어찌 하나? 其如淸夜徂
그냥 생각 잠겨 오래 서 있노라니, 沈吟佇立久
조각달만 성 모퉁이 숨어 드누나! 片月隱城隅

---

* 東閣梅 : 東閣은 漢나라 公孫弘이 賢人을 맞기 위해서 "동쪽으로 향해 열어 놓았던 작은 門" 그리고 중국의 四川省 簡陽縣 동쪽의 지명이기도 한데 여기는 매화꽃으로 알려져 있어서, 杜甫가 시로 "東閣宮梅動詩興"이라고 읊어서 뒤의 시인들이 이것을 본따서 "東閣梅"는 무수히 시의 소재로 인용되었으며, 宋나라의 季洪은 "東閣梅殘縈旅夢[동각 매화 져가면서 나그네 꿈 얽혀 들고]"이라 읊었고, 宋나라의 周紫芝는 "揚州東閣梅 自此復誰憐[양주 동각 피어났을 그 매화꽃은, 이제부턴 누가 다시 사랑해 줄꼬?]"라고 읊었다. 그런데 우리나라에서는 "東閣"이 대개 "小別堂"을 지칭하는 말로 많이 쓰였다.
* 疎影 : 글자들 대로의 뜻은 "성긴 모양"이나, 매화꽃의 상태를 표현하는 말로 많이 쓰이는데, 이것은 우선 매화꽃이 많이 피지 않고 겨우 몇 송이만 듬성듬성 피어 있는 상태의 꽃을 표현하는 말이며, 매화는 고고한 선비의 상징으로 쓰이는 꽃이라 흐드러지게 많이 핀 것은 좋아하지 않고, 특히 고목에서 몇 송이로 피는 꽃을 가장 사랑하여 "古槎疎影[늙은 등걸에 몇 송이 꽃]"이라고 하였다.
* 美人 : 여기에서 美人은 물론 "아끼는 벗" 또는 "임금님"일 것이며, 물론 "사랑하는 여인"일 수도 있다.
* 淸夜 : "맑은 밤"으로 풀이될 이 시어의 시간은, 바로 매화가 꽃을 피우고 정녕 달이 따라 밝은 밤일 것이라, 그 옛날 宋나라의 숨은 선비 林逋가 달밤에 鶴과 함께 찾아가서 매화꽃을 감상했다는 그 달 밝은 밤과 같은

밤이며, 여기서는 작자와 매화가 만나는 밤이면서, 이 매화꽃으로 변신한 작자 자신을 그리운 벗이나 임금님이 감상하는 기회가 되는 그런 밤이다.

해설 작은 별당에 핀 매화를 찾아가서 지은 시로, 외로운 듯 서 있는 늙은 고목 등걸에 성긴 듯이 몇 송이가 사느란 향기를 풍기며 핀 매화꽃을, 외로운 지조를 지키며 고고하게 사는 가난한 선비로 말없이 비기면서, 그리운 벗 또는 그리운 임(임금님일 수도 있음)과 기막히게 만나게 해줄 수 있는 맑은 밤을 기다리건만, 그런 밤은 멀리 가버린 걸 어찌할 수가 없어, 말로 할 수 없는 슬픔만 머금은 채 서 있노라니, 조각달만 저 성 모퉁이로 숨는 듯 져가고 있다는 애처로운 시다. 여기 매화꽃에는 물론 작자 자신도 언외로 투영되어 임금님을 향한 정성과 그리움의 외로운 충심도 글 뒤에 묻혀 있다. 그래서 이 작품에서 함련 대구들의 구상과 수사는 아주 잘 되어 있다.

題孝里堂.

효리당을 제재로 삼아 짓다.

술 있으면 항상 손님 맞이하면서,	有酒常邀客
마루 열고 잔치 자릴 빨리 쓸더니,	開軒急掃筵
낡은 뜨락 학 자취만 남겨 놓았고,	古庭留鶴跡
음지 섬돌 이끼 모닥 피어 올랐네!	陰砌上苔錢

흰 머리털 인간 세상 슬프게 하나, 白髮悲人世
단약 굽는 신선 골짝 막혀 있으니, 丹砂隔洞天
어떡하면 동쪽 바다 찾아 들어가, 何當入海去
그대하고 신비한 글 배워 볼까나! 携子學靈篇

* 丹砂隔洞天 : 글자들 대로의 풀이는 "丹砂는 골짜기가 막혀버렸다"이나, 이것은 신선이 되게 하는 丹藥을 구워내서 먹을 수 있는 그 신비한 부엌이 있는 곳을 찾을 수 없다는 말이다.
* 入海 : 이것은 『史記』 <秦始皇紀>에 나오는 "海中三神山 名曰蓬萊方丈瀛洲 仙人居之[바다 속의 세 신선의 산은 이름이 봉래 · 방장 · 영주인데 신선이 산다]"라고 한 "바다"를 말하며, 우리나라에서는 옛부터 이것이 바로 우리나라의 "東海"를 일컫는다고 여겨왔다.
* 靈篇 : 신령스럽게 長生不死한다는 효험이 있는 丹藥을 굽는 비법을 담고 있다는 秘方의 책을 말한다.

해설 이 효리당(孝里堂)은 아마도 후덕한 인품으로 아주 친구를 좋아 했던 작자의 친구였던 어떤 사람의 별장으로 추정된다. 그런데 지금은 낡아진 채 주인도 늙어버려 인생의 무상함을 절감하며 슬퍼지는 형편이라, 그래서 어떻게 하면 저 동해 바다의 신선 세상을 함께 찾아갈 수 있을 거냐며 한탄하는 시이다.

贈性行上人.

성행상인에게 주다.

먼 곳 손은 고운 시절 아까워 하며,	遠客惜芳菲
잠시나마 스님 있는 절 찾아 오니,	暫過雲水扉
안개 낀 숲 한 번 풍경 소리 울리고,	煙林一磬出
모래 갯펄 두어 스님 돌아오는데,	沙浦數僧歸
옛 절에는 매화꽃이 다 져버리고,	古寺梅花落
깊어진 봄 제비들은 날아오건만,	深春燕子飛
내 고향은 바로 아득 멀기만 한 채,	鄕關正迢遰
외려 나만 겨울 옷을 입고 있구려!	猶自着寒衣

* 芳菲 : 글자들 대로의 풀이는 "향기롭고 아름답게 꽃이 피고 풀이 우거진다"인데, 여기서는 그런 계절을 지칭하는 시절을 대유하는 말로 쓰였다.

해설 고향을 멀리 떠나 떠돌이로 있는 작자는 봄을 맞아 더욱 향수를 견딜 수 없어, 아는 스님이 있는 절을 찾아 외로운 회포를 풀고 싶어 하나, 봄이 와도 겨울옷을 갈아 입을 여지도 없는 자신의 신세가 애처러운 것이다.

端川九日.
단천에서 중구일을 맞아서.

북풍 불어 느릅나무 잎들 다 지고,	朔吹沙楡落
물가 관북 역 닿은 길 비껴났는데,	河關驛路斜
객지에서 중구일을 만나게 되어,	客中逢九日
말 위에서 국화꽃을 꺾게 됐네만,	馬上折黃花
떠돌이로 일정한 곳 없는 신세라,	飄梗無常處
명절이면 갑절 집이 그리워져서,	良辰倍憶家
멀리 멀리 외론 초소 바라 보자니,	遙遙望孤戍
성 숲에선 슬픈 피리 아련하구나!	城樹隱悲笳

* 飄梗 : "날리는 느릅나무 잎"이라는 말로, 明나라 楊巍의 詩에서 "跡尙如飄梗[발자취는 바람결에 날리는 느릅나무 잎 같아서]"라고 한 바대로 "떠돌이"라는 말로 쓰였다.
* 隱 : 여기에서는 이 글자의 뜻이 "숨다"라는 동사가 아니라 "아련하다(은은하다)"라는 형용사로 쓰였으며 구체적으로는 "아련하게 들린다" 라는 말로 쓰였다. 그런데 이 글자가 목판본 『蓀谷詩集』에는 "憶"자로 기록되어 있어 어느 것이 原作에 맞는 것인 지는 확인할 수 없으나, 일단 이 "憶"자는 앞의 제6구에서 이미 쓰여지고 있어서, 아무래도 疊用[겹쳐 쓰기]의 忌避라는 원칙을 위반하는 것이라 이 "憶"자는 오자일 가능성이 있으며, 시상의 성향으로 봐서도 "隱"자가 맞을 것으로 판단된다.

해설 저 북쪽 함경도 단천에 가서 나그네 신세로 떠돌면서 음력 9월의 중양절[九日]을 만나서 향수를 견딜 수 없는 자신의 상황을 서글프게 읊어낸 시다.

建登山.

건등산을 보고서.

<건등산을 보고서> 아마도 이 건등산(建登山)은 그 글자의 의미로 봐서나 시의 내용으로 봐서 고려 태조 왕건(王建)이 개국 초기에 이 산에 올라서 전투를 벌였기 때문에 붙여진 명칭으로 추정된다.

고려 태조 군사 인솔하던 그 날엔,	麗祖提兵日
올라서며 수만 말들 밟았을 텐데,	登臨萬馬蹄
뭇 영웅들 나라 대권 쫓아 다투디,	群雄爭逐鹿
참주인이 마침내는 차지했으니,	眞主竟操鷄
지나간 일 풍경 속에 옛것이 됐고,	往事煙霞古
남긴 자췬 풀 숲으로 희미하다만,	遺蹤草樹迷
삼한땅을 하나로서 통일한 거라,	三韓歸一統
그 공적은 이 산만큼 높아졌구나!	功與此山齊

* 提兵 : 이것은 "率兵[병사를 인솔하다]"이라는 말과 같은 뜻이다.
* 逐鹿 : 이것은 『漢書』 <淮陰侯傳>에서 "秦失其鹿 天下共逐之[진나라가 그 사슴을 잃어버리자, 온 천하의 사람들이 뒤쫓았구나!]"라고 한 바대로, "鹿"은 바로 "天下" 또는 "온 나라", 또는 "皇帝"나 "君主"의 "權座"를 의미하기도 한다.
* 操鷄 : 이것은 『高麗史』 <世家 太祖一>에 "唐商客王昌瑾 忽於市中 見一人狀貌瓌偉 鬚髮皓白 戴古冠 被居士服 左手持三隻椀 右手擎一面古鏡 方一尺許 謂昌瑾曰 能買我鏡乎 昌瑾 以二斗米買之……昌瑾 懸其鏡於市壁 日光斜映 隱隱有細字可讀 其文曰 三水中四維下 上帝降子於辰馬 先操鷄後搏鴨[당나라의 장사꾼 왕창근이 홀연 보니, 시장에서 우뚝 체구가 큰 한 사람이 허연 수염에 머리에는 옛날 관을 쓰고 거사의 옷을 입고서, 왼 손에는 세 개의 토막나무를 갖고 오른 손에는 한쪽 면만인 옛날 거울이 한 자 남짓으로 네 모가가 난 것을 들고, 창근에게 '내 거울을 사갈 수 있소?' 하고 말하였다. 창근이 두 말의 쌀을 주고 이것을 사서……시장판 벽에 걸어 놓았더니 햇빛이 비추자 은은하게 읽을 수 있는 글자가 나타나는데, 그 글에 '세 물의 중간, 네 방위 아래에 상제께서 진한 마한 지역에 아들을 내려 보냈으니, 먼저는 닭을 잡고 뒤에는 오리를 잡으라].'"라고 하였다. 따라서 이 글대로 "操鷄"는 신라를 먼저 점령하라는 뜻이다.

해설 고려 태조가 이 산에 올라서 전투를 지휘했다는 것을 제재로 삼아서, 태조의 삼국을 통일하고 건국한 공업(功業)을 높이 찬양한 시다.

寧越道中.

영월에서 길을 가면서.

착잡한 맘 나그네 길 멀기만 하고,	懷緖客行遠
수천 산봉 속에 난 길 험난도 한데,	千峰道路難
봄바람 속 두견새는 애태워 울고,	東風蜀魄苦
석양 무렵 노산 산손 쓸쓸만 하며,	西日魯陵寒
고을 읍은 산 둘레로 이어져 있고,	郡邑連山郭
나루 정잔 강물가를 딛고 선 채로,	津亭壓水闌
타향에다 또한 봄은 한창이네만,	他鄕亦春色
어느 곳서 근심 단설 다둑일 건가!	何處整憂端

＊郭 : 이 글자의 여기에서의 뜻은 “둘레”라는 것으로 쓰였다.

해설 작자 자신의 삶의 한과 노산군(魯山君;단종대왕(端宗大王))의 원통한 한을 추모하는 슬픔이, 봄을 만난 이 영월에서 오히려 다둑여지기보다 더욱 깊어지는 것을 못 견디겠다는 것이다. 이 작품에서 특히 함련의 대구로 이루어진 구상과 수사는 아주 잘 되어 있다.

次旌善郡板上韻.

정선군 군청사(동헌) 현판의 운을 따라 짓다.

고목 위엔 달만 외려 남아 떠 있고,	古木月猶在
사느란 방 등불 아직 빤히 밝은 채,	寒房燈尙靑
객 시름은 고요한 밤 내내 끝 없고,	客愁連靜夜
귀향 꿈도 먼먼 길은 겁이 났는데,	歸夢㥘長程
골짝 건너 물소리는 멀리 울리고,	度壑水聲遠
주렴 밖서 꽃 냄새가 향기로우니,	隔簾花氣香
산비가 지나가도 몰랐었다가,	不知山雨過
베개 위서 술을 처음 깨게 되었네!	枕上酒初醒

* 旌善 : 이것은 강원도에 있는 한 지역 명칭으로 지금도 그대로인데, 목판본 『蓀谷詩集』에는 이것의 "旌"자가 "整"자로 오기되어 있다.

해설 나그네 신세로 여관에서 머물러 있으면서, 객지 시름과 향수로 잠을 못 이룬 채 밤을 지새우면서도, 새벽에 일어나서는 물소리를 듣고 꽃향기를 맡으며, 새삼스레 밤에 산속 비가 내린 것을 알게 되고, 베개에서 누운 채 어제 마셨던 술이 처음 깨게 됐다는 말이다. 이 작품에서도 함련의 대구로 이루어진 구상과 수사의 솜씨는 아주 새롭다.

夜泊大灘.

밤에 대탄 아래쪽에 배를 대고서.

닻줄 내려 여울 아래 밤에 배 대니,	夜纜泊灘下
물가 마을 서릿발이 엉겨 내려서,	水村霜氣凝
마른 등걸 물가 사장 위에서 주워,	枯查拾沙渚
어부 등불 불을 빌려 밥 지어 먹고,	爨火乞漁燈
병든 객은 외로운 배 꿈을 꾸는데,	病客孤舟夢
차가운 강 시월에도 얼음이 어니,	寒江十月氷
집 떠난 지 오늘까지 며칠이 됐나?	辭家今幾日
뱃사공만 바로 친한 벗일 뿐일세!	黃帽是親朋

* 大灘 : 지금의 경기도 楊平의 한강 하류에 있는 여울로 수세가 급격했던 것으로 알려졌으며, 당시 楊州에도 같은 이름의 여울이 있었다.

해설 이 작품은 작자의 다른 어느 작품보다 비교적 사실적이며 진솔한 자신의 삶과 처지를 오롯하게 읊어낸 시다. 집을 떠나 떠도는 외로운 나그네 신세로, 초겨울을 만나 강가에 배를 대고 하루를 묵으며 겪는 초라하고 외로운 상황이, 전 작품에 숨김없이 타령조의 가락을 타며 읊어지고 있다.

次盧相國韻 題甓寺僧軸.

노상국의 운을 따라 지어서 신륵사 스님의 시축에 써 넣다.

나그네 길 산을 따라 돌아나 있고,	客路隨山轉
스님 방은 물가 자릴 잡고 있으며,	僧房枕水居
마을 연긴 들판 모여 피어 오르고,	村煙團野直
강물 거품 모래 일며 사라지는데,	江沫汰沙虛
물정 겪어 마음·간만 남아 있는 채,	接物心肝在
세월 흘러 살쩍·두발 엉성해졌네!	流年鬢髮疎
여주 강물 한강물과 이어 있으니,	驪江連漢水
한 쌍 잉어 편지 전할 수는 있건만,	雙鯉可傳書

* 團 : 여기서는 "모이다"의 뜻으로 쓰였다.
* 直: 여기서는 "直上[곧장 피어 오르다]"의 뜻으로 쓰였다.
* 虛 : 여기서는 동사로 쓰여 "사라져 없어진다"는 말이다.

해설 이 작품의 전반은 절을 찾아가서 보는 풍경을 묘사하고, 후반은 상대인 노상국(盧相國)에게 실의한 채 허망하게 늙어가는 자신의 처지를 애달프게 호소하고 있는 것이다. 수사적으로는 경련과 미련을 도치(倒置)시켜 시상의 감정적 질량의 강화를 도모하고 있으며, 따라서 이 경련의 함축적 구상은 아주 뛰어나다. 이 작품에서도 경련의 대구들로 풀어 놓고 있는 신세 한탄 가락의 구상과 수사는 절실한 진정을 숨김없이 잘 호소하고 있다.

別李季獻之京.

서울로 가는 이계헌과 작별하면서 계헌(季獻)은 율곡(栗谷)의 아우인 이우(李瑀)의 자(字)다.

헤어질 맘 제냥 억제할 수 없어서,	別意不自制
헤어지는 정은 정말 슬픈 처진데,	別情良可嗟
바다 한 쪽 나그네 돼 오래인 채로,	海隅爲客久
관 밖에서 사람 전송 많이 하다니!	關外送人多
들판 언덕 꽃잎 나는 나무숲에다,	野岸花飛樹
봄 다리 밑 물이 불은 물결이건만,	春橋水上波
외려 저기 자규새와 같은 신세로,	猶同子規鳥
눈물 뿌려 숲의 가질 적실 뿐일세!	洒淚濕林柯

해설 고향을 멀리 떠나 북녘 땅 타향에서 봄을 맞아서도 자신은 귀향할 생각을 엄두도 못 내는 처지로서, 서울로 가는 벗과 이별을 하는 상황을 수련과 함련으로 기막히게 잘 읊어내고 있으며, 수련의 대구들이 공간과 정황의 상승적 강화 양태로 이루어진 수사와, 경련에서 이른바 "정을 머금게 하는 풍경들"의 두 구로 제시한 구상과 수사 수법은 매우 능숙하게 잘 이루어져 "봄은 한창 무르익건만 나는 고향엘 못 간 채 있다"는 기막힌 한애를 담고 있다. 그래서 미련에서 자신은 자규새(두견이)의 신세와 같다고 애소하고 있다.

上思庵相公.

사암상공께 올리다.

회음의 시장판서 칼을 차고서,	帶劒淮陰市
동락 언덕 슬픈 노래 부르건마는,	悲歌東洛原
성 끝에는 빨래하는 부인도 없이,	城邊無漂母
다리 아래 기어 나간 왕손만 있어,	袴下有王孫
외기러긴 먼 하늘 밖 날아서 가고,	斷雁遙空外
가을 벌렌 대 뿌리서 괴롭게 울 뿐,	秋蟲苦竹根
곤란 속에 살 계책도 모른 판이니,	艱難昧生計
어느 곳서 무릉도원 찾겠습니까?	何處覓桃源

* 東洛 : 중국의 周나라 東周 때 수도였던 洛陽을 가리키는 말인데, 여기에서는 韓信이 秦나라 말년 고생을 하면서 淮陰의 城 아래에서 낚시를 하다가 빨래하는 여인[漂母]에게 밥을 얻어 먹었는데, 이 淮陰이 역시 동쪽에 있어서 이 東洛으로 비유한 것으로 추정된다.

해설 작자 이달 자신도 한신(韓信)처럼 포부는 가지고 있지만, 지금까지 누구에게도 인정을 못 받아 공궁한 삶을 면할 길이 없는 처지인 데에다, 이렇게 쓸쓸해지는 가을을 만나서 스스로 더욱 슬퍼지는 자신이라, 자신의 이 불우한 신세를 상공(재상)이신 박사암[朴淳]께 호소하는 시다. 두보(杜甫)의 <월야억사제(月夜憶舍弟)>를 배운 함련의 "~은 없고(있어야 할 것은 없고)", ~만 있다(없어야 할 상황은 있다)"라는 극도의 대비적 수사를 통한 자기 호소와 경련의 "이정투경(以情投景;경물 속에 감정을 투영시키는 것)" 수법은 참으로 놀랄 만하다.

肅川途中.

숙천 가는 길에.

말 채찍 쳐 차가운 물 건너고 나서, 策馬渡寒水
가다 가다 높은 둔덕 올라서 보니, 行行登高原
가을 풍경 들 추수로 널려져 있고, 秋光遍野稼
다듬이질 산촌 건너 울려 들리며, 砧響隔山村
바람 까친 나뭇잎에 툭 내려 앉고, 風鵲墜林葉
이슬 반딘 풀 뿌리서 반짝이는데, 露螢明草根
오늘 밤의 역마루 길 달이 뜨면은, 今宵驛路月
어느 곳서 홀로 넋을 잃게 될 건고! 何處獨銷魂

해설 나그네 신세로 떠돌던 중에 평안도 숙천(肅川)에서 늦가을 해가 지는 황혼 무렵을 맞으며 펼쳐진 을씨년스럽고 쓸쓸해져가는 풍경을 묘사하고, 당장 오늘 밤 어느 곳에 유숙해야 할 지도 모르는 자아의 신세를 읊어 맺고 있는 미련의 두 구는 너무도 목메이게 슬픈 가락을 띠고 있다.

渡浿江題栽松亭.

대동강을 건너서 재송정을 제재로 삼아 짓다.

저기 뒤 쪽 외로운 성(평양성) 멀리로 하고,	背指孤城遠
삐걱삐걱 나룻배로 건너와 보니,	鳴榔渡客舟
역 정자엔 아침 뜬 해 설핏해 있고,	驛亭朝日晩
강가 숲엔 이른 매미 가을 맞는데,	江樹早蟬秋
오랜 지첸 항상 돌아가자 했건만,	久滯常歸計
떠나자니 또 이별로 시름겨워져,	臨行又別愁
몸 딸린 건 쓸 만한 것 없는 채면서,	隨身無長物
긴 휘파람 칼만 바라볼 뿐이구나!	長嘯看吳鉤

* 鳴榔 : 배의 널판을 울린다는 말로, "삐걱삐걱" 소리가 나는 상태를 말하며, 그래서 뱃사공을 "鳴榔客"이라 부르기도 한다. "榔"자의 뜻은 "배의 널판"을 지칭하는 것으로 "榞"자와 통용된다.

* 吳鉤 : 칼의 명칭인데 끝이 꼬부라져 있어서 붙여진 명칭이며, 이 칼은 소년들이 많이 차고 다니는 것으로 여기에서는 대장부의 기상과 포부를 상징하는 말로 쓰였다.

해설 정녕 작자가 나그네 신세로 난리를 만난 중에 가을을 맞아 갈까 말까 망서릴 즈음, 객지의 시름을 자제하지 못하고, 품은 뜻(칼 끝만 안타깝게 볼 뿐)을 펴 볼 여지가 없어 다시 실의에 빠진 채 길게 휘파람만 불며 한을 풀어볼 뿐이다. 경련의 대구는 깊어지는 향수와 우정 사이에서 갈까 말까 망설이는 자아의 상황을 잘 보여주고 있다.

又.

또 한 수.

여관집엔 아침 내내 비만 내리고,	旅舍終朝雨
강가 밭엔 밀보리들 익었다마는,	湖田小麥秋
어쩌다가 나그네가 된 처지라서,	無端爲客處
멀리 떠난 사람 시름 절로 이는데,	自起遠人愁
뜨락 울안 겹친 그늘 어울어졌고,	庭院重陰合
장판 가게 말소리도 조용하네만,	闤闠市語收
어느 때나 내 고향엘 돌아갈 건가?	何時返鄉曲
해서 거기 집만 덜렁 남았을 텐데!	家在海西州

해설 떠돌이 신세로 객지에서의 외로움을 면할 길이 없는 처지인데, 더구나 늦여름에서 곧 가을을 맞을 환절기를 당해서 향수를 못 견뎌하는 정황을 역시 청승맞은 한탄의 가락으로 읊고 있다.

公州逢宋廷玉.

공주에서 송정옥을 만나서.

도둑떼들 그 몇 해를 지나서까지,	寇盜經年歲
전투 참상 서울 장안 휩싼 판이라,	兵戈滿漢陽
친척 모두 실종되고 사망했대도,	所親皆喪亂
생사 여불 감히 물어 볼 수도 없이,	不敢問存亡
해 질 때면 피난 행차 우러러 보고,	西日瞻行殿
동풍에는 고향으로 들어가 보나,	東風入故鄉
위태론 때 그대 마주 술 마시자니,	時危對君酌
눈물 흘러 옷자락을 적시려 하네!	涕淚欲沾裳

해설 제대로 된 벼슬을 할 수 없는 신분의 자신이면서도, 친척들도 모두 전란 속에 흩어져 생사도 모른 채 떠돌면서, 그래도 해가 지는 저녁이 되면 몸은 목을 늘여 멀리 임금님의 피난 행차가 가셨을 곳을 향해 쳐다보고, 봄 바람이 불면 마음은 또 고향으로 돌아가는 처지라, 이렇게 객지에서 벗을 만나 대작을 하니, 흐르는 눈물을 주체할 수 없다는 것이다. 그런데 경련의 수사에는 주어인 "몸과 마음"을 언외로 놓아 훌륭하게 살려 읊고 있을 뿐만 아니라, 이렇게 함으로써 유자(儒者)로서의 본령(本領)을 잘 보여주고 있다.

上體察相公.

체찰사 상공께 올리다.

종묘 · 사직 허물어지게 된 뒤라,	宗社淪亡後
신하 · 백성 통곡하게 된 때이기로,	臣民痛哭時
나라 군대 붉은 해에 맹서를 하곤,	官軍誓赤日
흐르는 피 성 못 안에 넘쳐 흐르나,	流血滿黃池
청사검을 시험도 못 해봤으니,	未試靑蛇劍
그 누구가 백작기를 펼까 했더니,	誰張白鵲旗
이젠 아상 나서시는 땔 만났으니,	今逢亞相出
시종 나라 안위가 달렸습니다.	終始繫安危

* 赤日 : 이것은 태양을 말하는 것이나, 여기서는 임금님을 상징하는 말로 쓰였다. 그래서 "誓赤日"은 "임금님께 충성을 맹서하는 것"을 말한다.
* 黃池 : 원래는 地名이나, 여기서는 城池, 또는 陣地를 말한다.
* 靑蛇劍 : 名劍을 말한다.
* 白鵲旗 : 李白의 詩에 나오는 말로, 북방의 오랑캐를 무찌르고 그 우두머리의 목을 베어 이 기에 매달았다고 하였다.
* 亞相 : 재상의 다음 직급인데, 여기서는 바로 體察使를 지칭하는 말이다.

해설 국가가 온통 전란에 휩싸인 채 종묘와 사직단이 다 허물어지고, 신하와 백성들은 통곡만 하는 상황이라, 나라의 군사들은 임금님께 맹서하고 전투를 벌이고 있으나, 온 성안이 피로 흘러 넘치는 판이라,

누가 이런 상황을 타개할까 고대하던 차에, 체찰 상공이 이 책무를 맡으셨으니, 너무 감격스럽다는 기대와 격려의 시다. 그래서 이를 위한 수련과 함련, 경련의 대비적 수사는 아주 능숙한 솜씨를 잘 보여주고 있다.

鎭南樓.

진남루에서.

듣자하니 강화의 경비대에선,	聞道江華戍
외론 군대 바다 벼랑 곤경 처해져,	孤軍困海陬
방황하는 바다 위의 병졸들에다,	翺翔河上卒
정신 나간 지휘부의 계책이여서,	顚倒幕中籌
성과 궁궐 비린 먼지 자욱했었고,	城闕腥塵暗
물가 언덕 살기 등등했었다는데,	川原殺氣浮
인생 살이(원 세상에!) 이런 일이 있었다 하니,	人生有如此
회한으로 진남루에 올라 서 있네!	悔上鎭南樓

* 翺翔 : 『詩經』에서 "河上乎翺翔"이라고 한 바대로 방황하는 상태를 말한다.

* 顚倒 : 정신을 잃고 허둥대는 상태를 말한다.

해설 정녕 임진왜란을 겪은 뒤에 아마도 강화성(江華城)의 남쪽 문루(門樓)인 진남루(鎭南樓)에 오른 작자가, 왜란 당시 강화(江華)에서 그 수비 사령관의 실책과 병사들의 혼란으로 패전한 참상을 되짚어 보면서 상탄과 회한의 감정을 읊고 있는 시로 판단된다. 그래서 함련과 경련의 상황 묘사와 미련의 비탄적 술회는 아주 절실하게 다가 오도록 구상과 수사가 잘 되어 있다.

詠金璽家牧丹.

김이옥의 집 모란을 읊다.

<김이옥의 집 모란을 읊다> 이옥(爾玉)은 김새(金璽)의 자(字)다.

그대의 집 오래된 담장 아래에,	君家古墻下
한 포기로 붉게 펴난 모란꽃 송인,	一叢紅牧丹
아침에는 밝은 햇살 비추어 받고,	朝受旭日照
밤에는 방울 지는 이슬 받건만,	夜承零露團
고운 향긴 괜히 제냥 지킬 뿐이지,	芳香空自守
빼어난 자탠 누가 다시 보기나 하나?	絶艷更誰看
다만 본래 뿌리(근성)만을 간직한 채로,	但使本根在
죽은 듯이 한추위 속 지키자꾸나!	沈冥保歲寒

* 沈冥 : 병이 든 상태. 흔적도 없이 살아진 상태 등을 말한다.

해설 이 김새(金璽)의 집에 핀 모란꽃은 비록 천지 자연의 햇빛과 이슬을 받아 자라고 피어 향기를 풍기고 고운 빛을 띠고 있지만 고귀한 사람(임금이나 고관)의 감상과 총애를 못 받는 것에, 작자 자신의 처지와 신세를 대입시켜 동병상련(同病相憐)의 감정으로 안타까워 하면서, 모란을 향해 겨울 속에 뿌리나 잘 보호하며 삶의 의미를 지키라고 부탁함으로써, 의지를 굳게 하고 절조를 지키겠다는 자신의 의지를 투영시키고 있다. 그러나 화려하고 사치한 부귀(富貴)의 상징인 모란은 사실은 고운 향기도 없고 빛깔만 화려한 꽃이라, 선비의 인품과 비유될 수 있는 것은 아닌데, 이 모란에 자신을 대입시켜 읊고 있는 것 같은 인상은, 능숙한 시인의 상상력과 수법일 수는 있어도 결코 뜻 높은 선비의 조행(操行)이 될 수는 없다. 다만 경련의 대구로 작자 자신의 한계적 상황을 은유하고 있는 구상과 수사는 아주 훌륭하다.

不夕.
초저녁에.

초저녁에 사립문을 닫는 까닭은, 不夕柴荊掩
범 예방을 많이 염려해서이지만, 多虞虎豹防

창을 열고 밤 오는 눈 보기도 하고, 拓窓看夜雪
들창으로 아침 햇살 받아 들이며, 自牖納朝陽
어린 딸앤 찬 샘물을 길어서 오고, 稚女寒泉汲
가난한 천 콩죽 맛을 보고 있으니, 貧妻豆粥嘗
떠돌기가 오래라고 서러워 말자, 莫嗟流落久
붙어 사는 곳이 바로 고향이거니! 寓地卽爲鄕

해설 비록 객지인 산속 마을 범의 위험이 있는 초라한 집에 가난하게 붙어 살고 있지만, 밤이면 눈 내리는 풍경을 보고, 아침에는 따스한 햇볕을 쪼이며, 어린 딸아이가 길어오는 샘물과 가난한 아내가 맛 보는 콩죽을 마시고 먹으면서, 떠돌이의 신세지만 아무 곳이거나 고향처럼 여기고 살자며 애써 자위하는 애틋하고 정겨운 몸짓이 그려지는 시다.

梁山道中.

양산 가는 길에서.

한 필 말로 양산 향해 가다가 보니, 匹馬梁山路
외딴 성 안 군읍 마을 펼쳐져 있고, 孤城郡邑開
길가는 이 남쪽 여정 다 왔건마는, 行人盡南路
어느 곳이 바로 동래라는 데인가? 何處是東萊

장판 가득 허연 연기 피어 오르고, 滿市蒼煙起
조술 타며 갈매기들 날아 오는데, 乘潮白鳥來
하염없이 나그네의 신세 돼선지, 悠悠作羈旅
까닭없이 센 머리털 재촉하누나! 無事鬢毛摧

해설 나그네 신세로 떠도는 중에도 잠시나마 머물러 쉴 만한 곳으로 여기는 동래(東萊)를 찾아가는 노정의 풍경들을 모사해 보이고 있으면서도, 안정할 곳이 없는 처지와 늙어가는 신세의 자신을 말없이 서글퍼하고 있어서, 풍경들을 보면서 읊어내는 눈길에도 모두 구성진 가락이 실려 있다.

그리고 함련의 대구는 행인(行人)과 동래(東萊)의 관계 여하를 설명없이 아주 자연스럽게 알 수 있도록 구문과 수사가 잘 이루어져 있다.

清明日感懷.

청명일에 느끼는 회포.

그 옛적에 서울 장안 있던 날들은, 伊昔長安日
봄놀이로 기억 나는 소년 때라서, 春遊憶少年
금릉 장판 아래에서 탄환을 끼고, 挾彈金市下
위수 다리 한편으로 말 달리면서, 走馬渭橋邊
오 년 십 년 금방 금방 지나쳐 가고, 五十須臾過

슬픔 기쁨 차례 차례 이어졌는데, 悲歡次第連
되려 삼월 상사절을 만나게 되니, 還逢上巳節
술잔 잡자 마음 아득해지는구나! 把酒意茫然

해설 청명일을 만나 옛날 중국의 젊은이들이 봄놀이하던 이야기를 빌려서, 지난날 서울에서의 자신의 사연들을 추억하며 안타까움과 아쉬움으로 착잡해지는 감회를 읊고 있다.

謝山僧惠松葉.

산사의 스님이 솔잎을 보내준 것을 고마워 하며.

따 자시곤 신선 비밀 징험을 하고, 采服徵仙秘
영험 신비 도술 체험 하였을 텐데, 靈神驗道方
푸른 이끼 층층 절벽 홀로 찾아가, 獨尋層嶂碧
파란 잎의 늙은 가지 잡아 꺾어서, 攀折老枝蒼
운모 절구 빻을 적엔 차분했겠고, 雲碓舂時靜
약 주머니 줘 보낸 곳 향기로와서, 霞囊贈處香
오늘 아침 시험 삼아 한 번 마시니, 今朝試一吸
오장 육부 속이 온통 금빛 나겠네! 五內發金光

* 雲碓 : 글자들 대로의 뜻은 "雲母를 빻는 절구"인데, 이것은 道教의 道士가 신선이 되는 약을 만들기 위한 재료로 운모를 절구에 빻는 것을 말한다.
* 霞囊 : 神仙을 "霞人"이라고 지칭하는 것처럼 이 "霞[노을]"자는 신비로운 신선의 세계를 상징하는 말로 쓰이므로, 이 "霞囊"은 신선의 丹藥을 담는 주머니를 말한다.
* 發金光 : 金光草라는 풀은 신선들이 먹는 채소로 이것을 먹으면 온몸에 금빛이 나고 장수한다고 알려져 있다.

해설 산사의 스님으로부터 솔잎차를 받고서, 그 정성을 추정해 보고, 그 채취한 과정과 풍경을 상상해 보며, 차의 체험 효과를 놀라움으로 말하면서, 그 정성스런 마음에 참으로 감사하고 있는 것이다.

수(首), 함(頷), 경련(頸聯)의 수사가 모두 잘 되어 있으며, 특히 경련의 피차(彼此)와 시공(時空), 그리고 정(靜)과 향(香)으로 대조(對照)하여 배치된 구상과 수사는 참으로 놀랍고 새롭다.

<襄陽道中>.

*** 含蓄旅中孤懷與戀君之二重複合之意味也.**

양양 가는 길에.

<양양 가는 길에> 이 작품은 나그네로 다니는 중의 고독감과 그리운 임(궁극적으로는 임금님)을 향한 감정을 복합적으로 함축하고 있다.

양양 가는 길 위에는 해가 저물고, 日暮襄陽道
한수 물 간 안개 속에 잠겼을 텐데, 煙沈漢水濱
말을 타고 홀로 가는 이 나그네는, 獨行騎馬客
구슬 놀이 하는 사람 못 만난 채로, 不見弄珠人
저 밑 물가 파란 풀만 많을 뿐이라, 下渚多青草
섬 가운데 흰 마름만 채취하고선, 中洲采白蘋
큰 둑 위를 홀로 그냥 서성이면서, 徘徊大堤上
옛 더듬어 그만 마음 상해하노라! 覽古一傷神

---

* 弄珠人 : 仙女 같은 곱고 아름다운 여인을 지칭하는 말이나, 唐나라 王適의 詩에 "忽見寒梅樹 開花漢水濱 不知春色早 疑是弄珠人"이라고 한 바대로 水仙花나 梅花 같은 꽃을 비유하는 말로도 쓰였으며, 그래서 자신이 그리워 하고 아끼는 소중한 사람으로 흔히 사랑하는 사람 곧 "임"을 말하며, 적극적으로는 "임금님"을 암시하기도 한다. 그래서 이 작품에서도 궁극적으로는 "임금님"을 암시하고 있는 것이다.
* 覽古 : 唐나라 高適의 詩에 "覽古空徘徊"라고 읊은 바대로 "古蹟을 방문하고 옛날을 回顧한다"는 말이나, 이것은 자신과 같은 사람을 중심에 놓고 그런 사람을 둘러싼 채 흘러간 역사를 되돌아 본다는 말이다.

해설 강원도 양양의 바닷가를 당(唐)나라 왕적(王適)의 시(詩) 중 "開花漢水濱"의 "漢水濱"으로 비겨 놓고 이 시 속에서 매화꽃으로 비겨져 읊어진 농주인(弄珠人)이라는 곱고 아름다운 여인을 못 만난 채 흰 마름만 채취할 뿐이라고 한탄하면서 객지를 떠도는 나그네의 외로운 회포를 서술하고 있으면서, 이 아름다운 여인으로 그리운 임, 곧 임금님을 암시하면서 임금님의 은혜를 입지 못하는 자신의 한을 언외로 함축하고

있다. 그래서 이 "漢水濱"은 서울의 "한강(漢江)"을 복합적으로 함의(含意)한 것이기도 하다.

夜坐贈許端甫.

밤에 앉은 채 있으면서 허단보 균(筠)에게 주다.

나그네 병 가을 만나 더욱 심하고,	旅病逢秋甚
고향 생각 밤 들면서 깊어 가는데,	鄕愁到夜深
벽 근처선 숨어 우는 귀뚜라미에,	暗蛩啼近壁
엉성한 숲 지고 있는 찬 이슬이라,	凉露墮疎林
서울 와서 오래 잡힌 나그네로서,	久作洛陽客
시골 훌쩍 가고픈 맘 못 잊겠기로,	未忘江海心
향 사르며 앉은 채로 잠 못 들건만,	焚香坐不寐
밤 시간은 한층 더욱 깊어만 가네!	宮漏更沈沈

* 宮漏 : 이것은 원래 宮中에 있는 물시계를 말하나 여기서는 시간을 지칭하는 말로 쓰였으며, 글자들 대로의 의미로는 "궁안에서의 시간"이지만, 많은 시 작품들에서는 그냥 시간을 지칭하는 말로 쓰였으며, 그것도 대체로 낮 시간이 아니라 밤 시간을 지칭하는 말로 많이 쓰였다. 그리고 실제로 당시 서울의 시간은 그 측정에 있어서 궁중에 있던 물시계를 기준으로 삼았었을 것이기 때문에 더욱 그렇다.

해설 나그네 신세로 병까지 걸린 채 오랜 동안 객지 서울에 잡혀 있으면서 가을 밤을 맞은 터라, 간절해지는 향수를 못 견뎌 하면서, 이런 자신의 처지와 심경을 시 제자인 허균에게 호소하듯 읊어 보이는 시다.

夜坐有懷.

밤내 앉은 채 감회에 젖어서.

관서 여길 오랜 동안 떠돌면서도,	流落關西久
금년 봄도 또 고향엘 못 돌아간 채,	今春且未還
객의 베개 찾아 오는 시름만 있어,	有愁來客枕
시골 고향 찾아 가는 꿈도 없는데,	無夢到鄕山
시대 형편 전쟁 통에 휩싸여 있고,	時事干戈裏
인생살인 길거리에 놓여 있건만,	生涯道路間
은근하게 한 창 가득 비추는 달만,	慇懃(殷勤)一窓月
밤마다 시든 얼굴 비출 뿐일세!	夜夜照衰顔

해설 정녕 관서(평안도)의 어느 곳을 떠돌면서, 봄을 새로 맞으면서도 고향으로 못 돌아가고 있는데, 더구나 전란 중이라 저려오는 향수로 슬픔을 견딜 수 없다는 것이다.

그런데 함련의 수사 양태는 정말로 놀랍고 뛰어난 시인의 수법을 보여

주는 것으로서, 바로 저 당(唐)나라 두보(杜甫)의 <월야억사제(月夜憶舍弟)>에서 "有弟皆分散 無家問死生"을 전혀 흔적도 찾을 수 없을 정도로 기막히게 환골탈태(換骨奪胎)하여 내것으로 만들어 쓰고 있어서 정말로 놀라운 "출람(出藍)의 솜씨"로 기릴 만하며, 특히 이 두보의 시구를 그것들이 지닌 언어적 이질성까지 이해하여 거의 모어적(母語的)인 수준으로 체득 활용하고 있다. 그래서 이 함련의 두 구는 오히려 두보의 이 경련 두 구보다 더 긴밀한 인과 관계의 의미망으로 구성함으로써, 우리나라의 학당(學唐;당(唐)나라 시(詩) 배우기) 수준이 놀랍게 완성된 경지를 잘 보여주는 좋은 예임을 알 수 있다.

寄黃晦之.

황회지에게 부치다.

<황회지에게 부치다> 회지(晦之)는 장수(長水) 황혁(黃赫)의 자(字)이며 그의 호(號)는 독석(獨石)이다. 지천(芝川) 정욱(廷彧)의 아들로 고봉(高峰) 기대승(奇大升)의 제자로 송강(松江) 정철(鄭澈)과 친하였으며, 임진왜란 중에 국경인(鞠景仁)에게 끌려가 왜장(倭將) 가등청정(加藤淸正)에게 인계되어 그의 강압으로 선조대왕께 항복을 권유하는 글을 지은 죄로 나중에 이산(理山)에 유배되었다가, 이이첨(李爾瞻)을 풍자한 시로 인해서 그의 미움을 받아 옥사하였다.

하룻 저녁 가을 바람 불어제치자, 一夕秋風起

수천 숲엔 가지 잎들 털릴 판이니, 千林葉振柯
이런 때에 귀양 간 인 한스러워서, 此時遷客恨
어떻게 이 한 해를 넘길 것인고! 何以度年華
사막이라 가는 편진 거의 없겠고, 磧裡音書少
하늘 끝서 꾸는 꿈만 많을 터인데, 天邊夢寐多
산수(지역)까지 바로 막혀 끊긴 곳이니, 山河正阻絶
거기 형편 요즈음엔 어떻게 됐소? 消息近如何

해설 이 작품은 아마도 상대인 황혁이 이산(理山)으로 귀양 가서 온갖 고초를 겪고 있을 당시, 그를 위문하는 마음으로 지은 것으로서, 그 어려울 상황을 상상하며 연민하는 심경을 전하고 있다. 상대방의 어려운 처지를 절실하게 추정해서 읊어낸 경련의 대구들은 그 구상과 수사의 능숙한 솜씨가 아주 돋보인다.

三登草堂.

삼등초당에서.

<삼등초당에서> 이 삼등(三登)은 평안도에 있던 한 현(縣)인데, 뒤에 강동군(江東郡)에 통합되었다.

태수님은 강가 고을 인연 있어서,	太守緣江縣
처마 기둥 다만 갖춘 몇칸 집이나,	簷楹但數間
술동이엔 도연명 술 준비해 놓고,	尊開陶令酒
창 앞에는 사안의 산 마주한 채로,	窓對謝公山
송사 문서 항상 제출된 적이 없고,	訟牒常時絶
관청 뜰은 하루 종일 한가로우니,	官庭盡日閑
그대의 숨은 관리 취미를 보며,	看君吏隱趣
한 밤 자곤 돌아갈 걸 모르겠네요!	一宿不知還

* 謝公 : 중국의 晉나라 사람 謝安을 지칭하는 것으로, 그는 會稽의 東山에 살면서 謝安墩이라는 별장에서 거나하게 노닐면서 살아서 "東山高臥"라는 말을 남겼다.

해설 그대는 비록 이 작은 강가 지역의 원님으로 있어서, 겨우 소박한 생활을 영위할 정도이긴 하지만, 그래도 옛사람들의 뜻을 따른 취향을 누리며 지낼 수 있으니, 나는 오히려 그 고상한 풍정이 부러워 빨리 돌아가고 싶지 않다는 말이다. 함련의 전고(典故) 인용과 경련의 정황 묘사는 자연스러우면서도 매우 참신하다.

書李有爲壁.

이유위네 집 벽에 써 붙이다.

객이 된 지 오랜데다 병 안 떠나도,	客久病不去
봄은 깊어 꽃은 정작 피어나는데,	春深花正開
집 떠난 지 지금까지 몇날 되었나?	辭家今幾日
간 곳마다 이별 술잔 접하건마는,	到處接離盃
굽은 골목 소씨 색시 집이지마는,	曲巷蕭娘宅
옥거문곤 탁문군의 재능이거니,	瑤琴卓氏才
돌아갈 길 밝은 달이 있을 것이라,	歸程有明月
잔 돌리기 모름지기 재촉은 말게!	行爵不須催

* 蕭娘 : 중국의 梁나라 臨川王 宏이 魏나라를 침공하고서도 겁이 나서 진격을 못 했기 때문에 魏나라 사람들이 그를 "겁장이 蕭娘"이라고 비웃었다. 그리고 唐나라 때에는 女人을 泛稱하는 말로 썼다. 그런데 여기서는 돌아갈 길을 염려하는 주인(이유위)을 겁쟁이 蕭娘으로 비유한 것으로 추정되기도 한다.

해설 아마도 이유위(李有爲)는 작자의 벗으로서, 작자 자신이 병을 앓으면서 나그네로 떠도는 신세로 있는 것을, 풍류의 술 자리를 베풀어 위로해 주어 무척 고마워 하면서, 밤에 돌아갈 길 걱정은 하지 말고 여유롭게 서로 즐기자는 청을 하고 있는 것이다. 경련의 전고 활용은 아주 능숙한 솜씨가 돋보인다.

定山東軒.

정산(충남(忠南) 청양(靑陽)) 동헌에서

<정산(충남(忠南) 청양(靑陽)) 동헌에서> 정산(定山)은 지금의 충남 청양(靑陽)의 일부로 당시에는 한 현(縣)이었다.

담 밑 구멍 통해 들물 끌어들인 건,　野水入墻竇
집 주인이 깊은 뜻을 두어서이라,　主人深意存
저냥 능히 흐르는 곳 가득 차련만,　自能流處滿
되려 애틋 고요 속에 소리 내는데,　還愛靜中喧
옛적 마루 아래에선 적적하다가,　寂寂古軒下
가을 대숲 밑쪽 와선 졸졸 흐르니,　泠泠秋竹根
밤내 말똥 잠 못 든 채 듣고 나서는,　淸宵聽不寐
꽉 낀 번민 씻기는 걸 다시 깨닫네!　更覺滌昏煩

해설 세속적 물질로의 가치는 그저 그런, 순수한 야생(野生) 자연수(自然水)를 감정과 의미 곧 "흘러가서는 이내 가득 차게 된다는 의미, 그리고 고요함 속에 내는 맑은 소리" 등으로 교감하며 사유하게 되는 자료로 삼아서 곱게 읊어냄으로써, 오히려 염락풍체(濂洛風體)의 희귀한 듯한 작품이 되어 있다. 함련과 경련의 대구들은 자연수인 들 물의 성격을 심성적 수양의 심상으로 유의미화하며 기막히게 잘 구성하여 읊어내고 있다.

北臺登眺.

북대에 올라 조망하면서.

북쪽 한껏 온갖 험난한 곳에 있어, 北極臨群峭
구름 속에 달린 한 길 기웃 났는데, 懸雲一逕斜
바다 · 냇물 희미하게 멀리 보이고, 海川迷遠望
솔 · 전나무 마구 가지 얼켜졌으며, 松栝亂交柯
시냇물은 푸른 등 잎 덮여져 있고, 澗覆靑藤葉
온산에는 하얀 칡꽃 지천 폈는데, 山多白葛花
다만 아마 기막히게 그윽한 곳에, 只擬幽絶處
신선 사는 집만 오직 있을 뿐이리! 唯有羽人家

해설 정녕 관북지방 한 끝 어느 곳에 있었을 관망대일 것으로 추정되는 북대에 올라서, 이 관망대의 위치와 주위 풍경을 읊으면서 신선들이 사는 곳으로 상상하며 부러움의 심경을 담아 놓고 있다.

次韻寄閔進士.

운을 따라 지어서 민진사에게 부치다.

강가 숲에 잇대어 집 지었기에, 結構連江樹

주렴 열면 갯펄 사장 마주해 있고, 開簾對浦沙
먼 산에는 아지랑이 피어 오르며, 遠山晴靄起
근처 물엔 저녁 찬기 많이 감도나, 近水暮寒多
하늘 넓어 나는 새들 잘도 보이고, 天濶看飛鳥
주인 한적 지는 꽃만 셀 뿐일 텐데, 人閑數落花
청술깃발 어부집에 내 꽂혀 있어, 靑帘出漁戶
외상 촌술 마실 수는 있겠소 그려! 村酒可能賖

해설 상대인 민진사가 사는 마을의 정황이 한가롭고 조용해서, 가히 즐기면서 살고 있을 것이라고 상상하여 그리듯이 읊어 부치면서, 말없이 함께 노닐고 싶은 심경을 담고 있다.

경련의 대구들은 주위의 외적 상황과 작자 자신의 내적 정황을 기막히게 유기적으로 잘 파악하여 참으로 잘 살려 읊어내고 있다.

旅遊.

나그네로 노닐면서.

쏘다녀도 시름을 다 풀긴 어렵고, 行役愁難盡
머물자니 계획 이미 어긋났는데, 淹留計已違
삼경(한 밤중)까지 나그네는 꿈도 없는 채, 三更無客夢

한 개만이 사립문서 짖어대더니, 一犬吠柴扉
지는 달은 텅 빈 회랑 엿볼 뿐이고, 落月窺虛廡
찬 바람은 해진 휘장 펄럭인다만, 寒風動弊幃
내일 아침 강물 길로 내려갈 적엔, 明朝下江路
주인에게 깊이 감사하고 가리라! 深謝主人歸

해설 아마도 서로 아는 사이인 어떤 사람의 강가 마을 집에서 하룻밤을 유숙하면서, 비록 한밤 내내 잠을 제대로 잘 자지도 못하는 처지지만, 그래도 내일 아침에는 주인에게 재워준 후의에 대해 깊이 감사해야 하겠다는 참된 심경을 읊고 있다.

함련과 경련의 대구들로 구상되고 수사된 정황 묘사는 지극히 자연스러우면서도 매우 사실적으로 잘 살려져 있다.

次權進士韻.

권진사의 운을 따라 짓다.

관 밖에서 오랜 동안 떠돌이 된 채, 關外久流落
잦은 몇핼 갈래길에 있던 처지라, 頻年歧路間
나그네 된 괴로움을 알고서부터, 自知爲客苦
살아가기 어려운 걸 첨 알았는데, 始覺在生難

이번 이별 집도 없는 이별인데다, 此別無家別
수 천 산에 다시 수 만 산 가렸으니, 千山更萬山
돌아가는 그대를 보내고 난 뒨, 送君歸去後
돌아와선 다시 사립 닫아버렸소! 還復掩柴關

해설 아마도 권진사와 헤어진 후에 지은 것으로 추정되며 자신이 관(關;함경도나 평안도 지역) 밖 먼 지역을 떠돌면서, 사뭇 귀향하지 못하는 슬픈 한과 외로운 심정을 풀어 읊고 있다.

그리고 함련과 경련의 자기 처지를 하소연하는 대구들은 그 구상과 수사가 아주 좋다.

次韻.

운을 따라 짓다.

긴긴 여름 장맛비 철 맞이하여서, 長夏迎梅雨
세류영 본부에서 잔치를 여니, 開筵細柳軍
궁 양식의 쪽머리한 세 줄 아가씨, 三行宮樣髻
석류꽃 빛 비단 천의 열 폭 치마로, 十幅石榴裙
취한 춤에 하얀 촛불 펄렁거리고, 醉舞翻銀燭
가는 허린 채색 구름 될 것 같은데, 纖腰化綵雲

원수님은 군대식을 안 좋아 하셔, 元戎不好武
모인 손님 글 솜씨도 모두 능하네! 幕客摠能文

* 梅雨 : 음력 6, 7월 경에 질긎하게 내리는 장맛비를 말한다.
* 元戎 : 여기서는 군부대의 사령관을 지칭하는 말로, 元帥와 같은 말이다.

해설 아마도 병조판서(兵曺判書)나 총융대장(摠戎大將) 같은 고위직의 어느 무관 잔치 지리에 참석한 작자가, 문면으로는 기녀들의 자태와 노래와 춤, 그리고 무관들의 풍류를 읊으면서도, 함, 경, 미련에는 말없이 무관으로서의 탈본분(脫本分)한 행태를 기롱하며 풍자하고 있다. 그래서인지 작품의 제목이 그냥 "차운(次韻;운을 따라 짓다)"으로 되어 있다.

送北渚金學士遊妙香之行.
묘향산으로 유람 가는 북저 김학사를 전송하면서.

지리로는 현무까지 이어져 있고, 地理連玄武
향로봉은 백옥경에 가깝겠는데, 爐峰近玉京
선비님은 제냥으로 분별이 있어, 仙郎自有分
도가서에 불경 함께 갖고 떠나니, 道帙帶經行
허공 밖의 향기도 맡을 것이고, 空外聞香氣
숲 사이의 범종 소리 들을 것이니, 林間聽梵聲

만약 신선 영감님을 만나거들랑,	如逢綠髮叟
재배하고 장생술을 물어 보시오!	再拜問長生

---

* 爐峰 : 평안도 영변에 있는 妙香山에는 香爐峰과 毘盧峰이 있다. 이 묘향산의 일명이 太伯山이라 이 산 아래에는 檀君窟이 있다.

* 仙郞 : 신선이나 중국 唐나라 때 尙書省의 郞官을 부르던 말이나, 여기서는 "선비님"이라는 의미로 쓰였다.

* 分 : "분별력" · "판별력"이라는 뜻으로 쓰였다.

* 綠髮叟 : 李太白의 시에 "中有綠髮翁 披雲臥松雪[그 속에는 검은 머리 영감님 있어, 구름 헤쳐 눈 쌓인 솔 밑에 누웠네]"이라고 한 바대로 대개 신선을 지칭하는 말로 쓰였으며, 옛날 중국 南唐 시대에 譚峭라는 신선이 항상 눈 속에서 누워 있었다고 한다.

해설 그대는 공부하는 유가의 선비지만 도사(道士)와 스님들이 살고 있을 그 묘향산을 유람하러 떠나고 있으니, 거기에 걸맞게 도교의 서적과 불경을 갖추어서 가고 있으니, 그 곳의 경치와 분위기도 좋을 듯한데, 만일 신선을 만나거든 불로장생(不老長生)하는 술법을 꼭 물어 보라는 당부를 하고 있다.

그런데 이 작품에서는 수련과 경련은 구문 양태까지 잘 맞춘 대구들로 놓았으면서, 함련은 시상의 내적 의미를 불가피하게 산문적 유기 구조로 구성할 수 밖에 없어서 구문 양태로는 정확한 상호 대응의 대구를 이루지 못하고 있다.

端陽述懷.

단오날에 회포를 풀어 읊다.

오늘은 바로 단오 명절이라서,	今日端陽節
사람에게 고향 생각 그립게 하니,	令人憶故鄕
솔 · 가래 나무 아랜 산소 계시고,	松楸留塚墓
마을에는 빔(비음)옷 입고 모였을 텐데,	隣里聚衣裳
주악떡은 다른 나라 행사이지만,	角黍殊方事
창포술은 (우리의) 옛날 풍속 그 술잔이라,	菖醪舊俗觴
여관 창 앞 새벽 거울 비추어 보니,	旅窓臨曉鏡
살쩍 · 두발 더욱 반백 되어 있구나!	鬢髮更滄浪

* 松楸 : 소나무와 가래나무는 무덤 주변에 심어져 있기 때문에 이 소나무와 가래나무[松楸]는 곧 무덤을 상징하는 말로 쓰였다.
* 角黍 : 『風土記』에 나오는 이야기에 "단오날 찹쌀에다 밤과 대추를 섞어 줄풀 잎으로 싸서 잿불에다 묻어 익혀서 먹었는데, 이것은 陰陽의 기운을 싸서 보존한다는 뜻이었다"라고 하며, 우리나라에서는 이런 떡을 "주악떡"이라고 하였다.
* 滄浪 : 원래 글자들대로의 뜻은 "맑은 물결"이나, 머리털이 斑白으로 센 모양을 말하며, 그래서 반백의 머리를 "滄浪頭"라고 하고, 또 "낙지[章魚]"의 별명이기도 하다.

해설 고적하게 사는 나그네의 신세로 타향에서 단오날을 맞으며 고향의 선조 산소에 성묘도 가지 못하는 것을 안타까워 하고, 또 단오빔으로 새옷을 입고 모여 그네 타기도 할 고향의 풍정을 상상하면서, 반백으로 세어버린 자신의 두발을 보며 서글퍼 하고 있다.

贈別丁學官.

정학관과 작별하면서 주다.

자네와 더불어서 난리를 만나,	與子遭離亂
우린 함께 실의한 사람 신세로,	俱爲失意人
한 때 명성 글 때문에 잘못된 거나,	時名文字誤
사귐에는 나눈 담소 진실이었소.	交道笑談眞
집 옮기는 괴로움은 항상 싫었고,	每厭移家苦
객지 식량 모자라 늘 걱정했는데,	長愁旅食貧
이번 길은 멀리 작별하게 됐으니,	此行成遠別
어찌 수건 눈물 젖지 않을 수 있소!	安得不霑巾

* 學官 : 이 벼슬은 작자 이달처럼 학식은 있으나 신분이 庶孼인 사람들에게 주어지던 특수 직급(飜譯. 通譯 등)의 관직이었다.

해설 작자가 자신과 같은 신분의 벗인 정학관에게 준 시다. 우리 두 사람은 난리를 만나서 실의한 존재로, 그대는 내가 글 안다는 잘못된 소문을 듣고 내 벗이 됐지만, 그래도 우리가 서로 나눈 친분과 마음만은 진실했는데, 이후 우리는 떠돌이 신세로 온갖 고생을 겪으며 지낸 것도 기막히건만, 그대와 또 다시 헤어지게 됐으니 슬픈 눈물을 금할 길이 없다는 한탄이다. 함련과 경련은 시상이나 수사에 있어서 아주 적정하게 잘 놓여진 대구들이다.

呈柳揔戎.

유총융대장께 바치다.

서로 만날 날은 절로 있겠지마는,	相見自有日
서로 생각 그 몇 번을 하게 될까요?	相思知幾時
숲 사이에 남은 더위 물러가는지,	樹間殘暑退
뜨락 끝에 철벌레들 슬피 우는데,	庭除候虫悲
오랜 병에 가난만은 항상 남은 채,	久病貧常在
집도 없이 한 해 누차 이사를 하니,	無家歲屢移
장군 같이 날 사랑할 분이 아니면,	非君愛我意
뉜들 감히 긴 넉두릴 하겠습니까?	誰敢語支離

해설 아마도 유총융대장과는 서로 잘 아는 사이였던 것으로 추정되며, 그래서 가을을 맞으면서 집도 없이 떠도는 신세로서 가난에다 병까지 든 처지임을 넋두리처럼 전하면서, 말없이 유총융에게 도움과 보호를 기대하고 있는 것이다. 함련과 경련의 대구들로 호소하고 있는 자신의 어려운 정황은 매우 사실적으로 전달되고 있다.

次韻呈金沙.

운을 따라 지어서 금사에게 바치다.

<운을 따라 지어서 금사에게 바치다> 금사(金沙)는 김확(金矱)의 호(號)가 아닌가 추정된다.

서울에서 그 몇 해째 이별했던가,	京洛幾年別
이제 천 리 여기 와서 놀게 됐오만,	今來千里遊
하늘 끝서 그냥 사뭇 나그네 된 채,	天涯長作客
관 밖에서 또 다시 가을 만나서,	關外又逢秋
낙엽들은 앞 개펄에 펄펄 날리고,	落葉飛前浦
석양 볕은 저녁 물가 지고 있는데,	斜陽下晚洲
떠돌이에 또한 가난 병까지 들어,	流離且貧病
홀로 선 채 수 만 근심 밀려옵니다.	獨立萬端憂

해설 멀리 북녘 땅을 떠돌이 하는 나그네로 이 타향에서 가을을 만나 온갖 시름에 젖은 자신의 처지를 하소하듯 읊어 전하는 시다.

寄問江界趙府使.

강계 조부사에게 부치며 안부를 묻다.

한 번 헤져 봄 여름 다 지나가도록,	一別經春夏
구름 낀 산 우리 사일 가려버린 채,	雲山遠間之
소식 · 얼굴 서로 만나 볼 수도 없어,	音容不得見
꿈 속에나 서로 생각 붙여보는데(기대해 보는데),	夢寐寄相思
큰 사막에 바람 불어 울려대는 곳,	大漠風鳴處
되놈 피리 불어대며 해 지는 때엔,	胡笳日暮時
허리춤의 용천검을 어루만지며,	腰間撫龍劍
긴 휘파람 불며 성에 기대 섰겠소!	長嘯倚城埤

해설 한 번 작별한 뒤 구름 낀 산들로 가려버린 채, 다만 꿈 속에서나마 서로 만날 수 있을까 기대해 보면서, 내가 있는 여기에선 너무도 먼 그 곳 강계는 황량한 곳이겠지만, 해가 저물면 부사(府使)인 당신은 비장한 각오로 그 삼엄한 변방 국경을 잘 수호하고 있으리라 믿는다는 추정을 하며 기대와 격려를 읊어 보내는 시다.

贈金通判.

김통판에게 주다.

사무실을 새로 옮겨 꾸며 놨으니,	政室新移搆
염천에도 자리 주윈 청량하겠고,	炎天地位淸
냇물 소린 베개 안석 이어 들리며,	澗聲連枕几
산 풍경은 처마 기둥 비추어 든 채,	山色滿簷楹
관청 일엔 문서 처리 없게 되었고,	公案簿書息
법정에는 가을 풀만 돋아 났을 것,	訟庭秋草生
때때로 관인통을 잠가 버린 뒤,	時時鎖印後
손님 맞아 기운 술통 볼 뿐이겠소!	邀客看樽傾

해설 당신이 가서 근무하는 그 곳이 지금은 비록 한창 더운 때이지만, 새로 정한 집무실이 정갈하고 시원할 테고, 시냇물 소리도 들리고 푸른 산빛도 비춰드는 곳일 것이며, 행정이 잘 처리되고 안정이 되어 있어서, 사무실에는 일이 없고 소송 재판 등의 법정 마당에는 일 년 내내 사건이 없어 가을 풀이 자라나 있을 정도로 평온해서, 공무를 처리하고 도장을 찍을 일이 아예 없어 도장통을 잠가둔 채로, 손님을 맞아 술만 마시겠다는 추정을 하며, 은근히 상대의 행정 능력을 추켜세우고 동시에 자신의 부럽다는 심경도 말없이 전하는 시다. 그래서 함련과 경련은 물론 전 작품이 아주 잘 구성되어 있다.

秋山夕懷.

가을산에서 저녁을 맞아 느끼는 회포.

저녁 해가 마을 골목 비추어 들고,	返照入閭巷
온 골짜엔 가을 빛이 묻어나면서,	洞壑生秋容
가까이의 시냇물엔 안개 잠기고,	煙沈近溪水
머언 산들 봉우리엔 구름 피어나,	雲起遠山峰
이것들을 마주하여 구경하자니,	對此聘遊目
마음 가슴 시원하게 풀만도 한데,	可以盪心胸
영문 안엔 마침 아무 할 일도 없어,	營中適無事
술 마시며 석양 속에 앉아 있노라!	觴爵坐高春

해설 아마도 서로 친분이 있는 누군가가 사령관으로 가 있는 어느 영문 안에서, 가을날 석양 무렵 청량한 풍경을 구경하면서, 시원해진 심경으로 함께 술을 마시면서 걱정없이 즐기는 상황을 자족자락하며 읊고 있다. 함련의 대구들로 놓여진 구상과 수사는 극히 평범하지만 자연스럽게 잘 이루어져 있다.

贈韓察訪.

한찰방에게 지어 주다.

세모 되며 나그네 맘 조바심 나고,	歲暮客意促
관북 국경 아득 멀리 날씨는 찬데,	天寒關塞深
북녘 바람 낡은 골목 불어제치고,	北風吹古巷
저녁 해는 저 숲 밖에 지고 있어서,	西日下喬林
돌아갈 길 생각하는 내 자신이라,	以我念歸路
그댈 대해 헤어질 한 하게 됐으니,	對君生別心
시름 겨워 짧은 싯귀 지어 보지만,	愁來作短句
너무 슬퍼 읊자해도 못 읊겠구려!	淒斷不成音

* 深 : 여기서는 "깊다"가 아니라 "아득히 멀다"라는 뜻으로 쓰였다.
* 心 : 여기서는 그냥 "마음"이라는 것이 아닌 "恨"이라는 뜻으로 쓰였다.

해설 이 먼 북쪽 변경에 와 있는 나그네로 더구나 세모를 맞아, 을씨년한 풍경들을 마주하니, 구슬퍼지는 향수를 견딜 수 없어 귀향을 하려고 다짐하자, 이별하는 심경으로 그대를 마주하게 된 판이라, 시름겨워져 이 짧은 시를 짓고서도 막상 읊어 주려고 하니 또 다시 슬퍼져 목이 메인다는 것이다. 이런 형편의 전제로 제시된 경련의 "以我"와 "對君" 같은 대구의 구상과 수사는 매우 능숙한 솜씨를 잘 보여주고 있다.

奉酬南窓.

남창께 답으로 시를 지어 받들어 올리면서.

<남창께 답으로 시를 지어 받들어 올리면서> 남창(南窓)은 김현성(金玄成)의 호(號)다.

사모하길 지금까지 얼마였는지,	相思今幾日
이미 벌써 모춘시절 다 됐습니다.	已及暮春時
더구나 몇해 동안 이별한 채로,	況是隔年別
도리어 한 수 시만 봤을 뿐인데,	還看一首詩
봄바람에 고운 풀들 생색이 나고,	東風芳草色
새봄 버들 푸른 안개 실들 늘이니,	新柳綠煙絲
풍경 물색 시름 한을 겹치게 하여,	景物兼愁恨
백저사를 길게 노래 불러 봅니다.	長歌白苧詞

* 白苧詞 : 중국의 樂府 歌曲 중의 하나로, 춤곡의 노래 가사였으며 그래서 춤을 찬양하는 노래로, 흰 모시의 춤옷 맵시가 가쁜한 구름에다 흰 은 같은 빛이라고 기리는 가사였다.

해설 서로 작별한 지가 벌써 한 해가 지나서 봄도 저물어 가게 된 때라, 시절의 풍경들을 보니 이별의 한으로 시름겹다는 하소연의 시다. 이 작품에서도 함련의 "황시(況是;더구나 ~~한 채로)"와 "환간(還看;도리어 ~~하게 됐는데)" 같은 대구의 유기적 구상과 수사는 능숙한 솜씨를 잘 보여주고 있다.

黃州逢韓子善.
황주에서 한자선을 만나서.

<황주에서 한자선을 만나서> 자선(子善)은 도곡(陶谷) 한술(韓述)의 자(字)다.

남쪽 지역 온통 전쟁 휩싸여 있고,	南國干戈滿
관서 여긴 가는 길이 멀기만 한데,	西關道路長
한 해 동안 이별 끝에 서로 만나서,	相逢一年別
둘이 마음 상할 줄을 각기 뜻했나?	各意兩心傷
바닷가인 사장에는 안개도 검고,	海近沙煙黑
구름 어둑 변방에는 해도 누런데,	雲昏塞日黃
위기 속에 이별 한만 있는 처지라,	艱危有離恨
모르는 새 눈물 흘러 옷을 적시네!	不覺涕霑裳

해설 전란 중에 있으면서 떠돌이 신세로 있는 작자가 객지인 황해도 황주에서 벗인 한자선을, 만났다가 이내 서로 헤어지게 되어 자신도

모르는 사이에 눈물이 흐르는 걸 금할 수 없다는 하소연의 시다. 이 작품에서 함련과 경련의 절박한 정황과 사실적 배경을 잘 살려낸 구상으로서의 대구들은 아주 능숙한 솜씨로 이루어져 있다. 그래서 전 작품에 청승맞을 정도로 구슬픈 가락이 실려 있다.

奉送申令公之任江陵.

신령공이 강릉에 부임해 가는 것을 받들어 전송하면서.

대관령의 밖에 있는 강릉부라면,	嶺外江陵府
구름 모래 고운 바다 근처 성(보루)이라,	雲沙近海城
동해에서 해 뜨는 걸 보실 수 있고,	滄溟看日出
관청 청사에서 파도 소릴 들으실 텐데,	廨宇聽濤聲
양친 외려 늙으셔서 청원한 고을,	乞郡親猶老
원님 된 것 영광이라 모두 여길 것,	爲官衆所榮
한송정과 경포 위에 달이 뜨면은,	寒松鏡浦月
옛 노닐던 정이 이내 드시겠어요!	因起舊遊情

* 乞郡 : 옛날에는 고위의 관리라도 서울에서 근무를 하면서는 시골에 계신 부모님을 모실 수 없을 경우, 직급이 낮아도 부모님을 모실 수 있는 고향 근처 지역의 원님으로 임명해 달라며 임금님께 청원하는 것을 말한다.

해설 아마도 시의 주인공 신영공의 본가와 부모님이 강릉에 있기 때문에, 신영공이 그 부모님을 봉양하기 위해서 임금님께 그 지역의 원님[府使] 직을 청원해서, 원님의 발령을 받아 취임하러 가는 것을 전송하는 시로 추정된다. 그래서 그 강릉에 가서 감상할 풍경과 노부모님을 모실 형편과 부임을 축하 받을 상황 등을 추정하며 축하하는 시다.

次邀月堂韻.

요월당의 운을 따라 짓다.

<요월당의 운을 따라 짓다> 여기의 "요월당(邀月堂)"은 혹시 충청도 진산(珍山)과 전라도 장성(長城)에 있었던 "요월정(邀月亭)"을 말하는 것이 아닌가 추정될 뿐이다.

은하수를 그 얼마나 바라 봤던가,	河漢幾時望
저 고운 달 오늘 밤에 맞이하는데,	嫦娥今夜邀
흐르는 빛 소매 품 속 비추어 들고,	流光入懷袖
남은 모양 술동이에 출렁댄다만,	餘影動尊瓢
하늘길을 올라갈 수 없어 한하며,	恨未攀天路
시름겹게 계수나무 노랠 읊다가,	愁吟斫桂謠
밤 깊어져 텅빈 난간 기대 섰자니,	更深倚虛檻

바람 이슬 다시금 스산하구나! 風露更蕭蕭

해설 이 작품은 건물의 명칭인 "요월(邀月;달 맞이)"에 착상해서 읊어낸 시다. 오래 달 구경을 벼르다가 오늘 밤에야 달을 맞아서 노닌다는 이야기 투로 읊은 시다. 그래서 함련과 경련의 대구들은 그렇게 달을 맞은 상황과 심경을 읊고 있다.

上楊明府.

양명부께 올리다.

떠날 사람 갈까 말까 하는 계기는, 行子去留際
주인님의 눈썹 사이(보여주는 눈치에) 달린 것인데, 主人眉睫間
오늘 아침 누런 기색 잃게 됐으니, 今朝失黃氣
머지 않아 푸른 산만 그립게 된 채. 未久憶靑山
노나라선 원거 대접 받았었건만, 魯國爰鶋饗
남쪽 가선 율무 갖고 돌아왔다니, 征南薏苡還
가을 바람 부는 속에 소계자처럼, 秋風蘇季子
또 다시 목릉관을 나갈 겝니다. 又出穆陵關

* 去留際 : 이것은 "떠날가 말가 하는 즈음 또는 순간"이라는 말인데, 이 "즈음"과 "순간"이라는 말은 사실은 "떠날가 말가를 결정하는 계기" 이기 때문에 『大東詩選』에는 "즈음" 또는 "순간"에 상응하는 "際"자 대신 "意"자로 기록해 놓고 있으며, 그래서 이 "意"자는 바로 작자 자신인 "나의 마음"이다.
* 眉睫間 : 글자들이 뜻하는 바대로 뜻을 풀이하면 "눈썹 사이"인데, 이것은 사람들이 심기가 서운하거나 불편할 때에는 흔히 눈썹을 찌푸리기 때문에, 이것은 바로 사람들이 자신의 심기를 표시하는 이른바 "눈치"나 "표정" 등을 말하며, 그래서 이 "間"에 표시되는 "눈치"나 "표정"은 바로 작자 이달에게 보여지는 "楊士彦의 표정"이나 "楊士彦의 눈치"를 말하며, 구체적으로는 아주 싫어하는 표정인 "눈총"을 말한다.
* 失黃氣 : 『爾雅翼』에서 "朝霞日欲出時黃氣也 日初出於地中而乃入于地中時 帶地中黃色而喻顔面生喜色也[아침 노을이 해가 뜰 무렵이면 누런 빛을 띤다. 해가 지중에서 처음 뜰 때나 지중으로 질 때에는 누런 빛을 띠는데, 이 빛은 얼굴에 기쁜 빛을 비유한다]"라고 하여 "黃氣"는 사람이 기쁠 때 얼굴에 띠게 되는 빛이나 인상을 말한다. 그래서 여기에서 "失黃氣"의 "黃氣"는 작자가 상대인 楊士彦으로부터 기대하는 반가운 얼굴빛이라 이 "失黃氣"는 상대인 楊士彦에게서 이 반가운 얼굴빛을 오히려 잃게 됐다(볼 수 없게 됐다)는 말이다. 그래서 뒤로 이어진 "未久憶青山"은 "불원간 青山[고향]을 그리워 하게 됐다"는 넋두리다.
* 爰居 : 『國語』 <魯語 上>에 "海鳥曰爰居(鶢) 止於魯東門之三日[바다에 사는 새인 爰居가 노나라 동쪽 문 밖에서 3일 동안을 쉬었다]"라고 했는데, 여기서는 이 새로 작자 자신을 비유해서 자신이 이 강릉부사인 楊士彦에게 며칠 접대를 받으며 머물러 있었던 것을 비유한 말이다.
* 薏苡還 : 『漢書』 <吳祐傳>에 나오는 이야기에 "漢나라의 馬援이 交趾太守로 있다가 돌아오면서 율무가 瘴氣(더운 습기로 생기는 병)에 유효하다고 해서 그것을 한 마차에 싣고 고향으로 돌아오자, 사람들이 이것을 진귀한 보물이라고 수근거려 억울하게 비방을 받았다. 그런데 여기서는 작자

이달이 강릉에 있으면서 자유분방하게 행동한다는 소문이 사람들에게 돌아, 자신을 아껴주던 府使 楊士彦에게 눈치가 보였던 것으로 추정되며, 그래서 이런 소문은 마원이 오해 받은 것과 같이 억울하다는 것을 비유하는 고사로 인용한 것이다. 그런데 許筠의 『惺叟詩話』에는 작자 이달이 억울하게 여기며 양사언의 심기를 의식해 불편해 하는 형편을 알고, 허균의 아버지 許曄이 변호하는 글을 양사언에게 보내자, 양사언이 "桐花夜煙落 海樹春雲空 같은 名詩를 지은 李達을 멀리한다면 陳王(曹植)이 應瑒과 劉楨을 놓지는 것과 같지 않겠는가?"하며 오해를 풀어버렸다고 하였다.

* 蘇季子 : 이것은 중국의 戰國時代 說客 蘇秦이 秦나라 惠王을 설득하러 갔다가 뜻을 못 이루고 돌아왔는데, 이렇게 실의에 빠져 돌아올 적에 거쳐 온 곳이 이 穆陵關이다.

해설 이 작품은 허균(許筠)의 『성수시화(惺叟詩話)』에 나오는 이야기처럼, 작자가 강릉 부사 양사언의 애호로 그곳에 머물다가 아마도 자유분방하게 행동한다는 소문이 나자, 좀은 눈치가 보여 자신의 억울하다는 형편을 하소연하려 지어 바친 시로, 억울하다는 자신의 상황을 중국의 전고를 인용하여 변명한 것인데, 이 허균의 시화에는 허균의 아버지인 허엽(許曄)의 변호로 양사언의 오해를 풀긴 했으나, 작자가 즐기는 술 대접이 차츰 시원치 않아서 이 시를 지어 바치자, 양사언은 다시 더욱 사랑하며 처음처럼 대우하였다고 기록하고 있다.

그래서 이 작품의 수련과 함련은 "주인인 양사언의 눈총을 살피다가 싫어하는 기색을 확인하게 됐으니 고향으로 돌아갈 생각만 하게 됐다"는 구상과 수사가 아주 놀라울 만큼 능숙하고 적실하게 잘 되어 있으나, 미련에서 소계자(蘇季子)로 자신을 비유한 것은 선비로 자처를 하는 작자라면 적절하지 않다는 혐의를 들을 가능성이 있다.

湖寺見僧軸有崔白詩愴懷有贈.

호사(봉은사)에서 스님의 시축을 보니 최고죽과 백옥봉의 시가 있어, 슬픈 회포와 함께 주고 싶은 것이 있어서.

성곽 나가 한강 물을 건너와 보면,	出郭渡江水
젊은이들 무수하게 오고 갔었고,	少年多往來
언제나 고죽 · 옥봉 그들과 함께,	每携崔白輩
절안에서 시 재간을 시험했는데,	僧院課詩才
옛친구들 시들어져 다 없어졌고,	舊友凋零盡
가는 세월 차례차례 재촉을 하여,	流年次第催
생각 잠겨 기둥 기대 오래 섰자니,	沈吟倚柱久
저녁 해만 식탁 아래 지고 있구나!	西日下生臺

* 生臺 : 사찰에서 스님들이 음식을 진렬해 놓고 공양하는 곳을 말한다.

해설 지금의 서울 강남의 봉은사(奉恩寺)를 방문해서, 정녕 작자 자신의 작품도 들어 있을 스님의 시축(詩軸)에서 시의 벗인 최경창(崔慶昌)과 백광훈(白光勳)의 작품을 읽어보고, 그 전날 함께 시를 공부하고 짓던 추억을 반추하면서, 지금은 모두 고인이 된 벗들과 흘러간 세월을 회상하면서 슬퍼지는 감회를 못 견뎌 하며 석양 속에 서 있는 자신의 모습을 그리듯이 보여주고 있다.

與友人期宿湖寺.

친구와 함께 호사(봉은사)에서 하룻밤을 약속하고 자면서.

서울 장안 도성 문을 홀로 나와서,	獨出靑綺門
나누어진 강길 향해 차츰 가자니,	漸向江路分
키 큰 솔은 흰눈 속에 숨은 듯 섰고,	長松隱白雪
널린 골짝 겹구름이 피어 오르니,	亂壑生層雲
자연스레 시골 성품 어울려서지,	自然愜野性
사람들의 무릴 떠난 때문 아닌데,	不是去人群
하룻밤을 서로 기약하고 자려니,	相期一夜宿
절서 작은 종소리가 들려 오누나!	潭寺微鍾聞

* 靑綺門 : 중국의 漢나라 때 長安에 있던 靑綺宮의 門인데, 여기서는 우리나라 서울의 당시 城門을 지칭한 것이다.
* 愜 : 이 글자의 뜻은 "상쾌하다"이지만, 여기서는 "뜻과 기분에 흡족하다"라는 말로 쓰였다.

해설 서울을 벗어나서 벗과 이 봉은사 주위 자연 풍경 속에서, 시골 사람의 순수 심성을 되찾는 기분을 누리며 하룻밤을 자려고 하니 은은하게 종소리가 들려온다는 정황을 읊고 있으나, 경련의 심경 고백은 흔히 많은 시인들에게서 보는 바 "속세의 인간들에 대한 혐오를 맞세워서 나의 순수성 회복을 확인하는 행태"와 좀 달리하고 있어 보다 순후, 온아한 인성의 면모를 보이고 있다. 그리고 미련의 작은 종소리 인용은 물론 말없이 자기 심성의 자성을 전하고 있는 것이다.

贈僧.

스님에게 주다.

절 경내서 하룻밤을 자고서 보니,	一宿招提境
법회 자리 와서 함께 한 것 같은데,	如來梵席同
봄 맞은 산 꽃 그림자 속에 싸였고,	春山花影裏
옛 절간은 물 소리에 휘감겨 있어,	古寺水聲中
법 물으니 마음은 환영과 같고,	問法心如幻
참선하자 성은 바로 공이 되건만,	探禪性卽空
전쟁으로 시대 형편 안정 못한 채,	干戈時未定
각각 이곳 저곳으로 떠돌고 있소!	漂泊各西東

해설 하룻밤을 묵고 나서 구경하는 사찰의 풍경은 그래도 옛날과 다름이 없어 수도도 할 수 있어 좋다만, 전란은 아직 진정이 안 되어 안정할 곳 없이 떠돌아야 하는 처지를 한탄하고 있다. 그리고 함련의 산중 풍경과 경련의 사찰 내 수행 상황 묘사는 말 없이 귀의를 희망하는 심경을 간접적으로 잘 담아 전하고 있다.

茂長道中.

무장 가는 길에.

유월이라 장사 여기 가는 길 위에,	六月長沙路
돌아가야 할 이 사람(나) 더위 속 가다,	歸人觸暑行
외로운 마을에서 저녁 빌 만나,	孤村逢暮雨
홀로 앉아 꾀꼴 소릴 듣고 있네만,	獨坐聽流鶯
세상에서 사뭇 그냥 나그네 된 채,	在世長爲客
나이 먹어 이미 인생 반 넘겼으니,	行年已半生
어느 때쯤 고향 대숲 그 아래에서,	何時竹林下
붙어 쉬며 가시 사립 닫고 살건고!	捿息掩柴荊

* 長沙 : 옛날 전라도의 茂長을 말하며 지금은 전라북도 高敞의 일부가 되어 있다.

* 竹林 : 이것은 중국의 唐나라 白樂天의 <閑居自題>에서 "水畔竹林邊 閑居二十年[물가에다 대숲 있는 한 곳 잡아서, 한가롭게 20년을 살고 있노라]"라고 한 바대로, 작자도 고향의 대숲 있는 집을 비유하는 말로 빌려 쓴 것이다.

해설 한 여름 6월을 맞아 타향에서 더위 속을 지쳐서 가는 나그네인 작자는, 비를 만나 잠시 외딴 어느 마을에서 쉬면서, 이제껏 떠돌이로 살아온 반 인생을 회고하고 남은 인생을 헤어보며 귀향의 간절한 소망을 조용히 읊고 있다. 그래서 경련과 미련의 대구들에는 구성진 팔자타령의 가락이 실려 있다.

贈友人.

벗에게 주다.

강가 숲엔 잎 소리들 바삭거리며,	江樹葉聲薄
강 누각엔 가을 기운 깊어졌건만,	江樓秋氣深
가는 세월 잡아 멈출 수 없는 데다,	流年不可駐
(고향을) 멀리 떠나 홀로 마음 상할 뿐인데,	遠別獨傷心
멈춰진 채 시름을 다 풀긴 어렵고,	留滯愁難盡
풍상 겪어 병은 쉽게 덤비어 드니,	風霜病易侵
오로지 귀향 못한 심경 가지고,	聊將未歸意
자네하고 함께 사뭇 시나 읊겠네!	與子共長吟

해설 역시 타향의 나그네 신세로 황량하게 깊어져 가는 가을을 맞아, 늙어 병까지 든 자신의 슬픔과 향수를 못 견뎌 하면서, 다만 벗과 시나 함께 읊으면서 애써 자위한다는 넋두리 같은 시다. 그래서 경련에는 유난히 팔자타령의 가락이 구성지게 실려 있다.

遊三淸洞.

삼청동에서 놀이를 하며.

북쪽 마을 큰 거리 길 이어 있으나,	北市連街路
가을 숲에 성곽과 산 근처들이라,	秋林近郭山
삼청동엔 귀한 전각(소격전) 머물러 있고,	三淸留寶殿
한 풍경에 구름 낀 문(성문) 닫혀 있는데,	一磬閉雲關
차가운 바위 아랜 낙엽이 지고,	木落寒巖下
이슬 젖은 풀섶에는 반딧불 나니,	螢飛露草間
느긋하게 속세 생각 잊어버린 채,	悠然忘世慮
밤 깊도록 돌아갈 줄 모르고 있네!	夜久不知還

* 市 : 여기에서 이 "市"자의 뜻은 "시장"이 아니고 "가옥들이 즐비한 마을"이라는 뜻으로 쓰였다.
* 寶殿 : 여기에서 "寶"자는 "소중하게 여겨야 한다"는 뜻으로 쓰였으며, "殿"은 老子를 제사하는 "昭格殿"을 말한다.

해설 비록 시내 거리에서 그리 멀지 않은 삼청동(三淸洞)이지만, 소격전과 구름이 낀 산 성문이 있어서 신령스런 지역이 되어 있고, 또한 맑은 가을을 맞아 기운이 더욱 시원하니 속세를 초월한 곳이라고 할 만해서, 온통 세속의 생각들을 잊을 만해서 밤이 깊어질 때까지 집으로 돌아갈 생각마저 잊게 됐다는 말이다.

贈性菴別.

성암에게 지어 주고 작별하면서.

백제가 흥했다가 망한 이 곳에,	百濟興亡地
천 년 넘어 절 건물만 남아 있는 채,	千年棟宇存
산 · 강물엔 옛적 패기 남겨져 있고,	山河餘霸氣
범종 소린 절안 선방 진정시키며,	鍾梵鎭禪門
부처 비춘 향 등불은 사느랬지만,	照佛香燈冷
사람 재운 흙 온돌은 따스했으니,	留人土突溫
강남에서 봄 풍경을 만나볼 제면,	江南見春物
고운 풀에 이별한 혼 맡겨야겠소	芳草寄離魂

해설 이 작품은 정녕 작자가 공주나 부여 어느 사찰에서 고맙게 하룻밤을 묵고 떠나면서 그 사찰 스님인 성암에게 준 시로, 고도의 풍경을 회고하는 감흥과 스님과 작별하는 아쉬운 심경을 읊은 시로, 경련의 대비적으로 읊어진 정황 묘사는 매우 사실적이면서 참신하다. 그리고 제일 끝 구인 "芳草寄離魂"은 "객지에서 외로울 제면 봄을 맞아 새롭게 돋아나서 파랗게 자랄 풀들을 애틋하게 사랑하고 아끼며 자위하겠다"는 말이다.

過扶餘有懷.

부여를 지나가다가 감회가 있어서.

큰 나무로 성과 못은 다 변하였고,	喬木城池變
궁 담 안은 고을 읍이 잡고 있으니,	宮墻縣邑居
산과 물이 온갖 전쟁 겪고난 뒤에,	山河百戰後
울타리 한 몇 마을만 남았었던가?	籬落幾村餘
낡은 언덕 비문은 훼손이 됐고,	古岸碑文毁
묵힌 밭엔 흙도 맥이 풀린 채이니,	荒田土脈疎
성충 묻힌 무덤은 어디 있는고?	成忠墓何在
말 세우고 홀로 슬퍼 흐느끼노라!	駐馬獨欷歔

해설 고도인 부여를 지나가면서 폐허가 된 옛 궁성 터와 존폐를 겪고 모양새도 바뀌어버린 산천 촌락을 보며 갖는 회고의 정과 成忠의 혼을 애도하는 애틋한 심경을 읊고 있다.

弘農城外別李佐郎子張.

홍농성 밖에서 이좌랑 자장과 작별하면서.

(나는) 실의한 채 남쪽 향해 가고 있건만,	失意向南國
(자네는) 해 지나서 위 서울로 가고 있으니,	經年之上京
봄바람은 이별 한을 불어 돋우고,	春風吹別恨
거친 풀엔 이별의 정 맺혀지는데,	荒草繫離情
낡은 역엔 녹던 눈이 그냥 남았고,	古驛連殘雪
기우는 해 오후 성에 지고 있으니,	斜陽下晩城
내 갈 곳도 또한 천 리 먼 거리라서,	吾行亦千里
적막 속에 객지 혼도 놀라겠구려!	寂寞旅魂驚

* 弘農 : 이것은 조선시대 전라도의 한 군이었으나, 지금은 전라남도 靈光郡의 弘農面이 되어 있다.
* 連 : 이 글자의 뜻은 물론 "이어지다"인데, 여기서는 시간적 연속 상태를 의미해서 "눈이 다 녹아 없어지지 않고 아직도 남아 있다"는 상태를 의미한다.

해설 타향에서 이른 봄을 맞아 벗과 작별하면서, 북쪽 자신의 고향과 너무 멀리 떨어진 이 남쪽 타향에 자신은 그냥 남아 있으면서, 서울로 관리가 되어 올라가는 벗과 대비되는 자신의 형편을 되짚어 보고, 아직 잔설도 남은 채 해가 지고 있는 하루의 풍경까지 너무 쓸쓸해서, 이제 더욱 서글퍼질 자신의 처지를 하소연하는 시다.

病懷寧城倅孫使君.

병중에 영성의 원님 손사도를 그리워 하며.

이 내 근력 슬프게도 성치 못하여,	筋力嗟無健
하릴없이 병든 뒤가 시름겹건만,	悠悠病後愁
남 도움에 겨우 막대 의지한 채로,	倩人纔倚杖
나그네 돼 지쳐 다락 올라서 보니,	爲客倦登樓
노을 짙은 먼 산들은 저녁을 맞고,	嵐重遙山夕
서늘한 기 도는 고목 가을 됐는데,	凉生古木秋
궁한 길에 참 아는 이 힘을 입어서,	途窮賴知己
손님 숙소(초대소) 억지스레 머물러 있네!	賓館强淹留

* 寧城 : 조선시대 전라도의 한 독립 지역이었으나, 지금은 南原의 일부 지역이 되어 있는 곳이며, 당시에는 居寧縣이라고 불리기도 하였다.

해설 병든 나그네의 신세로 남의 부축을 받아 가을이 깊어가는 다락(누각) 위에 올라서는, 원님의 고마운 보호를 되새기면서 지금 자신의 상황을 되짚어 보고 있는 것이다.

南州示孤竹使君.

남녘 고을에서 고죽원님에게 보여 주다.

굽은 골목 국도 길과 이어져 있어,	曲巷連官道
창을 여나 들판 조망 희미만 하여,	開窓野望迷
귀향할 맘 벅차건만 붙일 곳 없이,	歸心浩無托
고운 풀만 하루하루 우거진 채로,	芳草日萋萋
해변이라 열대 독기 사장 끼었고,	海近沈沙瘴
조수 불어 긴 물가는 진흙 밭인데,	潮生長渚泥
때로 벽 위 붙인 싯귈 살피어 보니,	時看壁上句
거진 반이 병중에 지은 것일세!	太半病中題

해설 나그네로 사람들에게 기식하는 처지로, 봄도 다 가고 있는 때를 맞아 향수를 못 이겨 하면서, 바닷가라서 또한 풍토병에 걸릴 걸 염려하는 신세를 호소하듯 탄식하듯 읊어 전하고 있다.

聚遠亭示靈茂二使君.

취원정에서 영광과 무장 두 곳 원님에게 보여 주다.

<취원정에서 영광과 무장 두 곳 원님에게 보여 주다> 취원정(聚遠亭)은 부안(扶安)에 있는 취원루(聚遠樓)를 지칭하는 것으로, 여기에서 두 원님들과 놀이를 함께 한 것으로 추정된다.

읍 마을은 호수 연안 자리해 있고,	縣邑臨湖岸
높은 정자 대숲 길은 빗겨나 있어,	高亭竹逕斜
바라보는 시선 중에 들판 끝나고,	望中平野盡
날 갠 뒤에 먼산들은 많기도 한데,	晴後遠山多
소식일랑 고향에서 막혀 있건만,	消息鄉關阻
찌는 더위 폐에 병은 더해진 채로,	炎蒸肺病加
돌아가는 구름 길은 일천 리이니,	歸雲一千里
어느 곳이 바로 그 서울일 건가?	何處是京華

* 歸雲 : 이것은 글자들 대로의 뜻은 "돌아가는 구름"이지만, 옛날부터 타향이나 객지에 있는 나그네는 저 하늘 한 편이나 산 너머로 흘러가는 구름을 바라보면서 "저 구름은 제 마음대로 잘도 가는데"하고 고향을 생각해 왔다고 해서, 고향을 애타게 그리워 하는 마음을 "望雲之情[구름을 바라보는 심정]"이라고 하였다. 따라서 이 "歸雲"도 "돌아가고 싶은 고향"이라는 뜻으로 쓰였으나, 다만 여기서는 작자가 오래 머물러 있기도 했고 지인들이 많이 있어서 정이 들었었을 서울로 돌아가고 싶다는

것이다.

해설 객지에서 높은 누각에 올라 먼 곳들까지의 시원한 풍경들을 구경하면서, 오히려 타향에서 향수에 못 견뎌 하는 자신을 돌아보고, 아직 돌아가지 못하고 있는 자신의 처지를 한탄하고 있다.

宿土亭浦樓.

토정포 누각(다락)에서 유숙하고서.

모래 강둑 젓던 노를 멈추고 난 뒤,	沙岸停橈後
누 오르자 객을 온통 시 읊게 하며,	登樓動客吟
조순 불어 한 편 갯펄 가득해지고,	潮生別浦滿
해가 지자 뭇산들은 잠겨 가는데,	日落衆山沈
비 바람에 서재는 헐렸을 게고,	風雨書齋沒(破)
동산 언덕 덩굴 풀만 짙었을 테니,	園皐蔓草深
허다하게 세상 일을 애써 했건만,	經營許多事
그 누구가 사후 내 맘 알기나 하랴!	誰識九原心

* 九原 : "무덤" 또는 "묘지"라는 말이면서 "지하" · "저승"이라는 말로 "九泉"과 같은 말이다. 따라서 "九原心"은 "사후의 품게 될 마음, 곧 사후의

한"을 말한다.

해설 갯펄가에 있는 누각에서 나그네 신세로 유숙하고 나서, 함련으로 현재 이 객지 눈 앞에 펼쳐진 어설픈 풍경을 그려 보이고, 경련으로 두고 온 고향의 황량할 상황을 회상하면서, 평생 불우한 자신의 처지를 자탄하고 있다.

扶餘道中.

부여에서 길을 가면서.

황량한 산 아래에서 말 쉬고 나서,	歇馬荒岡下
시내 널린 바위 샛길 가고 있자니,	溪行亂石間
이른 매미 역가 숲에 울고 있어서,	早蟬鳴驛樹
외론 손은 먼 고향이 그립다마는,	孤客憶鄉山
흰 머리털 거울 보며 슬플 뿐이고,	白髮悲明鏡
붉은 주산 단약으로 안 구워지니,	丹砂負大還
추풍 앞에 해진 옷만 남은 처지로,	西風弊裘在
다시 그냥 목릉관을 나가게 됐네!	更出穆陵關

* 穆陵關 : 옛날 중국의 秦나라에 있던 關門으로 蘇秦이 秦나라 임금을 遊說하러 갔다가 뜻을 못 이루고 돌아올 때 통과한 관문이다.
* 大還 : 道家에서 구워낸 丹藥이 아주 잘 구워져 나온 것을 말한다.

해설 정처 없이 떠도는 나그네로 역시 유랑하고 있는 처지라, 시절 풍물의 변화를 접하면서 자신의 궁상맞은 몰골을 돌아보고, 기막힌 신세의 자신을 한탄하는 시다.

次思庵韻.

박사암의 운을 따라 짓다.

객지 밥을 열흘 사뭇 얻어 먹다가,	旅食連旬朔
떠나자니 다시 온갖 근심이 일어,	離憂更萬端
한 돛배로 장사꾼을 따라 나서서,	片帆隨估客
내일 되어 강 여울을 내려갈 제는,	明日下江灘
물 얕은 곳 통발들은 망가져 있고,	水淺漁梁毁
모래 헐려 풀밭 둑도 썰렁할 텐데,	沙崩草岸寒
가을 바람 해진 옷만 남은 신세니,	西風弊裘在
조금이라도 마음 어찌 펴지겠는가!	安得寸心寬

해설 정처 없이 유랑하는 나그네 신세로, 가을을 맞아 황량해져 가는 객지의 풍경들을 접하고, 곤궁하고 초라해진 자신의 몰골을 돌아보면서, 마음을 상해하고 있는 것이다.

宿道泉寺明月寮.

도천사 명월요에 유숙하고 나서.

<도천사 명월요에 유숙하고 나서> 이 도천사는 부여(扶餘)의 취령산(鷲靈山) 속에 있다.

범종 치자 스님은 절 돌아와 있고,	鍾梵僧歸院
차상 앞에 손은 자릴 잡고 있는데,	茶床客定棲
빈 산에는 밝은 달빛 가득 비추고,	空山明月滿
깊어진 밤 자규새만 울고 있으며,	深夜子規啼
은은하게 풍경 소리 전해져 오고,	隱隱來金鐸
조올조올 돌 시냇물 소릴 보내서,	泠泠送石溪
옷 헤치고 거친 섬돌 앞을 걷자니,	披衣步荒砌
풀섶 이슬 함초롬히 젖어 있었네!	草露濕萋萋

해설 하룻밤을 산사에서 자고난 뒤에, 달이 밝은 밤 자규새만 울고 때때로 풍경 소리와 바위 틈새 시냇물 소리만 들리는 산중 사찰의 풍경과 자신의 천진스런 행태를 스스로 적어보듯 읊고 있다.

數月.

두어 달.

두어 달을 남쪽 지역 다니다 보니,	數月遊南國
새 서릿발 같은 살쩍(귀밑털) 온통 셌는데,	新霜滿鬢端
온 가족이 서울에 붙어 살건만,	全家寄京洛
먹을 것도 없을 가난 한탄만 할뿐,	無食歎艱難
긴 칼을 두드린들 뭐 유익하랴!	長鋏彈何益
음부경도 제쳐 놓고 안 읽어 보며,	陰符置不看
오직 낙망 실의만 남아 있는 채,	惟餘寥落意
긴 휘파람 불며 난간 기대 서 있네!	長嘯倚闌干

* 馮驩 : 중국의 戰國時代 齊나라 孟嘗君의 食客으로 가 있으면서 "식사에는 생선도 없고, 출입할 젠 마차도 없고, 붙어 살 집도 없다" 면서 세 번이나 긴 칼을 두드리면서 노래를 하자, 맹상군이 소원을 모두 들어 주었으며, 맹상군이 그를 시켜서 薛이라는 곳에 가서 그 지역 백성들의 빚진 돈을 받아 오라고 하자, 그 곳에 가서 그 빚 문서를 모두 모아 태워버리니

백성들이 모두 만세를 불렀으나, 맹상군은 불쾌해 하다가 나중에 맹상군이 그 곳의 임금으로 가자 백성들이 환호하며 맞았다.

* 陰符 : 陰符經이라는 책을 말하며, 이것은 黃帝가 엮은 책이라고 전하는 것으로 道家의 處世術을 적은 것이며, 이것은 太公과 范蠡 · 鬼谷子 · 張良 · 諸葛亮 등이 주를 붙였다고 하나, "太公陰符"라고 부른다.

해설 역시 나그네 신세로 남쪽 먼 지역을 두어 달 유랑하면서, 서울의 남겨진 가족들의 빈곤한 형편을 해결하지도 못 하는 자신의 무능을 되돌아보고 후회하면서 실의와 낙망에 맡겨진 모습을 읊어 보이고 있다.

贈僧普元西歸.

서쪽으로 돌아가는 스님 보원에게 주다.

병 징후가 밤내 눕길 방해하여서,	患氣妨宵臥
높은 다락 새벽 종만 듣고 있다가,	高樓聽曙鍾
스님 만나 몸이 절로 편안해져서,	逢僧身自適
속세 향한 일들 많이 싫어졌는데,	向俗事多慵
낙엽들은 가는 길을 잃게 덮겠고,	落葉迷行逕
외론 배는 아득 자취 멀리 갈 텐데,	孤舟杳去蹤
서쪽으로 돌아가서 불법 묻는 날,	西歸問法日
(나는) 쉬어 살 곳 어느 산속 정해야 하오?	棲息定何峰

해설 나그네로 유랑하며 피곤하고 지친 중에, 스님 당신을 만나서 심신이 한적해지고 세속의 일들을 잠시나마 잊게 됐는데, 당신은 다시 서쪽으로 수도의 길을 향해 간다 하니, 이제 나는 어느 깊은 산사로 가서 의탁하여 살아야 하느냐고 묻는 것이다.

靑鶴洞.

청학동에서.

골짝 외져 산빛 그늘 겹쌓여 있고,	絶壑嵐陰重
산속 깊어 고목들만 마냥 많은데,	深山古木平
왕자진을 불러 오게 하고 싶어서,	欲招王子晉
이따금씩 동쌍성을 불러 보건만,	時喚董雙成
노송 이슬 푸른 학만 푸덕여 날고,	松露翻靑鶴
바위 안개 신선 마을 감싸 있으니,	巖霞繞赤城
푸른 머리 신선 영감 만나게 되면,	如逢綠髮叟
재배하고 장생술을 물어 보리라!	再拜問長生

---

* 平 : 여기서는 "풍성하게 많다[豊稔]"라는 뜻으로 쓰였다.
* 王子晉 : 중국의 周나라 靈王의 太子인데, 생황 불기를 좋아해서 학을 타고 놀았으며, 道士인 浮丘生과 함께 嵩高山에 들어가서 신선이 되었다.

* 董雙成 : 옛날 중국의 仙女이며 杭州 사람으로, 단약을 구워 먹고 생황을 불며 학을 타고 가서 西王母의 시녀가 되어 나중에 漢 武帝를 만났다.
* 赤城 : 중국의 浙江省 天台縣에 있는 산으로 여기에 玉京洞이 있는데, 신선들이 있다고 해서 신선이 사는 곳으로 알려졌다.
* 綠髮叟 : 綠髮은 하얗던 머리털이 다시 검어진 머리털을 말하며, 이것은 신선이 단약을 구워 먹으면 희어져 있던 머리털이 도로 검어진다고 하였다. 그래서 "綠髮叟"는 신선을 말한다.

해설 지리산 청학동에 들어왔으니 신선을 만나보고 싶지만, 다만 신비로운 경지만 있을 뿐 신선을 찾아 만날 수는 없는데, 신선을 만나서 불노장생의 비법을 알고 싶다는 것이다.

佛日庵贈因雲釋.

불일암에서 인운스님에게 주다.

학 나는 길 참 세계로 통해져 있어,	鶴逕通眞界
선계 향해 신선 제단 찾아 가자니,	玄都訪紫壇
까만 절벽 달린 폭포 쏟아 내리고,	蒼巖懸瀑瀉
푸른 전각(대웅전) 낮 종소리 남아 울리며,	碧殿午鍾殘
고을 안엔 삼주나무 감춰져 있고,	洞秘三珠樹
주머니엔 구전 단약 담겨 있을 듯,	囊留九轉丹
신선 마차 가는 소리 들릴 듯하나,	如聞芝盖過

공중 저 밖 옥퉁소만 소리 차갑네! 空外玉簫寒

* 玄都 : 『枕中記』에 나오는 것으로 “신선이 사는 곳”을 지칭하는 말이다.
* 紫壇 : 『剪燈餘話』에 나오는 것으로 “道敎의 祭壇”을 지칭하는 말이다.
* 三珠樹 : 『山海經』에 나오는 것으로 “잎 위에 세 개의 구슬이 달려 있다는 나무”를 지칭하는 말이다.
* 九轉 : 신선이 먹는 丹藥은 아홉 번을 굴려서 만든다고 한다.
* 芝蓋 : 張衡의 <西京賦>에 나오는 것으로 靈芝의 모양의 지붕(덮개)을 한 마차를 말하며, 신선들이 타는 마차라고 한다.

해설 인운(因雲)스님이 있는 불일암(佛日庵)을 신선이 사는 경지로 설정하여, 신선을 기다리지만 신선은 다만 공중에서 옥퉁소만 불며 지나가더라는 이야기로 잘 허구화하여 읊고 있다.

雙溪寺.

쌍계사에서.

산골 속에 자리 잡은 이 쌍계사는, 洞裏雙溪寺
두 시내가 바위문과 마주 했는데, 雙溪對石門
산은 애초 혁거세 때 열려져 있고, 山開赫居世
물은 그냥 무릉도원 닿아 있으며, 水接武陵源

푸른 학은 둥지 외려 옛날대로고, 青鶴巢猶古
붉은 단산 우물대로 순수하건만, 丹砂井未渾
고운선생 비만 아직 남은 채라서, 孤雲碑尙在
읽고나자 혼 나갈 듯 너무 슬프네! 讀罷一銷魂

---

* 丹砂 : 『本草』 <丹砂>에 나오는 "李時珍曰 丹乃石名 其字從井中一點 象丹在井中之形 後人以丹爲朱色 故呼硃砂[이시진이 말하기를 '丹은 돌의 명칭인데, 그 글자가 井 속에 한 점을 친 것으로, 丹이 井 속에 있는 형상이다. 그래서 후인들이 丹이 붉은 색이라고 해서 硃砂라고 불렀다']" 라고 하였다.

그런데 함련의 대구들은 서로 시간과 공간의 세계로 상관시켜 구성하였으면서도 비현재화하고 비현장화하여 현실의 이상공간화와 함께, 경련의 대구들로 연결하면서 간절한 미련으로 유도하고, 그렇게 해서 기막힌 회고의 정한으로 종결하고 있다.

해설 지리산 쌍계사(雙溪寺)에는 옛날 중국의 무릉도원 같아 이 곳에 아직도 신선이 사는 듯한 자취는 있다마는, 다만 고운(孤雲) 선생의 필적[碑文]만 남아 있을 뿐이라서, 슬픈 심정으로 추앙하게 될 뿐이라는 말이다.

贈道義上人.

도의상인에게 주다.

영동 지역에서 인연 따라 머물렀다가,	東嶺隨緣住
남종으로 도의 기틀 익히고 나서,	南宗熟道機
불경 번역하느라고 방 오래 닫고,	翻經閉室久
장삼 건 채 하산 거의 하지 않는데,	掛衲下山稀
숲속 돌길 새들 처음 깃들어 자고,	林磴鳥初宿
산골 입구 봄도 돌아 가려는 지금,	洞門春欲歸
시냇 머리 좋게 서로 전송하자니,	溪頭好相送
꽃 이슬에 스님 옷이 젖겠소 그려!	花露濕禪衣

* 東嶺 : 이 한자어는 아마도 지금의 嶺東地方을 지칭하는 말로 쓰인 것으로 추정된다.
* 南宗 : 이것은 禪宗의 一派를 지칭하는 것으로 嶺南의 慧能이 전해준 一派라고 해서 "南宗"이라고 하였다.

해설 정녕 작자가 산사에서 며칠 동안을 고맙게 머물면서 스님과 사귀었던 것으로 추정되며, 그래서 작별하는 순간을 맞아 그 스님의 수도하는 생활상과 풍경을 서술하듯 읊은 시다.

到帶方府示府伯.

남원에 도착해서 남원부사에게 보여 주다.

<남원에 도착해서 남원부사에게 보여 주다> 대방(帶方)은 전라도 남원(南原)의 별칭(別稱)이다.

동쪽 고향 가난 살림 사양을 하고,	東土辭貧業
남쪽 시골 먼 놀이길 떠나와 보니,	南鄕作遠遊
봄날 흐림 들판 숲에 내려 끼었고,	春陰垂野樹
황혼빛은 성 누각에 짙어지는데,	暮色上城樓
행세하긴 어려워진 방책만 있고,	行世有難策
살아 있긴 좋은 계획 없는 채건만,	在生無善謀
그 누구가 능히 한 말 술을 가지고,	誰能一斗酒
내게 보내 이별 시름 풀게 하겠소!	送我寫離愁

해설 가난과 궁핍한 생활이 견디기 힘들어 고향인 동쪽 지역(아마도 원주(原州) 손곡(蓀谷)일 것)을 떠나, 이 남쪽 전라도를 유랑하다가 남원(南原)에 도착해 보니, 봄도 늦어가는 계절이라 더욱 세상에 살아남아 겪는 곤경을 절감하면서, 자신의 처지를 부백[府使]에게 호소하고 있는 것이다.

이 작품의 경련 대구들은 "유(有)"와 "무(無)"를 마주 놓아 시구를 얽어 꾸미면서, 각기 "없어야 할 것은 있는 상태"와 "있어야 할 것은 없는 상태"로 만들어서, 이 두 시구를 통해서 작자 자신의 공궁한 삶의 상황을 극대화하여 시사하는 기능을 잘 수행하고 있다.

龍成酬唱.
용성(남원)에서 시를 주고 받으면서.

<용성(남원)에서 시를 주고 받으면서> 용성(龍城)은 전라도 남원(南原)의 옛 명칭이다.

서울 밑선 얼굴 한 번 볼 수 없다가,	洛下不得見
봄 지난 뒤 이제 서로 만났소 그려.	相逢春後期
남쪽 와서 나그네 돼 오래건마는,	南來作客久
눈을 들어 봐도 아는 사람은 없이,	擧目無親知
안개 피는 물가 다린 해가 저물고,	煙起水橋暝
이슬 적신 꽃 가지들 숙어졌는데,	露重花枝卑
모였다가 흩어지긴 셀 수도 없어,	聚散莫可數
하염없이 길이 이별일 뿐이구려!	悠悠長別離

해설 나그네 신세로 봄도 지나간 지금, 이 남쪽 용성에서 우리는 서로 만나서 시와 술을 주고 받으니 잠시나마 위로가 되긴 하오만, 인생은 또 무상하게 만났다간 헤어져야 하니, 궁극적으로는 하염없이 긴 이별의 연속이라 슬플 수 밖에 없다는 것이다.

安州地奉送具大諫還朝.

안주 지역에서 조정으로 돌아가시는 구대사간을 받들어 전송하면서.

나그네로 오래 관 밖 머물은 채로,	久客淹關外
쓸쓸하게 초가집을 닫고 살 적에,	蕭然閉草廬
너무 많이 부끄럽게 사간원 어른,	多慙諫議長
늙은이 집 느닷없이 방문하신 건.	却問老人居
개펄 저 끝 조수물이 불어난 뒤와,	極浦潮生後
높은 산봉 해가 솟는 첨이었으니,	高峰日上初
서울 귀환하실 사행 인편 있을 젠,	秦中有歸使
때로 때로 뒤줄 글을 부치오리다.	時寄數行書

* 潮生後 : 이 어휘의 뜻은 "조수가 불어난 뒤"라는 것으로, 이 어휘는 곧 "潮平[조수가 가득 찬 것]"과 같은 말인데, 중국의 唐나라 시인 白樂天의 <松江亭觀魚>에 "雁斷知風急 潮平見月多[날던 기러기 없으니 바람 빠른 걸 알겠고, 조수물 가득 차서 달빛 실컷 보누나!]"라고 한 것을 보면, 이 "潮生後[조수가 불어난 뒤]"라는 말은 "달이 떠오르는 저녁"이라는 것을 암시하는 말이다.

해설 객지인 평안도 안주(安州)에서 쓸쓸하게 초가집을 얻어 살고 있었던 작자에게, 너무도 많이 부끄러울 정도로 구대사간(具大司諫)께서 이 늙은이인 자신의 초가집을 느닷없이 방문한 것은, 달이 떠오르는 시원한 저녁 무렵과 밝은 해가 떠오르는 쾌청한 아침이었는데, 그런 때들을 되짚어 보면 너무 감사해서, 대사간(大司諫) 어르신께서 서울로 가신 뒤에도 서울로 가는 인편만 있으면 때때로 글을 올리겠다는, 매우 진실하고 간곡한 심경이 실린 편지 같은 시다.

그런데 이 작품의 문면에는 전혀 언급이 없지만, 여기에서 쓸쓸한 초가집을 대사간 어른이 느닷없이 찾아왔다는 것, 조수물이 불어난 뒤 곧 달이 뜨는 시원한 저녁과 해가 떠오르는 처음 시간 곧 쾌청한 아침에만 그렇게 찾아왔다는 사실만으로, 가장 시원하고 가장 쾌청한 시간에 맞추어 상대가 자신의 시적 재능과 명성을 잘 알고 찾아와서는 분명 함께 시를 논하고 시를 지어 주고 받았을 사실을, 문면 밖의 배경으로 생략하고 있음을 추정해볼 수 있게 하고 있으며, 그래서 미련에서는 대사간 어른과의 이런 인정과 인연이 너무 고마워서 때때로 글을 올리겠다는 것이다.

따라서 이 작품의 이런 구상과 수사를 이해하기 위해서는 함련과 경련의 대구들을 잘 살펴 읽을 수 있어야 한다.

踏青日示坐忘.

답청하는 날 좌망에게 보여 주다.

오랜 병 끝 아름다운 시절을 만나, 久病逢佳節
누각에서 늦 갠 풍경 마주해 보니, 高樓對晚晴

편한 구름 산봉 지나 그림자 지고, 閑雲度峰影
고운 새는 숲 저편서 지저귀는데, 好鳥隔林聲
외졌어도 지센 외려 시원스럽고, 地勢偏猶敞
강 흐름은 멀리 다시 펼쳐 있으나, 江流遠復平
서울 장안 바라다 볼 수는 없어서, 長安不可望
'여인행'만 때로 읊어볼 뿐이구려! 時詠麗人行

* 坐忘 : 아마도 작자와 친분이 두터웠던 사람의 字로 추정이 된다. 『莊子』 <人間世>에 나오는 "心齋"라는 말은 "一志虛心[한결 같은 뜻으로 마음을 비운다]"이라는 것이라고 하고, 이 "坐忘"은 "端坐而忘[단정하게 앉은 채 모든 것을 잊는다]"라는 것이라고 해서 "心齋坐忘"이라는 말로 많이 쓰인다. 혹시 心齋 金基彩의 字가 아닌가 싶으나 확인할 수는 없다.

해설 답청일(踏靑日;다리밟기 하는 날)을 맞아서 누대에 올라 풍경을 감상하면서, 때때로 멀리 서울을 상상해 보고, 옛날 당(唐)나라의 두보(杜甫)가 봄날을 맞아 전날 여인들의 놀이 광경을 회상하며 서글프게 지어 읊었다는 "여인행(麗人行)"을 읊어본다는 것이다.

錄示坐忘.

기록해서 좌망에게 보여 주다.

객지에서 몸은 완전 늙어버리고,	客裏身全老
시름 속에 귀밑털은 벌써 세버려,	愁中鬢已華
남 모른 채 봄 기운은 거의가 없고,	冥冥春意少
으슬으슬 저녁 추윈 많아지는데,	慘慘暮寒多
먼 고향은 산과 물로 막혀져 있고,	鄕國山川阻
가는 세월 절기 차례 지나쳐 가니,	流年節序過
아주 늙은 병만 다시 더 보태진 채,	更添衰病甚
귀향 계획 바로 그냥 어긋났구려!	歸計正蹉跎

* 冥冥 : 이 어휘는 "남이 모른다" · "깊숙하고 어둡다" · "무지한 상태" · "사람의 눈을 가리다" 등의 뜻으로 쓰이며, 여기서는 "아무도 모르다"라는 말로 쓰였다.
* 慘慘 : 이 어휘는 "비통한 상태" · "걱정스러운 상태" · "캄캄한 상태" 등으로 쓰이나, 여기서는 "으슬으슬" 같이 추워서 겁이 나는 상태를 말한다.

해설 나그네 신세로 온 몸이 늙어진 채라, 봄을 맞아도 봄 기운은 거의 없이 병만 더욱 심해지고, 귀향 계책도 갈수록 어긋나가고 있다는 한탄이다.

又.

또 한 수.

나그네 병 그 누구가 위문을 하랴? 旅病誰相問
아침 내내 홀로 문을 닫아버린 채, 終朝獨掩門
쪽 구름들 모랫벌 숲 흐릿 끼었고, 斷雲迷磧樹
줄기러긴 강마을을 지나갔는데, 連雁過江村
다행히도 지기 친굴 두게 되어서, 幸此存知己
이내 바로 말을 하여 주고 싶거니, 因之欲贈言
그대가 머문 여관 도착한 날은, 到君賓館日
외려 고향 도착한 것 같았소 그려! 猶似到鄉園

해설 병중에 있는 몸으로 문을 닫은 채 홀로 지내며 오직 쪽 구름과 날아가는 기러기만 바라보고 있었다가, 요행히도 그대 같은 벗을 알게 되어 마음이나 이야기 하려고 그대의 객지 관사를 찾아와 보니 오히려 고향에 온 것 같다는 심경을 말하는 시다.

六. 五言排律

別沈秀才大亨.

심수재 대형과 작별하면서.

피난지로 서해 지방 와 있었다가,	避地來西海
가족 끌고 북쪽으로 또 옮겼는데,	携家又北遷
가난하긴 그 옛날과 똑 같은 채로,	艱難如舊日
떠돌다가 금년까지 맞게 됐건만,	漂泊到今年
얻어 먹기 그도 계속 못해 슬프고,	旅食嗟無繼
안전 · 위험 또 꼭 기필할 수도 없이,	安危且未然
사람 향핸 주눅이 많이 들면서,	向人多跼蹐
말 타고선 다시금 머뭇거렸소.	乘馬更迍邅
가는 길엔 꽃잎 나는 숲들이 섰고,	去路花飛樹
작별 정잔 버들 안개 씌어대건만,	離亭柳拂煙
전송하는 그대 시름 기막힐 거라,	送君愁絶劇
나와 같이 한에 온몸 감싸일 텐데,	同我恨纏綿
어쩌다가 전쟁통에 쫓겨 다니며,	偶逐干戈際
물가 바위 아무데나 붙어 살면서,	投栖水石邊
산골 샘물 멀리 애써 길어 올 적엔,	峽泉勞遠汲
고생스레 산길 인연 따라 다녔고,	山逕苦循緣
쑥대 엮은 집도 보수 못한 채에다,	未補編蓬屋
차조 심은 밭도 온통 묵혀졌지만,	全荒種秫田
때로 강을 지나가는 사신 인연해,	時因過江使
소식 서로 전하기를 바라오 그려!	消息幸相傳

해설 자네와 나는 피난하며 서쪽으로 왔다가 다시 북쪽으로 옮겨 다나며 온갖 고생을 다 했는데, 금년 봄을 맞으며 자네와 내가 헤어지자니, 자네나 나나 한과 슬픔을 견딜 수가 없는 형편인 데에다 사는 형편 또한 어려우니, 헤어지더라도 자네나 나를 지나가는 인편이 있으면 소식을 꼭 전해 달라는 간곡한 부탁을 하고 있다.

詠柳家孤雁.

유씨네 집에서 길러지고 있는 외로운 기러기를 보고.

저 먼 변방 된 서리가 흠뻑 내려도,	紫塞胡霜重
남쪽 하늘 따슨 기운 통할 것이라,	南天暖氣通
외롭게 물 · 구름 밖 날아 가다가,	孤飛水雲外
잘못하여 그물 속에 걸려졌기로,	誤墮罻羅中
(모이) 쪼고 (물을) 마심 남의 뜻을 따라 하면서,	飮啄隨人意
놀면서도 살길 막힘 한탄을 하네!	捿遲恨路窮
갯벌 사장 달 밝은 밤 잠들었었고,	浦沙眠夜月
안개 물가 갈대 포길 갖고 놀다가,	煙渚戲蘆叢
날개 모아 먼 바다로 날기도 했고,	接翅飜遙海
줄을 지어 먼 바람결 울부짖으며,	聯行叫遠風
사뭇 주살 새잡이를 걱정하면서,	長愁弋者矢
한갓 막요 활만 피해 살았었기에,	徒避莫徭弓

길들여진 성질 능히 이와 같건만, 　　　　繕性能如此
사는 신세 본래부터 공정치 못해, 　　　　生身本不公
떼 생각에 저만 홀로 안달하건만, 　　　　念群渠獨嗇
"걱정 없이 넌 얼마나 풍성하냐?"네. 　　　　無患爾何豊
만물로선 비록 형질 다르다마는, 　　　　在物雖形異
고향 향한 그리움은 나와 같을 것, 　　　　懷鄕與我同
어떡하면 여섯 쭉지 힘을 길러서, 　　　　何當養六翮
구름 하늘 향해 잘도 날 수 있을까! 　　　　好去向雲空

---

* 紫塞 : 일반적으로 자주색의 벽돌로 쌓아 만든 중국의 북쪽 국경처럼 되어 있는 萬里長城을 말하며, 기러기가 대체로 봄에서 여름 한 철까지는 여기에 날아와서 머문다고 알려져 있다. 그래서『千字文』에는 "雁門紫塞"라고 기록돼 있다.
* 莫徭 : 옛날 중국의 長沙郡에 살던 部族으로 자신들의 先祖가 나라에 큰 공을 세워 그 보상으로 "徭役(賦役)"을 면제해 주었다고 해서 "莫徭[부역하지 말라]"라는 명칭이 붙었다고 하며, 이들은 활을 쏘아 기러기를 잘 잡았다고 전한다.

해설 기러기 한 마리가 포획되어 인가에서 사육되고 있는 것을 보고, 그것과 자신의 세상살이를 유추하며 읊은 시다. 먼저 그 외로운 기러기의 사육되는 상태를 서술하면서 자신의 신세가 한 평생 타율의 신분 사회적 제약을 받아 사는 삶을 비유하고, 또 기러기가 애초에 자유롭게 비상하며 하늘을 날던 때를 서술함으로써 자신의 자유 의지를 암유(暗喩)하였으며, 다시 기러기가 자신의 옛 무리들을 향해 하소연하려만 그 무리들로부터 오히려 "너는 주인으로부터 얼마나 풍성하게 잘 받아 먹고

살면서 그러느냐?"하는 반문만 들을 거라고 읊어, 역시 자신의 불운을 세상 사람들이 용인해 주지 않는 것을 암묵적으로 시사하였고, 끝으로 자신과 기러기의 동병상련(同病相憐)하는 처지와 상호 간절한 초탈의 소망을 읊어 보이고 있다.

別林子立得信.

임자립 득신과 작별하면서.

흩침 모임 괴롭게도 가늠 못한 채,	聚散苦不準
떠도는 구름처럼 정한 곳 없이,	浮雲無定端
하늘 끝을 함께 그냥 떠돌건마는,	天涯共流落
세상 사는 어려움에 처해져 있어,	世事屬艱難
나그네 돼 어둔 궁지 빠져 있다가,	作客沈冥困
자네 만나 웃음 얘기 기뻐하면서,	逢君笑語歡
잎이 피면 짙은 녹음 깜짝 놀라고,	葉成驚翠密
꽃이 지면 시든 홍색 아까워 하며,	花謝惜紅殘
술 갖고 가 못가 집을 찾기도 하고,	把酒臨池館
노래 듣고 들판 둔덕 올라 갔는데,	聽歌陟野壇
함께 논 건 너무 쉽게 허전해지고,	同遊易消散
떠난다니 서로 너무 슬프네 그려!	告去兩辛酸
갯벌 저 끝 조수 가득 불어오는데,	極浦乘潮滿

긴 수염에 한 마리 말 채찍 쳐 가니, 長鬚策馬單
바다 산도 돌아보면 사라질 테고, 海山回望失
강가 골짝 피는 구름 오를 뿐이며, 江峽上雲干
숲에 가려 초가 문은 닫혀져 있고, 翳樹桑門掩
숲 속 가자 계단 길만 서려 있는 채, 穿林磴路盤
그리워도 서로 만날 순 없을 테니, 相思不可見
다만 식사 더 잘하길 원할 뿐이네! 只願且加餐

* 끝 구의 "餐"字 : 이 글자가 活字本이나 筆寫本의 모든 詩集에 모두 "飧"자로 되어 있는데, 이것은 아마도 "餐"자를 誤記한 것으로 추정된다. 이 두 글자가 모두 "元" 韻統에 속한 글자로 쓰이는 경우에는 다 같이 "물만밥, 손"이라는 글자로 서로 통하나, 여기서는 아무래도 앞의 구둘의 "端"자. "盤"자 등과 같은 韻統인 "寒"에 속한 글자이기도 한 "餐[간식 먹다, 찬]"자가 맞는 것으로 판단되며, 또한 "식사를 잘 하라"는 부탁의 말을 "加餐"이라고 하지 "加飧"이라고 하지 않기 때문에 더욱 그렇다.
* 桑門 : 이 한자어의 의미는 "佛門" · "僧侶" · "佛敎徒" 등으로 쓰이며, 이와 비슷한 듯하나 전혀 佛敎와 상관이 없이 "뽕나무 껍질을 얽어서 만든 가난한 집의 문"으로 그냥 가난한 집을 대칭하는 말로 "桑戶"라는 말이 쓰인다. 따라서 이 시에서는 전체 주제의 성격이나 이야기의 내용으로 봐서 분명 이 "가난한 초가집"을 대칭하는 말이어야 하기 때문에 "桑門"이 아닌 "桑戶"라는 시어를 사용해야 한다. 그런데 시구의 平仄 규칙에 따라 平聲의 글자를 배치해야 할 자리이기 때문에 仄聲의 글자인 "戶(麌)"자를 배치할 수 없어서 平聲의 글자이면서 "지게문"이라는 뜻으로 서로 통용할 수 있을 거라고 판단하여 좀은 무리하게 "門"자로 바꿔 쓴 것으로 판단된다.

해설 먼저, 정처 없이 떠돌던 차에 서로 만나서 많은 담소를 나누며 기쁘게 지낸 일들을 서술하고, 뒤에는 작별한 뒤에 다시 고적해질 상황을 추정하여 안타까워 하며 서로 건강을 잘 챙기자는 당부를 하고 있는 것이다.

七.

七言律詩

題行上人軸.

연상인의 시축에 써 넣다.

동호에다 돛 멈추고 잠시 들러 가려하니,	東湖停棹暫經過
버들가진 치렁치렁 물가 언덕 늘였는데,	楊柳悠悠水岸斜
병든 손의 외론 배엔 밝은 달만 비추련만,	病客孤舟明月在
노승들의 깊은 울안 진 꽃잎만 가득하니,	老僧深院落花多
가고픈 맘 아득하게 고운 풀밭 이어지나,	歸心黯黯連芳草
고향길은 까마득히 먼 파도로 막혀 있어,	鄉路迢迢隔遠波
구름 바다 저 밖 여정 홀로 앉아 따져 보니,	獨坐計程雲海外
석양 무렵 갈까마귀 울음 차마 못 듣겠네!	不堪西日聽啼雅

해설 정녕 지금의 서울 강남의 봉은사(奉恩寺)에서 지은 것이 분명하다. 먼저 사찰을 찾아가는 과정과 차츰 밤을 맞을 자신의 타고 온 배와 사찰의 풍경을 그려 놓고, 이어 아직도 귀향하지 못한 채 있는 자신의 서글픈 심정을 읊고 있다. 함련의 구상과 수사는 아주 능숙한 솜씨를 유감없이 잘 보여주고 있다.

贈行思.

행사상인에게 주다.

강 다리서 버들가질 일찍 꺾어 주었건만,	曾折河橋疎柳枝
봄바람 속 고운 풀에 다시 서로 그립다가,	東風芳草更相思
서울 다시 만나 보니 대지팡이 하나에다,	重逢京洛一笻竹
옛날대로 꾸린 짐엔 천 수의 시 남았으니,	依舊行裝千首詩
깊은 울안 꽃들 지며 봄비 내린 뒤 얘기고,	深院落花春雨後
숲 가득히 우는 새에 객지 시름한 걸 텐데,	滿林啼鳥客愁時
외론 배를 그래 서담 달빛 속에 매 놓겠소,	孤舟爲繫西潭月
단구로 날 맞아 간다 해논 약속 있었으니!	邀我丹丘有宿期

* 丹丘 : 이것은 분명 "丹邱"를 말하는 것으로 "밤낮 항상 어둡지 않고 환한 신선들의 나라"라고 알려진 곳을 말한다.

해설 일찍이 서로 헤어진 채 그리워 하며 지내오던 끝에 다시 이 서울에서 만났으니, 그대의 바랑 속에 들어 있는 시 작품들을 읽어보면, 그 내용들이 모두 그대가 봄을 안타까워 하는 심경과 객지에서의 시름을 읊은 것들임을 알 수 있을 텐데, 신선이 산다는 좋은 곳으로 나를 데려간다 한 약속을 기다리겠다는 것이다. 함련과 경련, 그리고 미련의 구상과 수사는 아주 새롭고 치밀한 솜씨를 한껏 부려 보이고 있다.

湖南客中.

호남에서 나그네로 다니는 중에.

남쪽 삼월 북쪽 가는 기러기 떼 소릴 듣곤,	江南三月聽歸鴻
밤 내 앉아 자주 괜히 "허허"만을 할 뿐인데,	夜坐頻書咄咄空
천 리 떠돈 나그네 정 등 불빛 속 더 외롭고,	千里客情燈影裏
이 한 해의 꽃 보람은 비소리 속 덧없건만,	一年花事雨聲中
단약 화론 오랜 폐기 재활용 알 방법 없이,	丹爐久廢知無術
흰 머리털 유독 나니 또한 공정 않은 채라,	白髮偏生亦不公
인생 행로 어렵기가 다만 이와 같다마는,	行路難行只如此
문 닫고서 떡 누으면 이게 바로 영웅일세!	掩門高臥是英雄

* 書咄咄空 : 이것은 옛날 중국 晉나라의 殷浩가 조정으로부터 무고하게 혐의를 받아 퇴출되고 나서 하루 종일 허망하게 입말로 "咄咄怪事[허허 요상한 일이구나!]"라는 네 글자만 썼다고 해서 생긴 말인데, 여기서는 작자 자신이 객지에서 자신의 알 수 없는 팔자를 탄식하는 말로 인용한 것이다.

해설 이 남쪽 호남 지방 객지를 실의한 나그네 신세로 유랑하면서도, 신분적 한계 상황에 맡겨져 있는 자신을 되돌아 보며, 오히려 의지와 기개는 고상함을 애써 간직하고 자신 스스로를 너그럽게 위안하려는 자세를 읊어 보이고 있다. "千里客情燈影裏 一年花事雨聲中"의 함련을 위시해서 경련, 그리고 미련의 구상과 수사는 역시 자신의 상황과 기개를 참으로 절실하게 잘 살려 읊고 있어, 고수의 시인임을 숨김 없이 보여주고 있다.

松京懷古.

개성에서 옛날을 되새겨 보며.

닭을 잡고 오리 묶어 청구 통일 다했어도,	操鷄搏鴨盡青丘
오백 년을 이어 오던 왕가 기운 걷혀져서,	五百年來王氣收
하늘의 명 귀추 있어 운수 면킨 어려웠고,	天命有歸難免數
사람의 맘 맹서 생각 어찌 계책 없겠는가.	人心思會豈無謀
궁궐 앞의 연 다닌 길 가을 풀만 우거졌고,	宮前輦路生秋草
대 아래의 공 치던 뜰 저녁 소만 방목된 채,	臺下毬庭放夕牛
오직 궁안 도랑 앞쪽 둑 밑 물만 남아 있어,	唯有御溝南畔水
지금까지 목 메인 듯 찬물 흘려 보내누나!	至今嗚咽送寒流

* 思會 : 여기의 "會"는 會盟의 준말로 이 회맹은 옛날 중국에서 殷나라 말기 紂王의 虐政을 못 견뎌한 諸侯들이 모여서 약속을 하고(會盟) 文王을 세우기로 뜻을 모은 사실을 의미하는 것으로, 여기서는 고려의 선비들과 백성의 마음이 李成桂에게로 돌아가게 되었다는 것을 말한다.

해설 작자는 비록 조선왕조의 선비로서 자연스럽게 조선왕조를 편드는 심정[右我之心]을 갖고, 고려의 멸망과 조선왕조의 건국을 이른바 천명(天命)의 필연적(必然的) 귀추(歸趨)로 보고 읊었으나, 역시 개성의 폐허화한 유적을 유람하고는 역사의 무상함을 회고하는 정한을 금할 수는 없었다. 어쨌거나 함련에서 천명의 운수로 돌린 고려조의 멸망과 인심의 귀추로 본 조선조의 신흥, 그리고 경련에서 그리듯이 보여주고 있는 개성의 왕궁 유적 풍경은, 그 구상과 수사가 기막힌 감탄의 가락을 실어 들려주고 있다.

挽孫明府.

손명부를 위한 만시.

그대는 명부 되고 나는 손님 처지로서,	君爲明府我爲客
삼월 맞은 안개 꽃 속 오작교서 만났었기,	三月煙花烏鵲橋
남긴 시편 점검하니 어저껫일 같건마는,	點檢遺篇如昨日
처량하오 슬픈 만시 바로 오늘 아침이라,	淒涼哀挽卽今朝
인간 세상 부자로선 정이 어디 끝 있으랴,	人間父子情何極
국내 모든 친구들도 담이 녹아 내리는데,	海內親朋膽欲銷
서울 입구 가을 맞은 풍경 속에 문 닫은 채,	京口閉門秋色裏
뜨락 가득 누런 낙엽 비만 부슬 내립니다!	滿庭黃葉雨蕭蕭

해설 참으로 애상(哀傷)의 정(情)을 다한 기막힌 만시(輓詩)다. 손명부와 지난날 그의 임지(任地)인 남원(南原)에서 종유(從遊) 상호(相好)했던 일을 회상하는 것을 발단으로 하여, 가족과 친한 벗들의 애통할 상황을 추정하여 읊고, 끝으로 가을비에 낙엽들만 을씨년히 져내리는 속에 문을 닫은 채 홀로 앉아 있다는 자신의 정황 전달로 슬픔의 눈물을 목메어 삼키고 있는 자신을 말없이 전하고 있다. 전 작품 네 연의 구상과 수사가 참으로 솜씨를 다해 꾸려져 있다.

題釜山浦.

부산포를 제재로 삼아서.

누런 갈대 포구에는 갯벌 안개 짙어 있고,	黃茅浦口瘴煙深
곳곳마다 성 참호엔 탱자나무 숲들인데,	處處城壕枳殼林
질궂은 비 열흘 이어 왜놈 여관 헐려졌고,	積雨連旬蠻館毁
괴물 구름 해를 가려 경계 초소 침침하며,	怪雲埋日戍樓沈
긴 장대엔 물통 메고 소금 부엌 돌아가고,	長杠擔水歸鹽竈
긴 대숲들 산 둘려서 바다 물새 보인다만,	脩竹環山見海禽
멀리 그려보는 고향 일 천 리나 될 판이라,	遙望鄕關一千里
사람 만나 괜히 멀리 떠도는 맘 말해 보네!	逢人空說遠遊心

해설 천 리 먼 곳 바닷가 마을을 떠도는 나그네 신세로, 작자 자신의 심경과 조응되는 바닷가 마을의 을씨년한 풍경을 그려 보이면서, 끝내는 견디기 힘든 향수를 애써 달래려는 몸짓으로 마치고 있다.

善山道中.

선산 가는 길에.

가을 바람 불린 낙엽 말라 버석 소릴 내고,	西風吹葉葉聲乾
하염없는 먼 길이라 말 타기도 싫증난 채,	長路悠悠厭馬鞍
서울 있는 뒤 식구는 집 식량도 군색하고,	數口在京家食窘
병이 많은 한 몸뚱인 여행길도 어려운데,	一身多病旅遊難
강 다리껜 기러기 떼 서리 올 날 가까웠고,	河橋雁度淸霜近
정원 풀섶 반디 날아 이슬 기운 차질 테니,	園草螢飛白露寒
시주머닐 홀로 의지 긴긴 밤을 다 보내고,	獨倚詩囊遙夜盡
말 안 듣는 아일 불러 여정 따져 달래 보네!	計程呼說小童頑

---

* 小童 : 요즘으로 치면 소년을 말하는데, 옛날에는 여행을 떠나는 선비나 관리들은 흔히 시중을 드는 아이들(대체로 자신의 집 종의 아들임)을 데리고 떠나는 경우가 많았다. 그러나 蓀谷도 정말로 이 小童을 데리고 갔었는 지는 의문이지만, 이 작품에서는 물론 여행하는 선비의 그런 관례를

시적 관습 행위로 읊고 있는 것이다.

해설 선산(善山)이라는 먼 객지에서 가을밤을 맞아서, 서울에 남겨 놓고 온 가족들의 군색한 식량 걱정과 병든 자신의 신세 타령을 늘어 놓으면서, 여행 중에 겨우 추슬러가는 자신의 어려운 상황을 애써 자위하고 있다.

曉行板橋村.

새벽녘에 판교촌을 가면서.

수관(수원) 저쪽 가는 길엔 닭소리가 들려 오고,	水關西路聽鷄鳴
영마루 달 처음 지며 새벽 안개 깔렸는데,	嶺月初沈曉霧平
때로 듣는 사람 소린 초가 주막 말소리고,	人響間聞茅店語
이어 오른 말 발굽은 널판 다리 소리이며,	馬蹄連上板橋聲
아득해도 차츰 고향 가까워서 기뻐지나,	悠悠漸喜鄉山近
자잔하게 나그네 티 유심 난 걸 알겠네만,	瑣瑣偏知旅態生
다시 긴 둑 내려가서 동행인들 달래기를,	更下長陂說徒侶
“날 밝으면 모름지기 선두 따라 잡자”했네!	天明須趁及先行

해설 새벽녘에 판교(板橋) 마을(수원(水原) 근처)을 가는 중에 사실적인 눈길로, 이 마을에서 겪는 경험과 보는 풍경을 포착 묘사하고, 함께 고향 산천이 가까워지며 느끼는 심경을 꾸밈없이 읊고 있다. 함련과 경련의 대구들로 제시된 풍경과 정황의 묘사는 아주 사실적이다.

送林子順覲嶺南左兵營.

영남 좌병영으로 아버님을 뵈러 가는 임자순(임제(林悌))을 전송하면서.

병영으로 부친 뵈러 착한 아들 돌아 갈 젠,	營幕寧親令子歸
바다 구름 다 열리고 기러기들 남쪽 날며,	海雲開盡雁南飛
장군(사령관)은 영을 내려 도검들을 다 거두고,	將軍出令收雕劍
도위(참모장교)는 순찰하며 갑옷 걸어 놨겠지만,	都尉巡兵掛鐵衣
가는 길엔 수많은 산 원근 없이 이어 있고,	關路亂山連遠近
말발굽엔 가을 풀들 고운 빛 다 졌을 테니,	馬蹄秋草歇芳菲
이별 맞아 잦은 슬픔 얄궂다고 하지 마오,	臨岐莫怪頻惆悵
유령 위에 매화 펴도 역 사신 편 뜸해서니!	庾嶺梅花驛使稀

* 庾嶺 : 중국의 江西省 大庾縣 남쪽에 있는 영마루로 이 곳에는 매화가 많이 피는데 남쪽 가지가 지면 북쪽 가지가 핀다고 한다.

해설 벗인 임제(林悌)에게 주는 시로, 그대가 영남 병영으로 아버님을 뵈러 가는 이 매화꽃이 피는 봄에는 아무 걱정없이 잘 가겠지만, 돌아오는 길에는 정녕 가을 풍경이 을씨년할 테고, 편지로도 소식 전하기 어려워질 거라, 작별하며 서글퍼하는 걸 얄궂다고 여기지 말라는 당부도 함께 하는 시다.

送客出西郊簡寄楊根使君.

손님을 전송하며 서쪽 교외엘 나갔다가 양근원님에게 편지 삼아 부치다.

평상시엔 문 닫은 채 사람 왕래 끊었다가,	常時閉戶斷經過
서쪽 교외 손 보내며 멀리 언덕 올라 보니,	送客西郊上遠坡
고운 풀 밭 들 다리껜 봄 맞아 물 흘러 가고,	芳草野橋春水在
수 많은 산 강 마을엔 석양 함빡 물드는데,	亂山江郡夕陽多
농부들은 새참 먹나 숲 속에서 얘기하고,	耕夫就餉林中語
냇가 처녀 뽕 따면서 뚝 위에서 노래하니,	溪女條桑陌上歌
듣기로는 원님께서 새로 명령 내리셔서,	聞說使君新下令
근래 관청 세금 재촉 무뎌졌다 하옵디다.	近來官政拙催科

해설 서쪽 교외에 봄을 맞아 평화스럽게 자족자락하는 농촌의 풍경을 서술하면서, 이런 평화와 자족자락의 백성들 생활이 모두 양근의 원님인 당신의 애민 정신과 그로 인한 시정의 혜택(세금 독촉이 없는)이라는 칭송을 말없이 곁들여 읊은 시다. 경련으로 읊어진 거민(居民)들의 자족자락하는 풍경 묘사는 지극히 자연스러우면서도 진솔한 착상과 수사의 묘를 보여주고 있다.

暮春尋寺.

늦봄에 절을 찾아 가서.

봄 맞은 산 곳곳마다 냇물 소릴 듣고 가서,	春山處處聽溪行
옛 절 스님 만날 약속 늦갠 오후 맞췄는데,	古寺僧期趂晚晴
나문 깊숙 새 우는지 때로 소릴 보내 오고,	深樹鳥鳴時送響
숲엔 가득 꽃 폈어도 이름들은 모르네만,	滿林花發不知名
몸은 스님 의지해서 속세 인연 다 끝내고,	身依法侶塵緣盡
손엔 신선 경전 잡혀 도가 기분 생기면서,	手把仙經道氣生
가장 높은 중간 요사 다시 유숙하노라니,	更宿中寮最高頂
달 밝은 속 풍경 울려 상방 안은 정말 맑다!	月明鐘磬上方淸

해설 산사를 찾아가면서 도중에 보고 듣는 봄 풍경과 절안 요사에서 유숙하면서 체험하는 자신의 맑고 차분해지는 탈속적 심경을 곱게 그리듯이 읊어 보이고 있다.

寄問許典翰.

허전한에게 부쳐 위문하며.

<허전한에게 부쳐 위문하며> 이 허전한(許典翰)은 아무래도 허균(許筠)을 지칭하는 것으로 추정된다. 허봉은 율곡(栗谷)을 탄핵하는 글을 올렸다가 함경도 종성(鍾城)으로 귀양을 갔는데, 이 시는 이 때에 부쳐준 시로 추정된다.

갑산은 서북으로 음산까지 닿아 있고,	甲山西北接陰山
구름 달린 새 나는 길 오를 수도 없을 텐데,	鳥道懸雲不可攀
귀양길 손 이 갈길은 어느 날에 도착할고?	遷客此行何日到
때로 부칠 집 편지도 한 해 걸러 돌아가리!	家書時寄隔年還
성안에선 사뭇 그냥 조두 소릴 들을 테고,	長聞刁斗城埤裏
숲 사이선 다람쥐만 다만 보게 되겠지만,	但見鼯貂樹木間
태평성대 어찌 끝내 재능인을 버리겠소?	聖代豈終才子棄
서른 나이 귀밑 털이 반쯤 세겐 않을 테니!	莫教三十鬢成斑

* 刁斗 : 군대에서 쓰는 도구로 금속 제품이며 낮에는 취사 도구로 쓰다가 밤에는 두드려 소리를 내어 경계하는 야경 도구로 사용하였다.

해설 귀양지에 있는 상대를 위문하는 시로, 귀양을 간 곳이 비록 험지이고 그래서 무척 고적하고 고생스럽겠지만, 임금님께서 성군이신 이 시대이니 불원간 용서의 은혜를 입어 귀환하게 될 터이니, 너무 과도하게 번민하진 말라는 당부의 시다.

渡淸川江.

청천강을 건너며.

안주 성밖 천천강 물 하늘처럼 질펀한데,	安州城外水如天
모래톱에 말 세우고 건널 배를 부르자니,	立馬沙頭喚渡船
돛은 저녁 안갤 띤 채 풀밭 언덕 기대 있고,	帆帶晩煙依草岸
기러기는 석양 홀려 갈대밭에 내려 앉아,	雁迷殘日下蘆田
사뭇 먼 길 나그네는 귀향만을 생각하고,	長途旅客思歸計
늙어가는 힘줄 삭신 소년 시절 그리워져,	向老筋骸憶少年
집에 있음 가난해도 또한 존 걸 첨 믿는 채,	始信在家貧亦好
근래 양쪽 귀밑 털은 갈수록 허옇구나!	近來雙鬢轉蕭然

해설 고향에서 너무도 먼 거리인 객지에 정처 없이 떠도는 나그네로, 해가 질 무렵 이 청천강을 건너야 할 처지에 배를 기다리며, 이렇게 늙어갈 자신의 신세를 되뇌어 보면서, 끝없이 서글퍼지는 자신에 대한 탄식을 읊어내는 시다

上龜城林明府.

구성의 임명부께 올리다.

팔월인데 변방 서린 구월달로 가까운 듯,	八月邊霜近授衣
북녘 바람 잎을 불고 기러기는 남쪽 나나,	北風吹葉雁南飛
누가 딱해 하겠어요? 이래 추운 범숙인들,	誰憐范叔寒如此
제 스스로 우습네요! 귀향 못할 소진이니,	自笑蘇秦困不歸
집만 해서 있건마는 편지 소식 끊긴 채로,	家在海西音信斷
손 처지로 관 밖 와선 친구 거의 없는 터라,	客來關外故人稀
등불 앞서 잠깐 고향 그린 꿈을 꾸노라니,	燈前暫結思鄕夢
가을 물가 안개 잠긴 옛 낚시터 뿐입니다!	秋水煙沈舊釣磯

* 授衣 : 중국의 唐나라 때 國學(大學)에서 매 해 학생들에게 九月이 되면 옷을 지급하는 관례가 생겼으며, 그래서 九月을 지칭하는 말이 되었다. 佛教에서도 이 九月을 “授衣節”이라 부른다.

* 范叔 : 중국의 戰國時代 魏나라 사람으로 秦나라로 가서 재상이 되어 있었는데, 魏나라에서 須賈를 秦나라에 使臣으로 보내자, 范叔은 다 해어진 옷차림으로 변장을 하고 須賈를 면회하니, 須賈는 변장 사실은 모른 채 떨고 있는 범숙을 불쌍히 여겨 솜옷 한 벌을 넘겨 주었다.
* 蘇秦 : 중국의 戰國時代 洛陽 사람으로 鬼谷先生에게서 遊說術을 배워 秦나라 惠王을 설득하였으나, 뜻을 못 이루고 고생을 하며 고향에 돌아와서도 멸시를 받았다. 여기서는 이 때의 귀향도 하기를 주저했던 처지를 인용한 것이다. 그러나 뒤에는 合從策으로 여러 나라의 임금들을 설득하여 從約長이 되어 秦나라를 孤立시키고 출세하였다. 뒤에 齊나라에 갔다가 齊나라 大夫에 의하여 피살되었다.

해설 늦 가을 변경 지역에 와서 떠도는 나그네의 신세로, 자신의 곤궁한 처지와 견디기 힘든 향수를 하소연하듯 전하면서 은연중 돌봄을 기대하는 심정을 읊고 있다.

이 작품에서 함련과 경련의 대구들은 시상의 강화를 위한 그 구상과 수사가 아주 평이하면서도 치밀하여, 역시 작자의 능숙한 솜씨를 유감없이 잘 보여주고 있다.

書懷.

회포를 풀어 쓰다.

인간 세상 만 가지 일 모두 뜻과 같지 않아, 人間萬事不如意

얻고 잃기 덧없음을 새옹에서 보거니와,	得失悠悠看塞翁
달빛 고운 누대에선 되려 병이 난 채 있고,	好月樓臺還有病
꽃이 지는 시절에는 항상 바람 많이 불며,	落花時節每多風
혹시 올까 벼슬 운은 허무한 일 돼버리고,	倘來軒冕虛無裏
지난 날의 영웅들은 적막 속에 묻혔으니,	過去英雄寂寞中
오십 년의 이 나이가 쓰일 곳이 어디인가?	五十之年何所用
긴 휘파람 한 번 불고 먼 하늘만 바라보네!	一聲長嘯望遙空

해설 인생의 무상함과 뜻과 같지 않은 삶을 회고하고, 이내 자신의 불운한 생애를 슬퍼하면서, 그래도 원망할 데도, 한탄할 데도 없는 자신의 처지를 그냥 저 먼 하늘을 향해 안타깝게 호소하고 있는 것이다.

이 작품에서도 자신의 불여의(不如意;뜻대로 되지 않는)한 인생살이를 빗댄 넋두리의 푸념을 담아 엮은 함련과 경련의 대구들은, 그 상반비(相反比)의 양태로 이루어진 구상과 수사가 역시 작자의 능숙한 솜씨를 잘 보여주고 있다. 그런데 넷째 구의 "落花"는 모든 이본 시집(詩集)들에도 모두 이렇게 기록되어 있으나, 불여의(不女意)한 자신의 삶을 이른바 호사다마(好事多魔)의 팔자타령으로 구성한 함련이라는 점을 놓고 보면, "落花"도 아주 무리한 조구(造句)는 아니지만 이것은 어딘지 시의(詩意)나 시상(詩想)의 불협화(不協和)가 느껴져 아무래도 "개화(開花)"를 오기(誤記)한 것이 아닌가 하는 의문을 지울 수가 없다. 혹시 작자가 애초에는 "개화(開花)"로 놓았다가 삼자평(三字平)을 피하기 위해서 "落花"로 고친 것이 아닌가 싶기도 하다.

上思庵相公.

사암상공께 올리다.

청산인지 정승인지 두 곳 헷갈리시다가,	靑山黃閣兩支離
간 곳 서로 만나신 건 또한 한 때 일이실 뿐,	到處相逢亦一時
숲 골짜긴 이전 일찍 계획하여 두셨던 것,	林壑以前曾有計
묘당 그 곳 위에선들 새삼 뭣을 하셨나요?	廟堂之上更何爲
못 중심에 비 지나도 용은 사뭇 잠을 자듯,	潭心雨過龍長睡
솔 아래에 구름 껴도 학은 알지 못하듯이,	松下雲來鶴不知
오륙 년간 잡혔던 일 모두 끝을 내셨으니,	五六年間機事盡
근처 사장 백구들아 서로 의심하지 말라!	近沙鷗鳥莫相疑

* 到處相逢 : 이 어휘를 글자들 대로 풀어 읽으면 "이르는 곳 서로 만남"인데, 이 풀이말을 그냥 읽으면 무슨 말을 하려는 것인지 쉽게 그 주지가 파악되지 않는다. 여기서는 "상공님께서 세상을 사시면서 경우 경우마다 받게 되신 대우와 겪게 되신 일들"이라는 의미로 쓰인 것이다. 그래서 이어지는 "亦一時"라는 말은 "모두 한 때의 일들이니, 너그럽게 생각하시라"는 당부의 말이다.

* 更何爲 : 이 어휘도 글자들 대로의 풀이로는 "새삼 무엇을 하셨나요?"이지만, 여기서 실제의 내용으로는 바로 "조정에서 정승 자리에 계시면서도 시비하고 제약하는 사람들이 많은 터에 구태어 그들의 비위를 맞추며 무엇을 하시려고 하셨겠습니까?"라는 위로의 말이다.

해설 아마도 박사암(朴思庵)이 중앙의 조정에서 정승으로 정무를 보면서 뜻대로 일들을 처리하지 못하고, 이내 지친 심경으로 퇴임을 하고 사뭇 계획하고 있던 시골로 돌아가려 할 즈음에, 축하와 함께 위로의 말씀을 담아 읊어 바친 시다.

이 작품은 출처(出處)의 의(義)를 훌륭하게 지켜 산 사암상공(思庵相公;사암 박순(朴淳) 정승님)의 인품과 귀향을 극찬하는 수작의 시다. 그래서 수련과 함련으로 서술되고 있는 사암상공의 처신과 처사, 그리고 경련의 대구로 비유되고 있는 사암상공의 인품, 미련으로 찬미되고 있는 사암상공의 은퇴 미덕 등을 잘 마무리하고 있는 구상과 수사는, 역시 작자의 시인적 역량을 한껏 부려 읊은 능숙한 솜씨가 살아 있다.

道中感懷.

도중에 느낀 회포를 읊다.

용천검은 칼집 속에 꽂힌 채로 슬퍼 울고,	龍泉鳴吼匣中悲
시월 서쪽 바람(추풍) 결에 두 귀밑털 날리는데,	十月西風兩鬢絲
누런 낙엽 가득한 산 가을 절은 폐지됐고,	黃葉滿山秋寺廢
하얀 모래 이은 물가 작은 다린(만) 오뚝하며,	白沙連渚小橋危
외론 돛배 지나간 뒤 수 천 산봉 저녁 맞고,	孤帆過後千峰夕
한 마리 말 가는 이 때 온갖 풀은 시들은 채,	匹馬行時百草衰
퇴락했을 고향집만 괜히 꿈에 보이건만,	牢落故居空入夢

막 등덩굴 성긴 대숲 띠풀 집만 남아 있네! 亂藤疎竹有茅茨

해설 가을을 맞아서도 객지를 정처없이 떠도는 나그네로 품어온 대장부의 포부가 꺾인 채, 도중에서 맞는 황량한 가을 풍경과 자신의 행색을 제시하면서, 이내 꿈 속으로나 돌아가 보는 고향의 집은 쓸쓸하게 주인 없이 버려지듯 퇴락한 채 있더라며 말없는 탄식을 하고 있다.

그런데 이 작품에서 셋째 구의 "秋"자는, 넷째 구의 "小橋"와 적대(的對)가 되도록 하기 위해서는 오히려 "古"자로 바꾸어 놓는 것이 좋을 것으로 추정되나, 아마도 평측법(平仄法)의 삼자측(三字仄)을 피하기 위해서 이 "秋"자를 사용한 것으로 판단된다.

九日送伯宗朝天.

구일에 중국에 사신으로 가는 백종을 전송하면서.

작자보다 조금 후배이지만, 백종(伯宗)은 당시의 무관이었던 선약해(宣若海)의 자가 아닌가 싶고, 아마도 그가 동지사(冬至使)를 수행하는 호위 무관으로 갔던 것으로 추정된다.

노룡새는 좌현왕이 있는 곳의 근처이고, 盧龍塞近左賢王
관문 위에 사막 버들 잎 다 누렇겠지마는, 關上沙楡葉盡黃
요동 왼편 길 험해도 경계 걱정 없을 테고, 遼左路艱無戒懼

가의처럼 나이 젊고 다시 글도 잘 짓는데, 賈生年少更文章
오만관의 그 속에서 새 달력을 볼 것이고, 烏蠻館裏看新曆
청해성의 머리에선 고향 바라 볼 것이라. 青海城頭望故鄉
손이 되어 만난 구일 못 견디게 될 터이니, 爲客不堪逢九日
한 가지의 향기로운 국화꽃을 줘야겠소. 寒花聊贈一枝香

---

* 盧龍塞 : 중국의 河北省 遷安縣 서쪽에 있는 요새로 옛날에는 匈奴族이 발호하던 곳이다. 그래서 匈奴族의 冒頓[묵특]시대 가장 강성해져서 그 귀족의 추장을 左賢王, 右賢王이라고 호칭하였다.
* 烏蠻館 : 이것은 이른바 南蠻種族(지금의 베트남과 태국 사람들을 지칭함)의 사신을 접대하던 여관으로, 아마도 당시 北京에 있었을 것으로 추정된다. 그런데 『蓀谷詩集』 여러 본에는 이 "烏"자를 "鳥"자로 오기하고 있다.
* 青海城 : 青海는 중국의 西北 쪽에 있는 것이라, 青海城이 당연히 북경의 서북 쪽에 있을 것인데, 작자는 이것을 북경의 동북 쪽에 있을 것으로 착각하고 시로 읊고 있다.

해설 상대가 가는 도중의 어려운 노정을 상상하여, 잘 경계하고 글도 잘 짓는다고 추키면서, 그러나 고향 생각이 간절해질 거라면서 위로의 마무리를 하고 있다.

題清道李家壁.

청도 이씨네 집벽에 써 놓다.

남쪽 온지 몇 달짼데 계획 많이 어긋난 채,	南來數月計多違
계절만은 흐르듯 해 벌써 구월 되었으니,	節序如流已授衣
여관에선 지는 낙엽 차마 견딜 수가 없어,	旅舍不堪黃葉落
저녁 하늘 멀리 나는 흰 구름을 바라보나,	暮天遙望白雲飛
저 모래톱 찬 강물 가 기러기만 내려 앉고,	沙梁雁下寒江渚
문앞 골목 대사립문 연기 피어 오르는데,	門巷煙生苦竹扉
오직 같이 온 이로는 길스님만 남아 있어,	惟有同來野僧在
병 중 읊듯 서로 마주 서쪽 갈길 말해 보네!	病吟相對說西歸

* 授衣 : 이것은 "授衣節"의 준말로, 음력 九月에는 겨울에 입을 옷을 객지나 전선에 있는 사람들에게 보내주었기 때문에, 이 음력 九月을 지칭하는 말로 대유하여 쓰였다.

* 病吟 : 글자들 대로의 뜻은 "병 중에 시를 읊는다"는 것이나, 여기서 실제로는 "病"자가 "困苦"의 뜻으로서 괴로움을 넋두리하듯 서로 마주하여 이야기 해본다 뜻이다.

해설 작자는 객지의 나그네로 동냥 다니는 스님(운수승(雲水僧))과 함께 여관에 머물면서, 가을날의 황혼을 맞는 저녁 풍경 속에, 멀리 고향을 그려보면서, 병 중에 있는 자신을 넋두리하듯 스님에게 서북쪽의 집으로 돌아갈 이야기를 해본다는 것이다.

梨花亭次駱峰韻.

이화정에서 낙봉(신광한(申光漢))의 운을 따라 짓다.

나그네 길 봄 놀이를 미쳐(제때) 못해 서글픈데,	客行嗟未及春遊
숲 가득히 짙은 그늘 푸르르게 다락 감싸,	滿樹濃陰翠擁樓
꽃놀이는 이미 허사 손 쓰기는 어렵지만,	花事已空難入手
감상 욕심 외려 남아 누차 머릴 돌려 보며,	賞心猶在屢回頭
높은 곳에 오를 제면 항상 고향 그려지고,	登高每結懷鄕念
먼 곳 바라볼 적에는 타향 설움 더해지니,	望遠還添去國愁
막힌 가슴 다 풀 계책 있는 것은 알지마는,	瀉盡煩襟知有計
마을 술을 사오재도 할 수 없어 부끄럽네!	欲沽村酒愧無由

해설 나그네 신세로 이 좋은 봄을 이미 허송하고서 오히려 향수만 더욱 간절해진 채, 술이나 실컷 마시고서 막힌 가슴을 풀고 싶지만 주머니가 빈 처지라서, 술도 받아 마실 수 없다는 팔자 타령 같은 서글픈 가락이 실린 시다.

그러나 함련과 경련의 구상과 수사는 시상을 아주 잘 살려 읊어내고 있다.

詠雪奉呈虛舟.

눈을 제재로 읊어 허주께 바치다.

꽉 낀 구름 어저께는 언 하늘로 흐리더니,	頑雲昨日凍陰昏
새벽 깨어 창을 열자 눈이 문 앞 꽉 찼으니,	曉起開窓雪擁門
그 누구가 파교 나귀 타는 흥취 맛볼가요?	誰作灞橋驢背興
바로 산 속 주막에는 나그네 넋 빠질 텐데.	正銷山店客中魂
첨엔 가는 말을 따라 거친 들판 아물대다,	初隨去馬迷荒野
도로 오는 사람 좇자 먼 마을선 자욱할 듯,	旋逐歸人暗遠村
한 가지도 할 일 없을 청사 다시 상상하니,	更想郡齋無一事
술 불러서 좋은 술잔 마주할 순 있겠네요!	可能呼酒對芳尊

해설 눈을 제재로 삼아서 눈이 내리는 속의 흥취와 감상의 상황을 주객의 상호 유기적 관계로 잘 설정하여, 태평 무사한 관청 청사에서는 이렇게 눈이 내리는 풍경과 흥취 속에 술자리를 베풀기 딱 좋겠다는 권유 겸 선망이다. 허주(虛舟)는 누구의 호(號)인 지 모르겠으나 분명 작자가 짐작해 보고 있는 그 곳의 수령(守令;원님)일 것이다.

이 작품에서도, 눈이 내리는 풍경과 정황을 매우 정감적이면서 매우 사실적인 묘사의 함련과 경련으로 잘 살려낸, 그 구상과 수사가 역시 아주 능숙한 시인의 솜씨를 잘 보여주고 있다.

獨坐感春呈虛舟.

홀로 앉아서 봄을 느꺼워 하며 허주께 지어 바치다.

짙은 그늘 잔뜩 끼고 해는 잠겨 어둑하며,	繁陰漠漠日沈昏
병든 손은 봄 서러워 홀로 문을 닫아 놓곤,	病客傷春獨閉門
수심 띤 채 흐드러져 피는 꽃은 못 말리나,	愁坐不禁花爛熳
늙으면서 펄펄 날던 의민(흥취) 다시 없게 됐고,	老來無復意飛飜
손 못 놓는 세상 일은 천 번도 더 변하건만,	留連世事多千變
비켜 등져 가는 계절 말 한 마디 없는 턴데,	孤負年光欠一言
태수님은 정사 깨끗 되려 흥이 나실 테니,	太守政淸還有興
저를 맞아 즐겨 술 잔 채워 주시겠습니까?	肯將邀我酒盈尊

* 留連 : 주저하고 멈칫거리면서 차마 떠나거나 놓아버리지 못하는 상태.

해설 타향에서 병든 나그네로 봄을 맞으며, 나의 상황과는 상관도 없이 다시 돌아온 봄 풍경 앞에 아무 흥취도 없이 오히려 외로워진 채, 선정(善政)을 베푸는 훌륭한 원님의 배려를 호소해 보는 것이다.

이 작품에서도, 자신의 감정이나 상황과는 상반된 채로의 일상을 호소하고 있는 함련과 경련의 구상과 수사는, 역시 주제를 오로지 살려내도록 잘 설계되어 있다.

登清遠樓感懷.

청원루에 올라서 느끼는 회포를 읊다.

이 청원루(淸遠樓)는 여러 곳에 있는 건물이나, 강(江)이 나오는 것으로 봐서는 안동(安東)에 있는 누각일 가능성이 높다.

산속 군의 층층 다락 작은 못을 딛고 서서,	山郡層樓壓小塘
저녁 바람 불어 가자 연꽃 향기 풍겨 오며,	晩風吹度芰荷香
구름 피는 먼 숲에는 아지랑이 곱게 끼고,	雲生遠樹嵐光媚
가지런 숲 띤 강 위엔 물 기운이 푸르른데,	江帶平林水氣蒼
천 리 길에 지친 여행 몸은 늙어지게 되어,	千里倦遊成老大
칠 년 동안 많은 고난 홀로 슬퍼 아파한 채,	七年多難獨悲傷
생각 잠겨 오똑 난간 옮겨 오래 기댔자니,	沈吟徙倚危闌久
숲엔 가득 갈까마귀 석양 무렵 다가오네!	滿樹歸鴉近夕陽

해설 전반부에서는 누각에 올라서 보는 풍경을 읊고, 후반부에서는 자신이 난리를 겪으며 살아온 상황과 현재의 처지를 서술하고 있다.

留別洪君瑞. 홍군서(洪君瑞)는 모당(慕堂) 홍이상(洪履祥)이다.
홍군서를 남겨 놓고 작별하면서.

가림에서 한번 헤져 벌써 십 년 지났다가,	一別嘉林已十年
해서 여기 한 끝에서 얼굴 다시 만났네만,	重逢顏貌海西邊
사귄 이들 다 흩어져 많이 남아 안 있는데,	交遊散盡無多在
동학들도 떠돌이니 물어보세 몇 성한가?	同學飄零問幾全
지는 해에 안개 하늘 날아갈 새 시름겹고,	落日煙空愁去鳥
고향 산의 구름 낀 숲 우는 두견 원망하리,	故山雲木怨啼鵑
내일 아침 또한 바로 돌아갈 길 생각하니,	明朝又是懷歸路
두 곳에서 서로 그려 각각 멍해지겠구려!	兩地相思各惘然

* 嘉林 : 이것은 바로 林川이라는 곳을 지칭하며, 지금의 충남 扶餘 일부를 말한다.
* 同學 : 같이 공부하는 친구들.
* 飄零 : 나뭇잎처럼 바람에 흩날려 떨어지는 상태. 불행한 신세로 떠도는 상태.

해설 나는 고독한 나그네의 신세로 자네와 오래 헤어져 있던 끝에 서로 만났네만, 많은 벗들과 지인들이 이미 많이 고인이 되고 서로 소식도 모르는 아픔을 안은 채 귀향도 할 수 없는 형편인데, 내일 아침 내가 떠나면 우리는 각기 두 곳에서 서로 망현히 그리워 하기만 하게 됐다는 탄식의 시다.

奉別權員外書狀之行.

서장관으로 가시는 권원외를 받들어 작별하면서.

조공 직책 항상 닦을 외국 나라 신하로서,	常脩職貢外藩臣
요동 요새 연산 지역 힘든 고생 많겠지만,	遼塞燕山多苦辛
원외님의 이번 행차 부지런히 가신다면,	員外此行勤跋涉
북경에선 어느 날쯤 천자 명을 받들까요?	帝京何日奉絲綸
다섯 문의 맑은 시계 청쇄까지 들릴 테고,	五門淸漏連淸瑣
세 전각의 신선 향긴 천자 자릴 감돌 텐데,	三殿仙香繞紫宸
좋게 수 천 관원들과 함께 축하 드리시리,	好與千官同拜賀
"성명하신 천자님은 만년 장수 하시라"며.	聖明天子萬年春

* 五門 : 중국의 황제의 궁궐에는 다섯 개의 문을 설치했는데, 路門과 應門과 雉門과 庫門과 皐門이었다.
* 淸瑣 : 이것은 원래 "靑瑣"를 "淸瑣"로 誤認하여 잘못 쓴 것으로 추정되며, "靑瑣"는 중국의 唐나라 때 궁중의 한 門의 명칭이었다.
* 三殿 : 중국의 唐나라 때 황제가 집무하던 세 殿閣이었다. 그래서 貢師泰의 詩에 "五門三殿一時開[다섯 문과 세 전각이 일시에 열리누나!]"라고 한 시구가 있다.
* 紫宸 : 중국의 唐나라 때 황제가 주로 집무하던 한 전각의 명칭이었다.

해설 전반부에서는 사절단으로 가면서 여정에 힘들고 고생스러울 상황을 추정하여 서술하고, 후반부에서는 중국의 북경 자금성 안의 연회석이 화려하고 엄숙할 광경과 사신 · 외국사절들의 축하하는 정경을 상상하여 제시하고 있는 시로, 아마도 상대인 권원외(權員外)가 상절사(聖節使)의 일원(一員)으로 가게 됐던 것으로 추정된다.

贈別韓景洪濩.

한견홍 호와 작별하면서 지어 주다.

서쪽 거리 굽은 골목 윤씨네 집 별장에선,	西街曲巷尹家庄
갈 적마다 그냥 항상 술잔 잡고 마셨기로,	每到尋常把酒觴
한창 좋던 그 옛날은 꿈속인 듯 싶으건만,	全盛舊時如夢寐
난리 만난 오늘에는 다시 처량해진 채로,	亂離今日更凄凉
짧아진 옷 북쪽 변경 풍상 속에 고생이고,	短衣關塞風霜苦
한 마리 말 서울 향해 가는 길은 멀 뿐인데,	匹馬秦京道路長
지나간 일 아득하여 물어도 볼 곳 없으니,	往事悠悠問無處
그댈 송별하며 어찌 옷깃 젖지 않겠는가?	送君安得不沾裳

해설 전반은 함께 누린 지난 날을 그리워 하며 지금을 슬퍼하는 심경을 말하고, 후반부에서는 상대(한석봉(韓石峰) 호(濩))와 자신이 서로 이별한 뒤에는 더욱 고적하게 될 정황을 슬픈 푸념으로 읊고 있다.

그리고 경련의 앞구에는 작자 자신이, 뒷구에는 상대인 한호가 각기 주어로서 생략되어 있는 것임을 알아야 한다.

江東逢金基祿話舊.

강동에서 김기록을 만나 옛날을 이야기하며.

원주 지역 여관에서 옛날 머물렀었던 것,	原州賓館昔留連
지금 손을 꼽아 보니 이십년이 돼버린 채,	屈指于今二十年
근력일랑 쇠약해진 뒤라 절로 슬퍼지고,	筋力自嗟衰謝後
세월 속 일 난리 나기 전이 사뭇 그리운데,	歲時長憶亂離前
타향 여긴 풍경들도 전쟁판에 들어 있고,	他鄉物色干戈際
고향 거긴 강산들도 꿈길에만 맴도는데,	故國山河夢寐邊
이제부턴 서로 만남 바로 서로 이별 되니,	從此相逢是相別
머리 돌려 멍해짐을 견뎌내지 못하겠소!	不堪回首意茫然

해설 아마도 같은 고향(원주(原州))의 벗이었던 것으로 추정되는 이 김기록(金基祿)과 헤어진 지 오랜만에 이 객지에서 서로 만나 참으로 기쁘지만, 이 전쟁 통에 서로 사뭇 함께 있을 수도 없는 처리라, 만남이 곧 이별이 될 수 밖에 없어 슬픔을 못 견디겠다는 것이다.

그래서 이런 정황을 함련과 경련으로 구상하고 이 간절한 시상의 굴절변조(屈折變調)와 이를 위한 그 조어(造語)와 배구(配句)는, 작자의 한자어문(漢字語文)에 대한 그 활용 수준이 가위 능수임을 잘 보여주는 것이다.

江東贈主倅洪子敬.

강동에서 원님 홍자경에게 지어 주다.

등잔불은 사위면서 밝다 도로 흐려지며,	缸花結燼明還翳
오늘 저녁 시름 한 나 잠 자리도 편찮아서,	此夕愁人枕未安
오랜 이별 절로 그냥 기쁨일랑 거의 없고,	久別自然歡意少
먼 곳 유랑 유난 알게 나그네 정 괴로운데,	遠遊偏覺旅情難
휑한 마을 달빛 캄캄 다듬이질 빨라지고,	荒村月黑砧聲急
높은 하늘 서리 내려 기러기떼 추워진 채,	碧落霜深雁影寒
많은 병에 근래에는 아주 너무 야위어져,	多病近來消瘦甚
전의 옷은 헐렁해져 다시 입을 수도 없네!	不堪重着故衣寬

* 缸花 : 등불을 지칭하는 말.

해설 전반부는 유랑하는 나그네로서 가을밤을 맞아서 지금까지 겪어온 자신의 처량한 처지를 되짚어보고, 후반부에서는 이 타향의 적막한 가을밤 풍경과 병중에 있는 자신의 형편을 숨김없이 서술하고 있다.

그런데 함련의 구상과 수사는 놀라울 만큼 치밀하고 절실하게 이루어져, 작자의 능숙한 솜씨를 잘 보여주고 있다.

登白華山.

백화산에 올라 서서.

이 서악은 중천 솟아 멀리 속진 끊긴 채라,	西岳中天逈絶塵
운대에서 멀리 신선 바라보며 예배하나,	雲臺遙禮望仙眞
봉래산과 약수물은 삼천 리나 먼 곳이요,	蓬山弱水三千里
서왕모네 복숭아는 일만 년에 봄 된다니,	王母蟠桃一萬春
예서 가도 아물아물 정해진 곳 알 수 없고,	此去微茫無定所
이제까지 맑나 얕나 누구에게 묻겠는가?	向來淸淺問誰人
어떡해야 시원스런 기운 다시 잡아 타고,	何當更御冷冷(泠泠)氣
부상 바다 약목 나룰 두루 다녀 볼 것인가?	遍歷扶桑若水津

---

* 西嶽 : 이것은 중국의 五嶽 중 하나로 "華山"을 지칭하며, 여기에는 老子가 타고 다니는 青牛를 매어 놓았던 나무가 있다고 전해지며, 이 작품에서는 이 "白華山"을 "華山"으로 비겨서 읊고 있다.
* 雲臺 : 중국의 四川省에 있는 산으로, 이 산 속에는 麻姑 · 芙蓉 · 平仙 · 峻仙이라는 네 개의 신비로운 洞天(골짜기)이 있다.
* 弱水 : 『史記』 <大宏傳>에 "有弱水西王母[약수 서왕모가 있다]"라고 하였고, 『書經』 <禹貢>에 "弱水旣西[약수가 이미 서쪽으로 나 있다]"라고 하였는데, 이 弱水는 대체적으로 지금의 중국 甘肅省에서 발원해서 寧夏省으로 흘러가서 居延海로 흘러 들어가는 것과 崑崙山에서 흘러나온다는 물을 지칭한다. 그리고 이것은 그 길이를 옛 사람들이 "三千里"라고 여겨 "弱水三千里"라고 지칭해 왔다. 그런데 여기에서 "蓬山弱水三千里"라고 한 것은 이 "弱水"가 신선이 산다는 "蓬萊山"에서 흘러서 "三千里"만큼

멀다는 의미로 쓰여지고 있다.

* 蟠桃 : 이것은 여성 신선인 西王母가 瑤池 가에 심어 놓았다는 복숭아로 신선이 먹는 복숭아, 또는 먹으면 신선이 된다고 해서 "仙桃"라고도 하며, 3천 년만에 꽃이 피고 3천 년만에 열매가 하나씩 맺는다고 하며, 중국의 漢나라 때 東方朔이 이 西王母의 복숭아를 훔쳐서 먹고 신선이 되었다고 한다.

* 冷冷 : 서늘한 상태.

....

해설 자신이 지금 올라온 이 백화산을 중국의 서악(西嶽)인 화산(華山)으로 삼아서 멀리 신선이 되어 공중으로 올라가서 노닐기를 바라지만, 봉래산과 약수는 삼천 리나 멀고, 먹고 싶은 선도(복숭아)는 일만 년이 지나야 열린다고 하니 희망해 볼 수도 없는 터라, 다만 신선이 탄다는 그 바람이나 한번 잡아 타고 동쪽에 해가 뜬다는 부상과 서쪽에 해가 진다는 약목진이나 유람했으면 좋겠다는 소원을 읊고 있다.

그런데 위의 "약수(若水)"는 아무래도 "약목(若木)"을 오기(誤記)한 것으로 판단된다. "약수(若水)"는 중국의 "아룡강(雅龍江)"을 말하고 "약목(若木)"은 바로 해가 지는 곳에 있다는 나무를 지칭하는 것으로, 이백(李白)의 시(詩)에 "西海栽若木 東溟植扶桑[서해에다 약목을 심고, 동해에는 부상을 심어]"라고 하였다. 그리고 이 "약수(若水)"는 셋째 구의 "弱水"의 "水"자와 겹쳐져 있어서 더욱 "약목(若水)"이 맞는 것으로 판단된다.

次鄭文孚令公韻.

정문부 영공의 운을 따라 짓다.

타향 사람 어느 곳서 이별 시름하게 되나?	離人何處起離愁
강가 나무 바람 따라 잎들 모두 날리면서,	江木隨風葉盡流
요동 변방 멀리 이은 산 풍경이 저문 때와,	遼塞遙連山色晩
북녘 구름 높이 나는 기럭 우는 가을인데,	朔雲高送雁聲秋
삼 년 동안 아직까지 사마상여 병 안은 채,	三年尙抱馬卿病
천 리 와서 되려 왕찬 다락 위에 올라 서서,	千里還登王粲樓
떠난 서울 그린 고향 머리 돌려 바라보나,	去國懷鄕回首望
푸른 하늘 끝도 없고 물만 하냥 흘러가네!	碧天無際水悠悠

해설 이 시는 정녕 작자가 낙엽이 지는 늦가을, 함경도 북쪽 두만강가 어느 한 곳에서, 그 곳의 한 정자나 누각에 걸려 있었을 함경도 병마절도사(兵馬節度使)였던 정문부(鄭文孚)의 시를 읽고 그 운을 따라 지은 것이다. 이 변경 산들에 해가 지는 저녁 무렵과 기러기가 높은 하늘에 울고 지나가는 이 늦가을이라 자신은 더욱 고향을 떠나온 나그네의 향수를 못 견뎌 하면서, 병이 들었던 사마상여(司馬相如)처럼, 누각에 올라 고향을 그리워 한 왕찬(王粲)처럼 고향을 그리워 하고 있다는 것이다.

奉送李鵝溪宣慰之行.

이아계가 선위사로 가는 것을 받들어 전송하면서.

문장별이 궁안 계단 하직하고 물러날 젠, 文星辭下紫螭頭
봉황 궁궐 맑은 노을 푸른 누각 적셨지만, 鳳闕晴霞濕翠樓
해변 밭에 서리 질 땐 외론 역서 새벽 맞고, 霜落海田孤驛曉
국경 숲에 잎 날릴 젠 널린 산봉 가을 되어, 葉飛關樹亂峰秋
지역 요동 왼쪽 이어 첫 추위가 이를 테고, 地連遼左生寒早
강물 우리 땅 벗어나 하늘 허허로울 텐데, 江出夷中積氣浮
국사 홀로 능하시나 꼭 노력을 하옵소서, 王事獨賢須努力
검은 갖옷 북방 바람 불려 해어질 터이니! 朔風吹弊黑貂裘

---

* 宣慰 : 이것은 "宣慰使"의 준말이며, 이것은 중국에서 오는 使臣을 영접하여 상대하고 대접하는 임무를 띤 임시의 관리이나, 正二品 이상의 관리 중에서 인품과 문장 재능을 갖춘 사람으로 선발 임명되었다.
* 文星 : 하늘에 있는 별 중에서 인간 세상의 문장 재능을 총괄하는 역할을 한다는 별로서, 문장의 재능이 뛰어난 사람을 대유하는 말로 쓰여졌으며, 여기서는 물론 주인공인 鵝溪 李山海를 지칭하는 것이다.
* 紫螭頭 : 여기에서 "紫"는 임금님의 궁궐인 "紫宮"의 준말이고, "螭頭"는 "螭首"와 같은 말로 왕궁의 돌계단 기둥에 새긴 교룡의 모양을 말하며, 그래서 여기서는 바로 왕궁의 계단을 말한다.
* 生寒 : 여기서 "生"자는 우리말로 "익지 않은 날 것이라"는 말로, 이 "生寒"은 익숙하지 않은 "아주 추운 첫 추위"를 말한다.
* 積氣 : 이것은 "쌓인 기운"이라는 말로 바로 "하늘"을 가리키는 것이다.

* 王事 : 이것은 글자대로의 뜻이 “임금님의 일”이지만, 바로 “國事[나라의 일]”이라는 말이다.
* 獨賢 : 이것은 주인공 李鵝溪(李山海)가 “중국과의 외교적인 나라의 일을 유독 잘 처리할 훌륭한 능력이 있어서”라는 말이며, 그래서 宣慰使로 발탁되었다는 말이다.

해설 아계(鵝溪) 이산해(李山海)가 영광스런 선위사로 임명되어 임금님께 사은(謝恩)하고 왕궁을 떠나는 광경의 묘사로 시작해서, 함련과 경련으로 늦가을의 여정(旅程)에서 험난하고 고생스러울 상황을 서술하면서도, 미련에서 부디 소임을 잘 수행하고 건강하게 잘 돌아오시라는 당부를 하고 있다.

次長律韻.

긴 율시의 운을 따라 짓다.

바위 언덕 솔은 늙어 바람 못에 기울은 채,	石崖松老倚風潭
가만 소리 시원하게 멀리까지 울리는데,	陰籟泠泠響遠含
온 골짝의 구름 안갠 되려 검은 빛을 띠도,	一壑雲霞還黛色
수 만 집들 복사 살군 아직 붉게 펴 있으며,	萬家桃杏尚紅酣
도가 책장 때로 열면 책은 항상 가득 있고,	時開道篋書長滿
홀로 숲속 스님 짝해 자리 함께 해보면서,	獨伴林僧席共參

이미 바위 정자 찾아 시골 취미 길들여져, 已向巖亭成野趣
담쟁이 속 해진 길서 초동 얘길 들어 보네! 日斜蘿逕聽樵談

---

* 風潭 : 폭포가 쏟아지며 생긴 못(소)에는 바람이 일기 때문에 "風潭[바람 못]"이라고 표현한 것이다.
* 陰籟 : 여기의 "陰"자는 "안들리는 듯 들리는"이라는 말이며, "籟"자는 "소리"라는 의미인데 여기서는 바로 앞 구에서 인용된 늙은 소나무가 바람에 불려서 내는 소리를 말하는 것이다. 따라서 이 "陰籟"는 "가만히 들으면 안 들리는 듯이 들리는 솔바람 소리"를 말하며 그래서 "가만 소리"로 번역하였다.

해설 바위 절벽에 붙어 선 채 늙은 소나무의 신비로운 바람 소리로 발상을 하여, 이미 짙어진 봄 풍경의 서술과 함께 도가 서적의 탐독과 승려들과의 교유를 즐기면서, 한편 초동들과의 한담도 즐기면서 보내는 시골의 삶을 모처럼 즐기는 흥취를 읊고 있다.

放赦後寄荷谷.

하곡이 사면을 받아 풀려난 뒤에 지어서 부쳐 보내다.

오색지의 임금님 글 궁안에서 내려져서, 五色鸞書下紫雲
가을 오자 귀양 손님 기러기 패 돼 왔건만, 秋來遷客雁爲群

살아 고향 와서 보니 전답 동산 황폐하고,	生還古里田園廢
울며 절한 새 산소엔 풀 · 나무만 막 자란 채,	泣拜新阡草樹分
외론 달 뜬 새벽 산만 시름 싸여 마주 보고,	孤月曉山愁裏對
구중 궁궐 시계 소린 꿈속서만 들을 텐데,	九天仙漏夢中聞
어느 때쯤 삼청동 길 좋게 향해 찾아가서,	何時好向三淸路
무르익은 봄을 맞아 다시 놀일 하게 될까?	更奉東皇太一君

* 鸞書 : "鸞"은 임금을 대유하는 말이라 "鸞書"는 임금님의 말씀이나 명령을 말한다.

* 雁爲群 : 글자들이 뜻하는 대로는 "기러기와 무리가 된다"인데, 여기서는 바로 주인공 許篈이 이 가을 북쪽 지역 귀양지에서 풀려나서 남쪽 서울로 돌아오는 것이라, 마침 기러기들도 가을을 맞아서 북쪽에서 남쪽으로 날아오는 터라, 그 기러기들과 함께 온다는 뜻으로 쓰인 말이다.

* 分 : 이 글자가 여기에서는 "紛(아무렇게나 막, 무질서 하게)"자와 같은 뜻으로 쓰인 것이다.

해설 성은(聖恩)을 입고 용서를 받아 고향에 돌아왔으나, 전답이나 동산이 모두 황폐하여 버려져 있고, 그 사이 부모님이 돌아가셔서 새로 모신 산소에도 아무도 안 돌봐서 풀과 나무들만 마구 자라나 있어 슬픔을 금할 수 없을 테인데, 거기다가 조정으로부터 소외되어 더 이상 은전을 못 입고 있으니, 언제쯤에나 우리가 함께 다시 서울에서 만나 삼청동에 가서 놀이하는 기회를 가질 수 있을지 안타깝다는 것이다.

送李伯生賀至.

동지(冬至) 하정사(賀正使)로 가는 이백생을 전송하면서.

<동지(冬至) 하정사(賀正使)로 가는 이백생을 전송하면서> 백생(伯生)은 바로 이순인(李純仁)의 자(字)다.

팔월에도 변방 서리 국경 풀들 누럴 텐데,	八月邊霜塞草黃
사절 마차 출발 재촉 요양으로 올라가면,	使車催發上遼陽
사막 중엔 말 물 마신 장성굴이 있을 게고,	沙中飮馬長城窟
관 밖으론 가을 지난 옛 싸움터일 것이며,	關外經秋古戰場
수 만 나라 사절들은 이 모임에 같이하니,	萬國衣冠同此會
많은 사람 언어들은 지방(나라) 따라 달리해도.	衆人言語各殊方
값진 달력 배포 받아 동쪽 귀환하는 날엔,	行頒寶曆東還日
사해 날린 문장 명성 노정 가득 빛나리다!	照海文星滿路光

* 賀至 : 이것은 당시 중국 明나라에 신년 축하 사절로 가는 "冬至 賀正使"를 축약하여 지칭한 말이다.
* 照海文星 : 여기에서 "照海"는 "照于四海[四海 곧 온 세상에 비추어질]"이라는 의미의 준말이고, "文星[하늘에 있는 文章의 별]"인데 여기서는 물론 주인공 李純仁의 글 짓는 재능을 비유한 말이며, 따라서 이 "照海文星"은 바로 "글 잘 짓는 이순인 그대의 재능이 온 세상에 널리 알려질 것이라"는 칭송의 표현이다.

해설 전반부는 가을이 끝나며 겨울이 시작되는 시기에 사절(使節)로 가는 여정과 북경에서의 만국(萬國) 사신(使臣)들의 의관(衣冠)과 언어의 다양성을 추정하여 서술하고, 후반부는 이른바 "거동궤 서동문(車同軌 書同文)이라는 유교문화의 가치 기준과 문자(文字)로 공동체인 회합의 현장"에서 이순인 그대는 글 잘 짓는 그 재능을 한껏 발휘하고 오기를 기대한다는 극찬의 칭송과 함께 축원의 시다.

題湖寺僧卷.

호사(지금 서울 강남의 봉은사) 스님 시권(詩卷)에 지어 써넣다.

갠날 서로 비둘기들 아침 내내 지저귀고,	晴鳩相逐喚終朝
잠 깨어난 스님 방은 고요한 채 닫혔으니,	睡起僧房掩寂寥
깊은 절안 정에 든 속 참선 손만 앉아 있고,	深院定中禪客坐
상방에는 재 올린 뒤 부처 앞 향 사윈 챈데,	上方齋後佛香銷
봄 맞은 산 한 밤 사이 궁궁이 풀 컸으련만,	春山一夜蘼蕪長
고향길은 한 밤중에 꿈속서도 멀 뿐이라,	鄉國三更夢寐遙
다시 우리 스님하고 은근 약속 말해 보나,	更與吾師說幽約
언제쯤에 광릉 다릴 다시 건널 수 있을꼬?	幾時重渡廣陵橋

해설 이 작품은 전반부 수, 함련이 정감의 치밀한 상호 유기성이 유지되어 있지 않고 산만한 듯하지만, 사찰에 와서 체험하는 풍경들 자체가 작자에게 화평 안온한 정감으로 자아화하지 못하고 오히려 타자화하여 외로움을 환기함으로써, 오히려 작자에게 향수를 자극하여 말없이 애틋한 귀향의 염원을 절감하게 함으로써, 이내 재회의 언약도 언제 지켜질 지 모르겠다는 말이며, 그래서 이것은 물론 귀향을 하면 다시는 언제 서울에 돌아올지 모르겠다는 문외(文外)의 의미를 시사하고 있다. 그리고 이 작품에서 "春山"은 물론 "봄을 맞는 고향의 산"을 말한다.

上月汀亞相.

월정(윤근수) 아상(판서)께 지어 올리다.

객 이불엔 가을 기운 밤은 아득 깊어가고,	客衾秋氣夜迢迢
깊숙 집안 적막 속에 반딧불만 날아갈 뿐,	深屋流螢度寂寥
달빛 가득 뜨락에는 찬 이슬이 젖어 있고,	明月滿庭涼露濕
물과 같은 푸른 하늘 은하수는 멀 뿐인데,	碧天如水絳河遙
객지 사람 천 리 산에 귀향 꿈도 끊어진 채,	離人夢斷千里嶺
물시계는 열두 다리 밤시간도 다 가건만,	禁漏聲殘十二橋
지척 두고 동각노인 새삼 그려지는 것은,	咫尺更懷東閣老
귀한 댁 문 차단 장치 높이 가려서입니다!	貴門行馬隔雲霄

* 月汀 : 당시의 判書(亞相)였던 尹根壽의 호다.
* 十二橋 : 宮闕이나 都城 안의 다리를 말하며, 이 "十二"라는 수자는 "十二衢" · "十二樓"처럼 넓고 화려한 공간을 지칭하는 말로 많이 쓰였으며, 이 "十二橋"가 여기서는 그냥 당시 서울을 지칭하는 말로 쓰였다.
* 東閣老 : 중국의 漢나라 때 公孫弘이 丞相이 되어 "東閣"을 짓고 東向의 小門을 만들어 놓고 훌륭한 선비들을 초청해서 조정에 추천하였다. 따라서 이 "東閣老[동각의 주인인 노인]"이라는 말로 바로 시의 주인공인 月汀 尹根壽를 지칭한 것이다. 그래서 이 용어를 원용한 것 자체가 돌봄의 호소 의미를 담은 것이다.
* 貴門 : 이 어휘는 "高官님들의 집의 문"이라는 말로 물론 여가서는 月汀 亞相(判書)님 댁 말고 다른 高官님 댁의 문이라는 의미로서, 다른 분들에게는 너무 엄두도 낼 수 없이 격리감을 느껴서 月汀 亞相님께만 이렇게 자신의 처지를 호소해 본다는 말이다.
* 行馬 : 중요한 기관이나 宮闕, 또는 고급 관리들의 집 앞에 엄중한 경계를 위해서 설치한 차단장치나 장애물을 말한다.

해설 이 추워지는 가을 밤을 맞아 어디에도 의탁할 곳이 없이 귀향의 꿈조차 끊긴 나그네의 신세로, 자신에게 친근감을 베푸시는 아상(亞相;판서(判書))님께 가까이 가고 싶지만 그것이 쉽지 않아, 이렇게 시를 올려 돌봐주심을 호소해 본다는 안타까운 몸짓이다.

九日黃岡.

구월 구일에 황강에서.

가을 바람 불린 잎들 모두 가지 떨어져서,	西風吹葉葉辭柯
이런 오늘 올라 보니 한 해 계절 느꺼워져,	此日登臨感歲華
한 잔 술을 갖고래도 명절 맞아 보자 해서,	欲把一杯酬令節
많은 병을 억지 부축 국화꽃을 꺾고 보나,	强扶多病折黃花
돈도 없는 처사로서 도팽택의 처지에다,	無錢處士陶彭澤
모자 떨군 참군이던 진의 맹가 같은 터라,	落帽參軍晉孟嘉
천 년 동안 풍류만은 함께 없어지진 않아,	千載風流俱不泯
저문 하늘 돌아 보며 홀로 길게 감탄하네!	暮天回首獨長嗟

해설 아마도 객지일 이 곳의 가을 중구일(重九日)을 맞아 황강 둔덕에 올라 서서, 정녕 저 중국의 옛날 도연명(陶淵明)이나 맹가(孟嘉) 같은 풍류 놀이를 회고하며, 자신의 슬픈 떠돌이 신세를 못견뎌 하는 심경을 읊은 시다. 함련과 경련의 유기적 시상 변조와 그것을 위한 굴절신장의 수사적 구성은 아주 놀랍고 능숙한 솜씨를 보이고 있다.

降仙樓夜懷.

강선루에서 밤에 느낀 회포.

아득 높은 붉은 난간 신선세상 굽어 보고,	迢遰朱闌俯碧城
하늘 가득 별자리에 밤 구름은 가쁜한데,	滿天星斗夜雲輕
일 천 리나 이 밖으로 몸은 어찌 멀리 왔나?	一千里外身何遠
열두 산봉 이 앞에는 달만 바로 밝은 채로,	十二峰前月正明
많은 병에 무협 꿈도 능히 꾸지 못하면서,	多病未能成峽夢
홀로 와서 외려 제냥 강물 소리 듣는다만,	獨來猶自聽江聲
신선 세상 꼭 딴 세계 게서 찾을 필욘 없네,	仙居不必求他界
어느 곳의 구산에만 옥 생황이 있겠는가?	何處緱山有玉笙

* 降仙樓 : 평안도 成川에 있는 누각.
* 碧城 : 신서들이 산다는 城.

해설 객지의 나그네 신세로 이 성천(成川) 강선루(降仙樓)에 올라서서, 흔히들 하는 대로 신선의 세상을 동경하고 선녀를 상상해 왔으나, 자신은 오히려 이제 이 강선루를 신선의 공간으로 알고 즐기겠다는 자위의 시다.

奉寄月汀大人.

월정 대인께 받들어 부치다.

하늘 끝서 익힌 밥에 마침 청명 맞았으나,	天涯熟食適淸明
타향에서 멈춰져서 객지 심정 맛보면서,	異地淹留見客情
서울에선 수년 동안 소식일랑 끊긴 채로,	京洛數年消食斷
이별해서 한 밤중의 꿈 속 혼도 놀라깨며,	別離中夜夢魂驚
고관이야 이미 제냥 공훈인의 차지이고,	高官已自歸勳業
조물주도 큰 명성을 끝내 꺼려할 뿐이나,	造物終須忌盛名
이제부터 봄바람은 무한 좋게 불 것이니,	從此春風無限好
산 있으면 어디인들 귀농 못하겠습니까?	有山何處不歸耕

해설 "객지를 떠도는 나그네 신세로 종내 이 세상에서 제대로 받아들여지지 못한 채, 어느 한 곳도 안정하게 살 곳이 없으니, 만약 가서 의탁할 산중의 한 곳이라도 있다면, 봄바람을 맞으며 돌아가서 농사를 못 짓겠습니까?"라며 자신의 처지를 애타게 호소해 보는 시다.

平壤感懷.

평양에서 감회를 읊다.

집 떠나서 구슬 꿰듯 일찍 시를 짓고 나서,	離家曾製玉連環
취해서는 화장 다리 미인들 틈 기댔을 적,	醉倚紅粧間翠鬟
같은 자리 친구들은 포사 둘을 능가했고,	同席友朋凌鮑謝
성안 가득 꽃 버들로 강과 산들 고왔건만,	滿城花柳好江山
그 당시에 누린 낙은 모두 봄꿈 돼버린 채,	當時行樂皆春夢
오늘 이젠 몰락하여 다만 괴론 얼굴일 뿐,	此日飄零但苦顔
동으로 흐르는 물을 향해 지난 일들 물으려니,	欲向東流問往事
저 아래 강 안개 낀 숲 새만 날아 돌아오네!	下江煙樹鳥飛還

* 玉連環 : 원래는 중국의 宋나라 張先之가 지은 詞牌를 말하나, 여기에서는 무슨 내력이 있는 명사 어휘로 쓰인 것이 아니고, 구슬을 연달아 꿰듯 좋은 시구들로 지어지는 시를 비교하여 쓰인 말로 추정된다.
* 鮑謝 : 중국의 南北朝 시대 시인들인 鮑照와 謝玄暉를 지칭한다.
* 東流 : 이것은 "東流水[동쪽으로 흐르는 물]"의 준말로, 중국의 큰 강물 예컨대 黃河나 長江 같은 강물들은 서쪽에 동쪽으로만 영원 불변하여 흐르기 때문에, 영원 불변하여 과거에서 미래로 절대 불변하며 흘러가는 시간을 상징하는 말로 비유하여 써왔다.

해설 과거에 평양에 처음 갔었을 적에 벗들과 함께 시를 짓고 술을 마셨던 일들을 지금 회고해 보니, 허망한 한바탕 봄꿈 같을 뿐인 채, 떠돌이 신세의 지금 몰골로만 남아 흘러간 세월 속의 지난간 일들을 물어 보자 하니, 대동강 가의 풍경만 남아 말이 없다는 감탄과 회고의 정을 읊고 있다.

立春吳體. "吳體" 必是 "吳蔡體(金元際吳彦高與蔡伯堅之樂府詩體) 之約語也.
입춘날 오체를 따라 짓다.

<입춘날 오체를 따라 짓다> "오체(吳體)"는 정녕 중국의 금(金)나라와 원(元)나라 교체기에 오언고(吳彦高)와 채백견(蔡伯堅)에 의하여 지어지기 시작한 악부시체(樂府詩體)인 "오언체(吳蔡體)"의 준말일 것이다.

강동에서 나그내로 입춘날을 만났으나,	江東客裏逢立春
시절 맞은 풍광들은 사람 시름겹게 하여,	節物風光愁殺人
밥상 위엔 햇나물을 찾아 먹을 것이 없고,	盤中生菜不可食
문 앞 늘인 버들가진 되려 찌프린 듯한데,	門前柳條還欲嚬
하염없이 서쪽 변방 홀몸 멀리 와 있는 채,	悠悠西塞獨身遠
아득하게 남쪽에는 전쟁 먼지 자욱타니,	杳杳南國多兵塵

종묘 사직 중흥 책임 대신들이 계시건만, 中興宗社大臣在
소망 애타 눈물 흘러 옷 · 수건을 적시누나! 悵望涕淚沾衣巾

해설 당시 평안도 강동(江東)에 나그네 신세로 있었던 작자가 봄을 만나서도, 강동이 서북 지역인 데에다 전란 중이라 입춘이 되었어도 아직은 날씨도 춥고 을씨년한 상황이라, 더욱 절감하게 되는 자신의 고적한 심경과 절박한 나라 형편에 대한 근심을 읊어내고 있다.

客懷.

객지에서 절감하는 회포.

이 내 몸이 어찌 다시 저쪽 이쪽 따지겠나? 此身那復計西東
닿는 곳서 하염없이 떠돌이인 처지로서, 到處悠悠逐轉蓬
같이 지낸 옛 친구들 다 흩어가버린 뒤요, 同舍故人流落後
타향에서 맞은 새핸 난리 겪는 속에선데, 異鄉新歲亂離中
돌아가는 기러기는 천 봉 눈을 지나 날고, 歸鴻影度千峰雪
끝나가는 호각 소린 새벽 바람 실려 나니, 殘角聲飛五夜風
슬프구나 물 구름에 가려 막힌 관 밖 길서, 惆悵水雲關外路
점점 고운 풀을 보며 그리움만 끝 없겠네! 漸看芳草思無窮

해설 정확히는 모르지만 아마도 북쪽 변방 어느 지역이었을 곳에서, 떠돌이인 신세로 난리를 겪는 중에 새해의 봄을 맞으면서, 간절해지는 향수를 못 견뎌 하며 읊은 시다. 함련의 구상과 수사는 역시 능숙한 솜씨를 잘 보여주고 있다.

謝勤上人.

근상인에게 고마워 하며.

산골 새로 집을 짓고 늙은 농부 되어 살며,	新家峽裏老農居
채마밭서 수확되면 그 밖에는 원치 않고,	田圃收功不願餘
온갖 생계 꾀해 봐야 상책이란 없지마는,	百計謀生無上策
둬 수 시로 고민 풀게 붓은 준비 돼 있으며,	數詩排悶有中書
갠 가을엔 숲속 길에 때로 약을 먹고 걷고,	秋晴林逕時行藥
비 온 뒤엔 시내 웅덩 바로 낚시질을 하니,	雨後溪潭見釣魚
오직 시골 스님만이 나의 뜻을 알고 있어,	惟有野僧知我意
"요즘 산골 붙어 살기 어떠냐?"며 묻는구려!	近來栖息問何如

* 中書 : 이것은 "中書君"의 준말로서 "붓"을 지칭하는 말이다.

* 行藥 : 중국의 晉과 南北朝 시대에는 사람들이 "五石散"이라는 약을 먹고 나서 산보를 하며 가슴 속을 풀어내는 관행을 좋아 했는데, 이것을 "行藥"이라고 하였다.

* 見 : 여기에서 이 글자는 "立[곧 · 바로]"자와 같은 부사적인 의미의 글자로 쓰였다.

해설 산골 속에 새로 자리를 잡아 늙은 농부가 되어, 채마밭을 가꾸는 것만으로 무한히 만족하고, 잘 사는 재간은 없지만 시나 읊으며 산수자연에 소요자적하면서, 자신의 뜻을 알아 배려해 주는 스님에게 깊이 감사하는 심경을 전하고 있다. 이 작품에서도 함련과 경련으로 자신의 실제 진솔한 근황을 전하는 구상과 수사가 무작위의 작위 형태로 잘 이루어져 있다.

贈平壤少尹韓仲孚.

평양 소윤 한중부에게 주다.

<평양 소윤 한중부에게 주다> 한중부(韓仲孚)는 한언침(韓彦忱)을 말하며, 중부(仲孚)는 언침(彦忱)의 자(字)이고 호(號)는 성은(城隱)이다.

서관 와서 눈을 들어 사방 봐야 친구 없이,	西關擧目四無親
제 그림자 돌아보며 다만 한 몸 뿐인 채로,	顧影依依只一身
왕찬처럼 귀향 못해 손이 된지 오래면서,	王粲未歸爲客久
마경처럼 병 많은데 본래 집도 가난하며,	馬卿多病本家貧

길에 가득 벼슬아친 모두 신임 귀관이고, 青雲滿路皆新貴
흰머리로 다시 만남 바로 옛날 친구이니, 白首重逢是故人
명년 이월 아님 삼월 잡아 놓고 기다리세, 待取明年二三月
옛 성에는 안개 버들 대동강엔 봄 올 테니! 古城煙柳浿江春

---

* 馬卿 : 중국의 漢나라 때 문장가인 司馬相如를 말하며, 그의 자가 "長卿"이라 "司馬長卿"이라고도 하여 이것을 줄여서 "馬卿"이라고도 칭한다.

해설 이 서관 평양에 와서 사고무친(四顧無親)의 외로운 나고네 신세로, 벗도 없이 외로운 처지에 있으면서 간구한 생활에다 병까지 많은데, 새로 벼슬한 많은 사람들은 나와는 상관도 없고, 흰머리로 늙은 옛 친구 한중부(韓仲孚) 그대만이 나의 벗이니, 명년 2,3월을 기다려 평양의 봄맞이나 함께 하자는 간청을 하고 있다.

여기에서도 함련의 자기 처지를 비유하며 원용한 전고는 매우 적절하면서도 자연스럽게 잘 이루어져 있다.

寒食.
한식날.

아침 내내 비바람이 봄 맞은 성 자욱하여, 終朝風雨暗春城

제 지내고 돌아와서 낡은 사립 닫고 나니, 祭罷歸來掩蔽扃
한식에다 청명에다 삼월달이 가까워도, 寒食淸明三月近
병 시름과 이별 한만 일시 몰려 오건마는, 病愁離思一時生
큰 다리께 여린 버들 새 빛깔을 더 보탰고, 官橋嫩柳新添色
울안 숲에 우는 새들 벌써 소리 변했으니, 園樹鳴禽已變聲
가는 세월 흐르는 물 꼭 같은 걸 처음 알아, 始覺流年同逝水
허연 머리 수 천 가닥 세버리게 놓아 뒀네! 任他華髮白千莖

해설 늙고 병든 심신으로 봄을 맞으며, 가는 세월과 새로워지는 자연 풍광을 절감하면서도, 늙어가는 자신의 신세를 애써 자연적 순리로 세월에 맡겨 자위하고 있다.

寄安州牧使金德誠.

안주목사 김덕성에게 부치다.

금년에도 지난해의 그 가지선 꽃 피건만, 今年花發去年枝
절기 청명 지나가니 늙어 새삼 서러운데, 節過淸明老更悲
깊은 울안 새 소리는 봄비 내린 바로 뒤고, 深院鳥聲春雨後
높낮은 산 아지랑인 석양 지는 무렵이라, 亂山嵐氣夕陽時
작은 산길 찾아 가며 새로 자란 풀 헤치고, 行尋小逕披新草

누워 앞산 구경하다 옛 시 고쳐 짓노라니, 臥看前山改舊詩
사도님의 바다 같은 은혜가 없었다면, 不有使君恩似海
이 내 몸이 여기에서 어찌 오래 있겠어요? 此身那得久於斯

해설 역시 또 다른 객지에서 다시 한 해의 봄을 보내자니, 늙어가는 인생의 무상감이 없을 수 없지만, 그래도 그 지난 객지 안주에서 목사님의 무한한 보호와 배려가 너무 고마웠었다는 감사의 편지 같은 시다.

이 작품에서 함련과 경련으로 보여주고 있는 정경교융(情景交融)의 계기 포착은 매우 새롭고 섬세하다.

過鳥嶺聞杜鵑有感.

조령을 지나다가 두견새의 울음을 듣고 느꺼워져서.

둔덕 비탈 질펀하고 둔덕 물은 졸졸대며, 隴坂漫漫隴水悲
나그네의 남쪽 갈 길 말 걸음도 느릿한데, 旅人南去馬行遲
집 떠나서 바로 고향 그립기만 한 처지니, 辭家正欲懷吾土
산골 들며 자규 소릴 어찌 차마 듣겠는가? 入峽那堪聽子規
수 천 산봉 분간 못할 구름 피는 곳에다가, 千嶂不分雲起處
뒤 마디도 외려 괴론 달이 지는 때이라서, 數聲猶苦月沈時
두보 그도 끝도 없이 마음 쉽게 한 것들로, 杜陵無限傷心事
곧장 부주 도착해서 특별히 실 남겨 놨네! 直到涪州別有詩

해설 객지의 나그네로 정처도 없이 가고 있는 도중에, 이 수 천 산봉들 속 조령(새재)에 달도 져가고 자규만 우는 밤에 놓여진 작자는 기막힌 고독과 적막감을 절감하며, 옛날 중국의 당(唐)나라 시인 두보(杜甫)가 타향 부주(涪州)에서 마음 상해 하며 시를 짓던 일을 미루어 상상하며, 자신도 이 조령에서 시를 짓지 않을 수 없어 이렇게 함께 읊으며 서글퍼하고 있다는 것이다.

이 작품에서도 역시 함, 경련으로 읊어지고 있는 기막힌 향수의 구성진 가락은, 그것을 위한 시, 공간의 배치와 정경교융의 배합 등 그 구상과 수사의 능숙한 수법으로 빚어지고 있음을 확인할 수 있다.

白馬江懷古.

백마강에서 옛날을 그리워 하며.

백제 왕조 흥망한 일 세월 멀리 흘러간 뒤,	百濟興亡歲月遙
쪽 구름 밑 석양 속에 어부 초동 뵐 뿐인데,	斷雲殘照見漁樵
산과 강의 패기들은 온통 사라져 버렸고,	山河覇氣全消歇
관청 시장 (외던) 소리들도 이미 적막해진 채로,	朝市餘聲已寂寥
정전에서 임금님이 한껏 취한 저녁인 듯,	正殿君王驕醉夕
저 아래 강 비바람에 조수 가득 밀려올 뿐,	下江風雨滿歸潮
용은 백마 삼켜버려 천 년 한이 되었건만,	龍貪白馬千年恨
물가 풀과 물가 꽃은 사람 조롱 못 푸누나!	汀草汀花未解嘲

해설 백제(百濟) 왕조(王朝)가 한창 융성했을 당시를 회고해 보니, 이미 적막 속에 사라진 무상한 역사로 흔적도 찾을 길이 없건만, 지금도 강가의 풀과 꽃들은 인간사와는 무관한 채 유상하게 돋아나고 피어나며 그대로 남아 있다는 기막힌 한탄의 읊조림이다.

이 작품에서도 함련과 경연에 실려 거침없이 울려나는 한탄의 가락은, 그것에 상응하는 "山河覇氣"와 "朝市餘聲", 그리고 "正殿君王"과 "下江風雨" 같은 대어(對語)들의 시, 공간적 질량 확대를 통한 능숙한 수사로 잘 마무리 되어 있어, 참으로 절창(絶唱)의 회고시(懷古詩)가 되어 있는 것이다.

無題.

주제도 없이.

거문고 줄 가는 가락 합환하는 평상에다,	瑤絃纖縷合懽床
다소곳이 핀 연꽃 속 자그마한 안방(별당)인데,	暖壓紅錢小洞房
꿈 깨고난 진 누각에 나뉘어진 비취새요,	夢覺秦樓分翡翠
해가 져간 소상강가 끊기어진 원앙새로,	日沈湘浦斷鴛鴦
치장 고린 달과 같은 밝은 구슬 꿰미에다,	粧鈿寶月明珠綴
허리띠엔 구름 수의 좋은 비단 주머니로,	腰帶盤雲瑞錦囊
금빛 기둥 비스듬히 열두 줄만 매어 놓고,	十二斜行金雁柱
안개 같은 푸른 사창 가을 향 속 닫혀 있네!	碧紗如霧掩秋香

* 白苓 : 杜若이라는 풀의 또 다른 명칭.
* 紅錢 : 중국의 明나라 程敏政의 <陸廉伯太史家賞蓮>에서 "主人何惜買紅錢[주인님은 붉은 연꽃 사길 어찌 아끼는가?]"라고 한 걸 보면, 연꽃이 동글동글한 것을 "붉은 돈"이라고 지칭한 것으로 추정되며, 여기서는 別堂이 있는 연못을 대신 지칭한 것으로 추정된다.
* 秦樓 : 중국의 옛날 秦나라의 임금 穆公이 공주인 弄玉과 그녀의 연인인 蕭史를 위해서 鳳樓라는 누각을 지어 주었으며, 둘은 나중에 신선이 되어 昇天하였다고 알려졌다.
* 鈿 : 비녀 또는 七寶 같은 것으로 꾸며 만든 그릇을 말하는데, 여기서는 아마도 반짇고리 같은 그릇을 지칭하는 것으로 추정된다.
* 金雁柱 : 거문고나 牙箏 같은 악기의 줄[絃]을 버티어 세워 놓는 금빛깔의 기러기 발 같은 기둥을 말하며, 우리나라에서는 "雁柱" 또는 "雁足"이라고 부른다.

해설 작자는 세상에서 소외된 채 마음껏 뜻을 펼칠 수 없는 자신을, 일방적으로 실연을 당한 채 깊어가는 가을밤 거문고만 어루만지며 연못 속 별당에 홀로 앉아 있는 귀족 여인으로 가상 설정하여 놓고는, 끝도 없이 자신을 안타까워하고 애처러워하고 있는 것이다.

가련한 신세의 고운 여인을 향한 무한한 동정을 유도하기 위한 시, 공간(가을밤과 연못 속 작은 별당)의 설정과 소품 및 수식물들의 배치 같은 것들이, 주인공의 행태와 정의적(情意的) 상황을 기막힌 실감으로 추정할 수 있도록 한 수, 함, 경, 미련의 구상과 수사는 참으로 놀라운 수법을 보여주고 있다. 특히 "分翡翠"와 "斷鴛鴦"이라는 시어들로 주인공의 이별 상황을 대유하고 있는 수사는, 참으로 귀여우면서도 애처러운 여인의 영상을 선연하게 유도하고 있다.

守歲新溪夜 分韻.

신계에서 섣달 그믐날 밤을 지새우면서, 운을 나누어 짓다.

신계(新溪)는 당시 황해도(黃海道)의 한 군(郡)이었다.

파란 등불 까물까물 차가운 밤 비춰줄 뿐,	青燈明滅照寒宵
먼 곳 손은 날려지는 낙엽 같은 신세로서,	遠客身同落葉飄
고향에서 소식일랑 오는 날이 거의 없이,	故國音書來日少
타향 산천 멀고도 먼 여정 계산해보건만,	異鄉山水計程遙
서릿바람 어설프게 처마 귀퉁 울려대고,	霜風慽慽鳴簷角
그믐달은 서운한 양 나무 끝에 져버리니,	昏月依依下樹梢
고향 떠난 사람만이 쉽게 슬플 뿐 아니라,	不啻離人易惆悵
이런 판엔 원님 또한 혼이 녹아나겠구려!	使君於此亦魂銷

해설 타향의 나그네 신세로 고향 소식을 들을 수도 없고 헤아릴 수 없이 먼 여정의 어려움만을 실감하며, 더욱이 서릿바람만 추운 섣달 그믐날 밤을 맞아 외롭고 참담한 감회를 견딜 수 없는 처지인데, 이런 밤에는 나뿐만 아니라 이 곳 신계(新溪)의 사또님도 간절해지는 향수를 못 견뎌 하시겠다는 동정 같은 마음으로 추정하여 읊고 있다.

病滯題寧城池樹.

병으로 체류한 채 영성(전북 남원의 일부)의 물가 숲 풍경을 제재 삼아 짓다.

호남에서 멈춰 살다 또 호서로 갈 처지나,	湖南留滯又湖西
귀향 길은 수 천 산 속 꿈길도 또 잃겠기로,	路歸千山夢亦迷
요즈음의 얼굴 모양 병 든 손 꼴 걱정되고,	近日形容愁病旅
해 지난 뒤 받은 소식 가난한 처 부끄런데,	經年消息愧貧妻
이 타향의 내 행색은 시 원고로 알아보고,	關河行色看詩草
못가 울안 가을 갠 날 약 제재로 점검할 뿐,	池院秋晴檢藥題
저녁까지 나를 찾아 묻는 사람 없는 채라,	盡夕無人來問我
뜨락 숲에 척척하게 젖는 이슬 못 참겠네!	不堪庭樹露凄凄

* 秋晴檢藥題 : 이 어휘의 글자들 대로의 뜻은 "가을의 개인 날씨는 약의 제재로 점검한다"인데, 이것은 아마도 작자가 앓고 있는 병이 날씨의 흐림(비 내리는 날)과 개임(청명한 날)에 따라서 그 증상의 정도가 다르고, 그래서 그 증상의 정도에 따라 약의 제재도 다르기 때문에, 역으로 이 제재의 차이로 가을 날씨의 맑음과 흐림을 점검할 수 있다는 말일 것으로 추정된다.

해설 역시 호남의 한 지역에 머문 나그네 신세로, 수 많은 산들로 가려진 고향(강원도 원주)이라 꿈속에 돌아가는 길도 잃을 판이라 자신의 처지가 스스로 애처러울 뿐만 아니라, 몇 해를 지나 듣는 고향의 소식으로 가난하게 지난다는 아내에게 무한히 부끄러우며, 그래서 이 타향에서 그냥 지은 시를 읽으며 자신의 행색을 점검하고, 이곳의 가을 날씨를 먹는 약의 제재로 점검하며 지내건만, 온 종일 찾아오는 아무도 없이 홀로 저녁을 맞고 있다는 기막힌 고독감을 호소하고 있다.

여기에서도 경련의 대구들은 그 구상과 수사가 아주 실제적이면서 진솔하게 잘 이루어져 있다.

夜行驪江感懷.

밤에 여주 강 위를 가며 감회를 읊다.

칼 짚은 채 추풍 맞아 타관 길은 멀고 먼데,	杖劍西風關路長
말도 없이 홀로 가며 사량마을 지나가니,	獨行無語過沙梁
외론 성엔 때로 호각 강마을을 울려 내고,	孤城斷角鳴江郡
깊은 밤엔 찬 서리만 물가 마을 푹 내리며,	深夜寒霜滿水鄉
술집에선 옛날부터 사마 병을 위로 해서,	酒肆舊勞司馬疾
약 주머닌 새삼스레 월인 처방 적어 둔 채,	藥囊新撰越人方
어른어른 달빛 아래 다리 끝의 저 바위가,	依俙月下橋邊石
그 당시의 제북 성 밑 황석공의 돌 아닌가?	莫是當年濟北黃

* 沙梁 : 당시 경기도 水原의 한 마을이었다.

* 斷 : 여기서는 이 글자의 뜻 중 하나인 "段[조각 내다]"으로 쓰인 것으로, 이 "조각 내다"라는 말은 "시간을 조각 내다"라는 것으로 "때로 때로"라는 의미로 쓰인 것이다. 그래서 "斷角"은 "때로 때로 내는 호각 소리"라는 말이다.
* 司馬 : 이 어휘는 작품 전체의 문맥상 의미로 봐서 중국의 漢나라 때 문장가이면서 실제로 병을 많이 앓았던 司馬相如를 말하며, 여기서는 작자 자신을 스스로 비유하는 말로 쓰였다.
* 越人方 : 옛날 중국의 유명한 의사였던 扁鵲의 姓은 "秦"이고 이름은 "越人"이었다. 이 편작의 의술을 처음에는 齊나라의 왕인 桓侯가 비웃다가 나중에 감탄했다고 한다. 그래서 이 "越人方"은 바로 유명한 의사인 "扁鵲"이 병을 진단하고 내려진 處方을 말한다. 물론 여기서는 작자 자신이 병이 들어서 이렇게 상응한 약의 처방을 적어 주머니에 넣어 두고 있다는 말이다.
* 濟北黃 : 중국의『史記』<五十五, 張良>에 "張良遊下邳圮上 遇老人 乃與書一篇 曰讀此可爲王者師 後十三年 濟北穀城山下見黃石卽我 良讀其書卽太公兵法 遂佐漢高祖定天下 後十三年 過濟北而得其石 取而祀之 良死使幷石葬之[장량이 하비지방 언덕 위에 노닐다가 한 노인을 만나자, 노인이 한 편의 책을 주면서 '이 책을 읽으면 임금의 스승이 될 수 있다. 이 다음 13년 후에 제북 지역 곡성산 아래에서 누런 돌을 보게 된다면, 그 돌이 바로 나이다'라고 하였다. 량이 이 책을 읽어보니 그것은 바로 姜太公의 병법이어서, 이내 한고조 유방을 도와서 천하를 평정하였다. 그 후 13년이 지나서 濟北을 지나가다가 누런 돌을 만나서 이것을 가져와 제사를 올리고, 량이 죽은 다음 이 돌을 무덤에 함께 묻었다]"라고 하였다.

해설 작자는 자신을 큰 뜻을 지닌 대장부로 설정하고, 이내 중국 한(漢)나라의 사마상여(司馬相如) 같은 문장가, 역시 한(漢)나라 건국의 책략가요 정치가인 장량(張良)에게 자신을 비겨보면서도 이내 뜻을 이루지 못하는 현실적 자아를 무한히 슬퍼하면서, 황석공(黃石公)의 화신(化

身)이라는 황석(黃石)과 함께 무덤에 묻힌 장량(張良)의 고사(故事)에 자신을 대입시켜 끝을 맺으며 애써 자위하고 있다.

戊辰晴明出遊.

무진일에 날씨가 맑게 개어 나와 노닐면서.

맑게 개인 문앞 거리 버들가지 늘어져서,	晴明門巷柳絲斜
나그네는 한가로이 말에 맡겨 찾아 가니,	客子閑行信馬過
고운 풀의 들 다리 밑 봄 맞은 물 흘러 가고,	芳草野橋春水在
산들 많은 강가 이곳 온통 석양 물드는 채,	亂山江郡夕陽多
갈던 농분 참 먹으며 숲 사이서 얘기하고,	耕夫就餉林間語
냇가 아낙 뽕을 따며 둑 위에서 노래하니,	溪女條桑陌上歌
곳곳 들판 백성들은 제 생업을 즐기는데,	處處田原民樂業
근래 관청 행정에는 세 재촉도 무뎌졌네!	近來官政拙催科

해설 작자도 모처럼 맑게 개인 봄날을 맞아 한가롭고 여유로와진 나그네로 말이 가는 대로 타고 가면서, 한창 무르익는 풍경들과 밭갈이 농부와 뽕 따는 아낙들의 자족자락하는 정경들을 관청의 호민(護民) 행정의 소치로 돌려 읊음으로써, 작자의 모처럼 화락한 시선과 심경을 보여주는 작품이 되어 있다.

逢黃廷式令公贈別.

황정식 영공(님)을 만났다가 작별하면서 지어 주다.

한 번 동릉 작별하곤 얼말 쓸쓸해 했던고,	一別東陵眼幾寒
그 중간에 소식일랑 구름 저 끝 아득한 채,	中間消息杳雲端
그저 그냥 꿈 속서만 사뭇 만나 봐오다가,	尋常夢裏長相見
막상 만나 동이 앞선 기쁨 못다 누렸는데,	邂逅尊前不盡歡
좋은 시절 벌써 한식 지나간 데 놀라겠고,	佳節已驚寒食過
병든 몸은 유독 여행 어려운 걸 깨닫건만,	病身偏覺旅遊難
내일 아침 다시 북녘 예서 작별하고 나면,	明朝又是關河別
고운 풀만 우거져서 말 안장을 비추리다!	芳草離離暎馬鞍

해설 기왕에는 서로 이별한 뒤에 소식을 들을 수 없어 서글프게 그리워만 하다가, 이제 다시 만나서도 기쁨을 한껏 서로 나누지도 못한 채, 또 이 객지에서 금방 헤어지게 되었으니 슬픈 감회를 견딜 수 없다는 것이다. 그래서 애틋한 이별 끝에 만나서도 또 곧 헤어지는 안타까움과 덧없이 흘러가는 세월에 병까지 겹친 삶의 한을 풀어내고 있는 것이다.

이 작품에서도 호사다마(好事多魔)처럼 서로의 그리움과 만남의 안타까움으로 마련해 읊어내고 있는 함련과 경련의 구상과 수사는 무리없이 잘 이루어져 있다.

偶吟.

얼핏 떠오른 대로 읊다.

나그네는 잠 못 들고 차가운 밤 내내 앉아, 旅人無睡坐寒宵
깊은 골목 가시 사립 적막 속에 닫은 채로, 窮巷柴扉閉寂寥
소진처럼 멀리 떠나 갖옷은 다 해어졌고, 季子遠遊裘盡弊
마경마냥 병은 많아 살쩍 되려 세졌건만, 馬卿多病鬢還凋
서리 맞은 바닷가 숲 바람 소리 매몰차고, 霜侵海樹風聲緊
달빛 가득 텅 빈 창엔 이슬 물기 흥건한데, 月滿虛窓露氣饒
내일이면 증산으로 돌아가는 그 길 위에, 明日甑山歸去路
들판 덮은 가을풀만 그냥 아득 널렸겠네! 野郊秋草正迢迢

---

* 季子 : 중국의 戰國時代 유명한 辨說家인 蘇秦을 말하며 그의 字가 季子다. 그가 처음에는 秦나라에 가서 秦나라의 惠王을 설득하다가 실패하여 초라하게 고향으로 돌아온 적이 있다.
* 馬卿 : 중국의 漢나라 때 문장가였던 司馬相如를 말하며 그는 字가 "長卿"이라 "司馬長卿"이라고도 불렸기 때문에 "馬卿"이라고도 하였는데, 그는 병이 많았다.
* 甑山 : 이것은 당시 함경도 端川을 지칭하는 옛 명칭이면서 평안도 江西郡의 일부 지역이기도 하여, 어느 곳을 실제로 지칭하는 것인 지는 판단할 수 없다.

해설 역시 나그네 신세로 먼 타향 해변 마을에서, 병까지 얻어 늙은

몸으로 황량한 풍경의 을씨년한 가을밤을 맞아, 객수를 못 견뎌 하면서 더욱이 내일 또 길을 떠날 생각에 슬퍼지는 감회를 청승맞은 가락으로 읊고 있다.

여기서도 함련의 초라한 자기 행색 묘사를 위한 고사의 인용이 아주 적절하게 이루어져 평이하면서도 적실하게 이루어진 수사라 할 수 있다.

次雙阜相公廣寒樓韻. 쌍부(雙阜)는 이양원(李陽元)의 호(號).
쌍부상공의 광한루 시 운자를 따라 짓다.

신선들이 사뿐하게 푸른 다락 내려 와서,	仙侶飄然下翠樓
밤내 향기 옥소두에 살풋살풋 풍기는데,	夜香輕泛玉搔頭
수 천 잔의 법제 술에 사람들은 막 취하고,	千杯法酒人初醉
한 대열의 고운 춤에 곡은 끝이 안 난 채로,	一隊霓裳曲未收
밝은 달빛 하늘 가득 천상 세계 밝혀주고,	明月滿天分上界
먼 바람은 자리 불어 봄놀이를 유도하니,	長風來席馭春遊
삼청 신선 사는 곳이 되려 여기인가 싶어,	三淸洞府還疑此
방사들의 금단약을 딴데 찾을 필요 없네!	方士金丹不外求

해설 광한루의 신선 놀이를 일단은 천상 세계의 신선 놀이로 허구화하여 읊은 시로, 이런 풍격의 시는 너무 현실감이 결여되어 진실성과는

거리가 멀지만, 많은 시인들의 초현실적 낭만 취향과 작자처럼 불우한 삶의 굴레를 벗고 싶은 시인들에게는 공상적 자기 위안의 시공간을 마련하는 행위에 공여하는 산물이었다.

그래서 이 작품의 함련과 경련은 광한루의 잔치 놀이를, 그렇게 공상적 선경화와 탈현실적 신선 놀이의 연출로 자연스럽게 꾸려 놓은, 구상과 수사가 무리없이 잘 마무리 되어 있다.

龍城次玉峰韻.

용성에서 옥봉의 시운을 따라 짓다.

집 떠난 뒤 둬달 동안 소식 거의 없는 채로,	數月離家音信稀
봄 아끼다 되려 봄을 보내는 시 짓노라니,	惜春還賦送春詩
술잔 놓고 오래 앉은 남쪽 다락 좋다마는,	杯尊坐久南樓好
은하수에 밤은 깊어 북두성도 자루 돌며,	河漢更深北斗移
버들개지 꽃잎들은 정처 없이 휘날려서,	飛絮落花無定處
싫증에다 좋은 모임 또한 같은 시기인데,	倦遊良會亦同時
서로 만나 각각 제냥 이곳 저곳 가고나면,	相逢各自東西去
고운 풀만 우거진 채 무한 생각나게 하리!	芳草萋萋無限思

해설 나그네의 신세로 용성(龍城;남원(南原))에 기류하고 있으면서, 늦어져 가는 봄에다 꽃도 지고 버들솜도 날고 있는 이 즈음, 놀이도

지쳐지는 터에 좋은 모임도 겹쳐지는 때에, 너무 아쉽게도 시의 벗인 옥봉(玉峰)과 서로 작별하고 난 다음 각기 여기 저기에서 서로 외로워질 상황을 추정해보면 무한한 생각에 그리워질 거라는 말이다.

그래서 이런 계기의 안타까움을 비유와 사실로 잘 포착하여 읊어낸 경련의 구상과 수사는 아주 능숙함을 보이고 있다.

無題.
제목없음.

이 작품은 제목이 없이 기록되어 있으나, 『국조시산(國朝詩刪)』과 『목판본 손곡집(木版本 蓀谷集)』, 그리고 『열조시집(列朝詩集)』에는 모두 앞의 <龍城次玉峰韻>의 한 수로 되어 있다.

맑은 시낸 비 내린 뒤 잔물결이 일어나고, 清溪雨後起微波
버들숲은 그늘지워 냇둑 늘어져 있으니, 楊柳陰陰水岸斜
앞 거리서 한 동이 술 모름지기 다 취하세, 南陌一尊須盡醉
봄바람 속 삼월달도 얼마 남지 않았으니, 東風三月已無多
작별 뒤 길 곳곳에는 푸른 풀만 자랄 거고, 離程處處王孫草
문앞 골목 집집마단 탱자꽃들 펴날 텐데, 門巷家家枳殼花
하늘 이 끝 떠돌면서 객이 된지 오래라서, 流落天涯爲客久
한 밤중에 오땅 노랠 차마 듣지 못하겠네! 不堪中夜聽吳歌

* 王孫草 : 이것은 중국의 唐나라 때 시인 王維의 시 <送別>에서 "山中相送罷 日暮掩柴扉 春草明年綠 王孫歸不歸[산 속에서 전송하고 돌아와서는, 해 저물어 사립문을 닫아둔 채로, 봄 맞은 풀 명년에도 푸르르련만, 왕손께선 오실 건가 안 오실 건가?]"라고 한 것에서, 春草[봄풀]는 해마다 봄만 오면 사뭇 도로 돋아나서 또 볼 수 있건만, 떠나가신 王孫[귀한 님]은 저 봄풀처럼 또 만나게 되기를 빌건만 또 오실런지 안 오실런지 모르겠다는 안타까움을 상징하는 말로 "王孫草[귀한 님을 그립게 하는 풀]"라고 熟語化하여 쓰여져 왔다.
* 枳殼花 : 『草花譜』에 "枳殼花 細而香 聞之破鬱結 籬傍種之 實可入藥[탱자꽃은 잘면서도 향기로와, 이것을 맡으면 가슴의 답답한 증상을 풀 수 있다고 해서, 울타리 옆에 심었으며, 열매(탱자)는 약재로 쓸 수 있다]"라고 하였다. 여기서는 "가슴의 답답한 증상을 풀 수 있다는 자료"로 인용된 것이다.
* 吳歌 : 중국의 吳지역에서 부른다는 민요로, 唐나라 羅隱의 <春日葉秀才曲江>에서 "裨補明時望重才 一曲吳歌齊拍手[밝은 시대 돕기 위해 값진 인재 바란 터라, 吳歌 한 곡 부르면서 모두 박수 치는구나!]"라고 한 바대로, 여기에서도 이 "吳歌"는 축하하며 歡送할 때 부르는 노래의 의미로 쓰여진 것이고, 그래서 작자도 내일 아침이면 떠날 시의 벗 옥봉을 전송하기 위해서 사람들이 준비한 송별연 자리에서 송별가를 듣고 지은 것으로 추정된다.

해설 나그네로 타향에 떠도는 처지에 있으면서 늦어져 가는 봄을 만나서 심경이 안타까운 터에, 시의 친구인 옥봉(玉峰)까지 작별하게 되어 밤중에 사람들이 환송하는 노래를 부르는 것이 안타까워 차마 듣기가 어렵다는 것이다.

여기에서도, 서로 작별한 뒤의 미련의 정한을 꾸려 읊은 경련의 대구들이, 그 시상의 질적 복합이나 집약은 미흡하지만, 그 정감적 맥락이나 가락의 유려감은 아주 잘 살려져 있다.

次權進士韻.

권진사의 시운을 따라 짓다.

밤기운이 차가워져 이슬 안개 생겨나도,	夜氣冷冷生露煙
푸른 하늘 꽃·달 환한 작은 다락 앞이라서,	碧空花月小樓前
처마 기둥 황홀해져 허공 속에 든 듯한 채,	簷楹恍若虛無裏
학 탄 생황 까마득히 저 끝 들려 오나 싶고,	笙鶴如聞縹緲邊
세 섬 사는 참 신선이 상계에서 내려 와서,	三島眞人來上界
구천 있는 신선 술에 잔치 자리 취했으니,	九天仙醴醉瓊筵
내일 아침 이 밤 흥취 문득 기억 나게 되면,	明朝却憶今宵興
뜬 세상의 헛된 공명 애처럽게 되겠구나!	浮世功名始可憐

* 笙鶴 : 笙篁(악기)과 鶴이라는 두 의미는 "鶴을 타고 笙篁을 불던 옛날 중국의 周나라 靈王의 太子인 王子 晉이 鶴을 타고 공중에서 笙篁을 불며 노닐다가 신선이 되었다"는 것을 배경으로 하여 만들어진 熟語로 흔히 신선을 대유하는 말로 쓰인다.
* 三島 : 동해 바다 속에 있다는 蓬萊·方丈·瀛洲라는 세 섬을 말하며 여기에는 신선들이 살고 있어서 신선들의 고향으로 알려진 곳들이다.

* 九天 : "八方[여덟 방면]과 中央의 아홉 하늘"을 지칭하는 말로 宮中이나 最高의 하늘. 또는 신선들이 산다는 가장 높은 하늘을 가리킨다. 여기서는 물론 신선들이 사는 하늘을 지칭하는 것으로 쓰였다.

해설 꽃이 환하게 피고 달도 밝게 뜬 봄날 밤에 아담한 다락(누각)에서, 마치도 신선들의 세상에 함께 하여 황홀한 잔치에 참석한 꿈 같은 정황에 취해 있으면서, 내일 아침 잠에서 깨어나 오늘 저녁의 흥취를 되짚어 보면, 이 속세의 부귀공명 같은 헛된 가치들에 들뜬 인생들이 오히려 가련하게 여겨지게 되었다며, 마치도 속세의 인생을 달관한 듯 읊어 보이고 있지만, 작자의 자기 한애(恨哀)를 태연한 척 애써 달래 보려는 몸짓이 뒤에 자리 잡고 있는 인상을 지울 수가 없다.

그래서 작자의 시적 감흥을 실어 읊어내고 있는 함련과 경련의 대구들은 "虛無裏". "縹緲邊". "來上界". "醉瓊筵" 이라며 탈속과 허허의 공간을 거침없이 노닐고 있음으로써, 역시 능수능란한 구상과 수사의 솜씨를 잘 보여주고 있다.

成川題詠.

성천에서 (있은 일을) 제재로 삼아서 읊다.

봄 하늘도 잔뜩 흐려 부슬부슬 눈 내리니, 春陰漠漠雪霏霏
멀리 온 손 시름 많아 홀로 사립 닫아둔 채, 遠客愁多獨掩扉

해를 이은 전쟁 상황 진정 계책 없는 채니,	連歲甲兵無定計
한 몸둥인 떠돌 뿐 다시 어디 기댈 건가?	一身漂泊更何依
강 다리껜 해도 져서 행인들도 거의 없고,	江橋日落行人少
들판 숲엔 안개 낀 채 새 왕래도 뜨음한데,	野樹煙沈鳥去稀
멀리 고향 바라보니 창자가 다 끊어질듯,	遙望故園腸欲斷
모르는 새 흐른 눈물 벌써 옷깃 적셨구나!	不知流淚已添衣

해설 전쟁 통에 휩싸인 채 먼 북쪽 타향에 떠도는 신세가 된 작자는, 봄인 데도 아직 겨울이 다 안 간 듯이 잔뜩 흐려진 하늘에서 부슬부슬 눈이 내리는 이 먼 객지 성천의 고적하고 을씨년한 풍경을 대하며, 못 견디게 그리워지는 고향 생각에 애가 타듯 슬프다는 눈물겨운 호소의 시다.

箕城贈朴生.

평양에서 박생에게 주다.

낙양 사는 젊은이들 모두 가의 같은 터라,	洛陽年少賈生如
한번 웃곤 서로 만나 서먹한 걸 안 보이나,	一笑相逢未見疎
노는 협객 그들처럼 석 자 칼만 갖지 말고,	遊俠莫提三尺劍
좋은 선비 그들 같이 다섯 차 책 읽어 보게!	好儒須讀五車書

나그네는 관밖 와서 떠돈지가 오래인 채, 客來關外流落久
집만 서울 있지마는 전쟁 겪어 낸 끝이니, 家在秦中喪亂餘
이 늙은이 어디 있나 만약 방문할 거라면, 若訪老夫何處住
큰 강 이 편 둑에 와서 초동 어부에게 묻게! 大江東畔問樵漁

해설 전반부에서는 상대인 박생(朴生)을 저 중국 한(漢)나라의 선비 가의(賈誼)로 기대하면서, 칼이나 차고 놀이나 하는 협객처럼 살지 말고 훌륭한 선비를 목표로 삼아 다섯 마차의 책을 읽으라는 부탁을 하고 있으며, 후반부에서는 전란 중에 떠돌이 나그네 신세인 자신의 처지를 한탄하면서, 은연 중 자신의 처지 배려를 기대해보는 것이다.

八. 古風

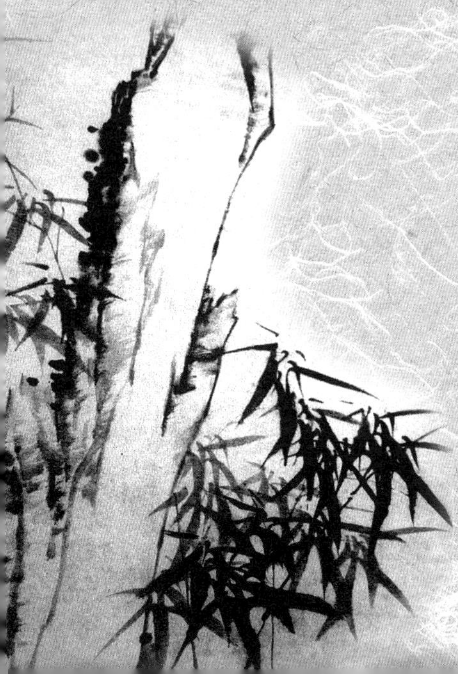

斑竹怨.

소상강 반죽의 원통함.

두 왕비가 옛날 순제 뒤를 좇아서,	二妃昔追帝
남쪽으로 상강 사일 찾아 갔다가,	南奔湘水間
눈물 흘려 상강 대숲 뿌려 놓아서,	有淚寄湘竹
지금까지 상강 대는 아롱졌는데,	至今湘竹斑
구의묘엔 구름만 깊을 뿐이고,	雲深九疑廟
창오산엔 저녁 해만 져갈 뿐이라,	日落蒼梧山
남긴 한은 강물에만 담겨진 채로,	餘恨在江水
도도하게 흘러갈 뿐 안 돌아오네!	滔滔去不還

* 二妃 : 중국의 虞나라 舜임금의 두 왕비를 말하며, 이들은 원래 唐나라 堯임금의 두 딸로서 舜임금에게 시집 갔으나, 舜임금은 宮에 있지 않고 아직 미개한 국토의 治水事業을 위해서 전국을 돌아다녔으며, 그래서 舜임금이 이 중국의 남쪽 지역에 있다는 것을 알고 娥皇과 女英 두 왕비는 舜임금을 찾아 瀟湘江까지 갔으나, 舜임금은 蒼梧山에서 굿겼다는 소식만 듣고 둘이 함께 이 강가의 대나무 숲에 눈물을 뿌리자 이 눈물이 대나무에 들어서 이른바 "瀟湘斑竹[눈물이 젖어 아롱아롱해진 대나무]"가 되었다고 전해지고 있다. 그리고 이 두 왕비의 영혼을 달래기 위해서 세워진 사당이 "湘君廟"이다.
* 九疑廟 : 중국의 湖南省에 있는 舜임금의 사당이다.

해설 비록 이미 같은 주제로 지어져 있는 작품들을 모의(模擬)해서 지어진 것이긴 하나, 반죽(斑竹)을 가지고 어렵지 않게 착상하고 수사한 솜씨가 참신하며, 이 아황(娥皇)과 여영(女英) 두 왕비의 원한을 잘 대신해서 호소하고 있다.

采菱曲.

마름 따기 노래.

앞 호수에 연밥 따러 오는 아가씬,	南湖采蓮女
매일 매일 호수 속엘 돌아오건만,	日日湖中歸
얕은 물가 마름 열맨 가득하여도,	淺渚菱子滿
깊은 못엔 연잎마저 드문 판이라,	深潭蓮葉稀
배 젓기도 손에 아직 익지 않아서,	蕩舟不慣手
월의 비단 지은 옷에 물 뿌려진 채,	水濺越羅衣
무심한 듯 문득 노를 돌려 가는데,	無心却回棹
연잎 밑선 원앙새가 날며 노누나!	葉底鴛鴦飛

* 越羅 : 越나라의 비단이라는 말로 蜀나라의 비단과 함께 일컬어져서 杜甫의 <白絲行>에서도 "越羅蜀錦金粟尺[월의 비단 촉의 비단 근속자로 재어 잘라]"라고 읊어졌다.

해설 이 작품도 물론 당(唐)나라의 시를 모의해서 지은 것으로, 주인공인 여인은 원래 연밥을 따고 싶어 왔지만 얕은 물가에 마름 열매만 가득 달려 있을 뿐, 깊은 못 안에는 연밥은 고사하고 연잎도 드문 판이라, 비단옷만 적시고 겨우 배를 저어 실의한 채 돌아오다가 보노라니, 몇 개 남은 연잎 밑에서 원앙새만 짝을 지어 날고 있더라는 원망과 고독감을 숨겨 읊은 시다.

尋崔孤竹坡山庄.

최고죽의 파산 별장을 찾아 갔다가.

여러 달을 이별 한만 안고 있다가,	累月抱睽曠
이제서야 기쁘게도 찾아와 보니,	及此喜相尋
밭가 집은 나무숲들 아래에 있고,	田廬樹木下
오이 덩굴 가을 숲에 달려 있는데,	瓜蔓懸秋林
주인께선 원래부터 신병 없으니,	主人固無恙
가난쯤은 마음에서 걸릴 게 없어,	貧窶不嬰心
편안하게 뜨락 위의 풀밭 앉아서,	怡然坐庭草
날 위해서 거문고를 연주했는데,	爲我奏鳴琴
연주 끝에 바로 되려 작별을 하니,	琴盡卽還別
섭섭함에 한만 가슴 더해집니다!	悢悢恨彌襟

* 坡山 : 이것은 자금의 경기도 坡州를 말하며 孤竹이 실제로 이곳에 살았다. 그리고 이 "坡山"이 다른 異本에는 "坡上"으로 되어 있기도 하나 이것은 아무래도 誤記일 것으로 판단된다.
* 睽曠 : 서로 이별하여 한 동안 소식을 모른 것을 말하며, 그래서 조금은 한스러워진 감정을 말하기도 한다.

해설 여러 달 동안 서로 헤어져 소식도 모르던 차에, 가을을 맞는 시골 산장을 찾아가서, 기쁘게 서로 회포를 풀다가 주인인 고죽이 타는 거문고 곡까지 듣고서, 이내 작별을 하자니 되려 다시 섭섭함에 가슴에 스미는 한만 더해지게 됐다는 것이다.

夜懷詠韻.

밤의 회포를 읊은 시.

<밤의 회포를 읊은 시> 여기에서 "운(韻)"은 시(詩) · 부(賦) · 사(辭) · 곡(曲) 등을 대신하는 말로 쓰였다.

이 가을밤 그대와 작별하는데, 秋夜與君別
가을 하늘 맞춘 듯이 달도 없구려! 秋天適無月
의사 되려 팔 아홉을 꺾었건마는, 成醫臂九折

면전 수치 어찌 일찍 풀기나 했나? 面恥何曾雪
세상살이 너무 결벽 꺼려들 해서, 處世忌太潔
품은 마음 풀어 말할 길도 없으니! 所懷無由發

* 九折臂 : 의사가 되기 위해서 남의 팔을 아홉 번이나 꺾어보는 힘든 경험을 많이 한다는 말로서, 사람들이 세상살이를 위해 많은 노력과 경험을 하는 것을 비유하는 말로 쓰인 것이다.

해설 아마도 달도 뜨지 않은 어느 가을밤에 마음의 벗인 그 누구와 작별을 하는 순간에, 자신의 결벽증이 세상에 받아들여지지 않아 곤궁하고 고통스런 삶을 사는 상황을 호소하는 안타까운 시다.

降仙樓次泥丸韻.

강선루에서 이환의 운을 따라 짓다.

<강선루에서 이환의 운을 따라 짓다> 이환(泥丸)은 아마도 작자의 지우(知友)였던 사람으로 추정된다.

달이 밝아 이슬 방울 눈이 부시고, 月明露華白
밤 고요해 가을 강물인 양 깊은데, 夜靜秋江深

신선 누각 이 위에서 한 잔 술에다, 仙閣一盃酒
또동 똥똥 석 자 되는 거문고 타니, 泠泠三尺琴
시절(가을) 와서 느꺼워진 것이 아니라, 不是感時節
저절로 내 마음이 상해서일세! 自然傷我心

* 泠泠 : 소리가 시원하게 울려나는 상태를 말하는 의성어인데, 이것이 筆寫本에서는 "泠泠"으로 되어 있으나 이것도 역시 같은 의미로 쓰이고 있어서 어느 것만 맞다고 말할 수는 없겠다.

해설 객지에 있으면서 가을을 맞아, 한 잔의 술을 마시고 한 곡의 거문고를 듣고 나자, 꼭 가을이어서만이 아니라도 자연히 상심하게 된다는 것이다.

淮陽府簡寄楊蓬萊.

회양부에서 편지 삼아 양봉래에게 부치다.

시월달에 한양성을 출발했다가, 十月發漢陽
지금에는 교주 지역 여기 있는데, 今在交州道
교주 지역 눈 비 너무 많이 내려서, 交州雨雪多
내일 아침 더디 샐까 걱정스럽고, 明發恐不早

그리워도 겹겹 관문(지역) 가려 있어서, 相思隔重關
하룻밤 새 사람 그냥 늙게 합니다. 一夜令人老

* 交州 : 淮陽의 옛 명칭이다.

해설 눈비로 길도 막힌 채 면면 객지 회양에 막히듯이 잡혀 있으면서, 서로 그리운 정을 자신을 돌봐주던 양봉래에게 호소하는 시다.

夜來聞雨留坐忘使君別.

밤이 되자 빗소리가 들리는데 좌망 원님을 남겨 놓고 떠나면서.

컴컴하게 밤 구름이 잔뜩 끼면서, 翳翳夜雲合
어슬어슬 가을 기운 스산한 채로, 凄凄秋氣悲
가을 장마 질편 들판 안개로 덮고, 秋霖晦平陸
숲 끝에는 바람 다시 불어대는데, 樹梢風更吹
귀뚜리는 뜨락에서 느껍게 울어, 蟋蟀感庭宇
길들마다 이별할 걸 슬퍼하건만, 道道傷別離
어긋남은 여기부터 시작이 돼서, 乖自鈌此始
말하려니 두 눈 눈물 흥건해지니, 欲語雙淚滋

가면 당연 낡은 내 집 의지했다가,	行當投弊廬
오래잖아 다시 여기 오게 될 텐데,	未久復來玆
가건 있건 모두가 다 여관이거니,	去住盡逆旅
허둥지둥 무슨 일을 하겠습니까?	遑遑何所爲

鈇;도끼.작도(부)

* 晦 : 흔히 쓰이는 "어둡다"라는 뜻이 아니라 "안개"라는 뜻의 명사가 다시 동사화하여 "안개 끼다" 또는 "안개 덮이다"라는 말로 쓰인 것이다.
* 道道 : 이 어휘도 木板本『蓀谷詩集』에는 "道途"로 되어 있는데, 아마도 "곳곳에서 떠나가는 길들마다", "길길마다"라는 뜻으로 쓰여진 것으로 판단된다.
* 鈇 : 이 글자는 筆寫本『蓀谷詩集』에만 기록돼 있고 木板本『蓀谷詩集』에는 아예 脫字 되어 있다. 이 글자의 뜻은 죄인을 "처형할 때 사용하는 도끼"로 여기의 "鈇此"라는 어휘는 "이것을 처형하다"로 풀이되는데, 아마도 작자는 가는 곳마다에서 지인들과 이별을 해야 하는 안타까운 상황이 이 "도끼로의 처형만큼 참혹한 상황"임을 비유하여 쓴 말이 아닌가 추정될 뿐이다.

해설 아마도 어느 객지 비가 내리는 가을밤에 자신을 돌봐주던 원님을 남겨 놓고, 자신은 이 밤에 또 떠나야 하는 처지라, 간 곳 마다에서 정착할 수 없이 또 떠나야 하는 자신의 신세를 자조하고 자탄하면서, 또 다시 돌아와 의탁하게 될 것을 부탁하듯 호소하고 있는 시다.

詠韓石峯五松亭.

한석봉의 오송정을 제재로 삼아 읊다.

우봉이란 옛 고을의 동쪽 한 지역,	牛峯古縣東
이곳에는 한석봉이 살고 있는데,	中有石峯居
손수 심은 다섯 그루 소나무들이,	手植五株松
자연스레 도끼질 끝 남아 자라서,	自然斧斤餘
맑은 그늘 물·바위에 흩어 지우며,	淸陰散水石
가지 줄기 서로 엉성 벌여 서 있어,	枝幹相扶疎
주인은 두건 제쳐 쓰고 앉은 채,	主人岸巾坐
긴 휘파람 늘어지게 불기도 하고,	發嘯長而舒
때때로는 글씨 솜씰 부려 보면서,	有時或遊藝
붓을 잡고 도가 서적 베껴보지만,	把筆寫道書
산음에는 신선이 없는 판이니,	山陰無羽客
거위와 바꾸는 걸 어떻게 알랴?	換鵝知何如
벼루·책상 찬 소리만 낼 뿐이면서,	寒聲起硯几
푸르른 솔 빛 옷깃 사이 스미건마는,	翠色襲衣裾
거만 피듯 돌아갈 걸 그만 잊은 채,	傲然澹忘歸
저녁 내내 초동·어부 그냥 친하여,	日夕狎樵漁
영원토록 뜻 지킬 것 약속하면서,	永結歲寒盟
이 마음은 처음 뜻 배반 안 하겠구려!	此心不負初

해설 한석봉(韓石峯)의 오송정(五松亭)이라는 건물을 단서로 삼아 발상된 시로, 한석봉을 저 중국의 명필가 왕희지(王羲之)에 비겨서, 이내 뜻을 지키며 자족자락하는 고결한 선비로 기대하면서, 아주 전아(典雅)한 문투(文套)로 권면과 추장을 아끼지 않는 좋은 시다.

錄示李使君巨容.

이사군(원님) 거용에게 적어 보여 주다.

거용(巨容)은 이충(李沖)의 자(字)다.

맥 풀린 채 이별 시름 안고 있기에,	悄悄抱離憂
그냥 애타 귀향 길만 생각하면서,	耿耿懷歸路
관청 사택 며칠 동안 머물고 보니,	官齋數日留
그대 공무 폐지할까 두렵네마는,	恐子廢公務
고운 집은 맑은 못을 굽어 보는 데,	華閣俯淸池
새로 연꽃 장판처럼 가득 펴 있어,	新荷滿地市
잔치 벌여 많은 손님 늘어서 있고,	開筵列衆賓
술잔들을 여러 차례 자주 권하며,	觴酌頻擧屢
고품격 글 취한 끝에 막 지어 내고,	高文發醉餘
시 흥취는 장과 구로까지 읊자니,	詩興到章句

이 시기는 사월에다 초승이 됐고, 是時四月初
들판에는 시절 비도 개이고 나서, 原野霽時雨
깊은 숲엔 꾀꼬리가 울며 노닐고, 深林囀黃鸝
물가 밭엔 백로들이 날고 있으며, 渚田飛白鷺
이렇게도 좋은 시절 되어 있건만, 玆焉屬良時
만나는 것 헤지는 것 팔자 있으니, 聚散知有數
날 샐 내일 앞 길 향해 떠나게 되면, 明發首前途
속마음을 누구에게 호소하나요? 衷情向誰訴

해설 이제 나그네로서 잠시나마 관청 사택에 머물면서, 원님의 공무 수행에 폐를 끼치는 것이 없을 수 없지만, 이 첫 여름 좋은 시절을 맞아 이 화려한 곳에서, 잘 차려진 잔치 자리로 환대를 받았으니, 내일 아침 가는 길에 펼쳐지는 풍경들을 보며, 떠나가서는 내 마음을 누구에게 하소할 지 모르겠다는 안타까움을 전하고 있다.

又.
또 한 수.

소년 시절 한 번 작별하고 나서는, 少年一爲別
소식마저 뜨음하게 막혀 있다가, 徽音有間阻

그 중간에 난리까지 만나게 되어, 中間遭亂離
살게 될 곳 죽을 곳도 알지 못한 채, 生死不知處
도망친 몸 관 오른쪽 찾아 왔지만, 竄身來關右
그 누구와 평생 사정 얘길 합니까? 與誰平生敍
바위 의지 겨우 띠풀 집을 지었고, 依巖僅結茅
산을 일궈 때로 기장 심어 놓고서, 鑿山時種黍
깊은 산골 사이 비록 살았지마는, 雖居峽谷間
멀리 떠돈 나그네와 뭐 다릅니까? 何異遠行旅
걱정거린 기갈 해결에만 매어서, 所憂在飢渴
생계 금방 이렇게 돼버렸건만, 生理遽如許
집안에는 친척이란 아무도 없고, 室中無所親
피붙이론 오직 막내딸만 있더니, 骨肉唯季女
해변 지역 원님이신 임을 만나니, 逢君宰海邑
철은 바로 맑은 더위 시작될 때라, 時候啓清暑
환한 못엔 연대 수면 솟아 나오고, 華池荷出水
고운 처마 제비 새로 지저귀는데, 畫簷燕新語
슬픔 기쁨 섞어 얘기 주고 받으며, 悲歡雜談謔
한 번 부은 술잔 누차 들어 마시나, 一酌觴屢擧
이 늙은인 즐거운 거라곤 없이, 老夫自無悰
궁한 시름 진실로 단서는 많아, 窮愁固多緒
전에부터 답답했던 가슴 속 회포, 從前鬱鬱懷
모두 술잔 이 앞에서 풀게 됐네요! 盡向尊前紓
떠돌다가 귀의할 곳 얻어 놨으니, 流離得歸依
몸 의탁할 곳 있는 걸 알게 되었고, 託身知有所

사귀는 정 처음부터 끝까지 같아,	交情克終始
날 위해서 아늑한 집 준비했다니,	爲我置幽墅
귀의할 맘 바로 옮겨 가려는 차에,	歸心正遷次
작별 인사 너무 다급해지거니와,	別語太忽遽
"다시 온다" 새삼 말을 남겨 놨으니,	重來更有言
한 필 말로 이제부턴 떠나겠어요!	匹馬從此去

해설 아마도 작자와 상대인 원님은 어릴 적부터 같이 성장하며 친분을 나누었던 사이였음이 분명하다. 그래서 앞의 작품에서부터 스스럼없이 넋두리를 한 것으로 추정되거니와, 자신은 서자라는 절대적 한계의 신분이요 상대는 아마도 당당한 양반집 적자였을 것을 전제로 해보면, 상당한 상호의 거리감이 있어서 서먹할 수 밖에 없는데, 이렇게 진솔하게 자신의 신세와 상대가 마련해 준 거처에 대한 이야기까지 하고 있는 것을 보면, 소년 시절부터의 친분이 그런 거리감을 해소한 것으로 추정된다. 그래서 이 작품에서는 다시 오겠다는 언약과 함께 "匹馬終此去[한 필 말로 이제부턴 떠나겠어요!]"라는 가쁜한 듯 마음의 작별사로 마치고 있는 것이다.

憶昔行 贈申正郎渫.

옛날을 되뇌어 보는 노래로 신정낭 접에게 주다.

되짚어 본 그 옛적 난리 초기에,　憶昔亂離初
몸둥이만 홍양성에 남아 있을 적,　身在洪陽城
성 주변에 수 백 가구 있었지마는,　城邊數百家
닭 개들도 안전하질 않았었는데,　鷄犬亦不寧
무릇 그댄 바로 나이 젊은 때로서,　夫君正年少
기질 상쾌 가을 하늘 정기를 타고,　氣爽金天精
“왜구 소탕” 군대 구홀 만들고 나자,　淸東作軍號
의로 모집 병사 모여 오게 했건만,　募義來聚兵
군량미를 쉽게 변통할 수가 없어,　兵粮未易辦
슬퍼하며 눈물 갓끈 적셔졌어도,　慷慨淚沾纓
힘 약하나 의진 외려 견고했건만,　力微志猶堅
때 위험해 일 제대로 안 이루어져서,　時危事不成
시대 상황 경황 없게 되어 버린 채,　于時屬遑遑
조야에는 곡소리만 들릴 뿐이고,　朝野聞哭聲
종묘 사직 거기까지 화재 났으니,　焚燒及宗社
더군다나 일반 백성 말할 게 있나!　況問閭里氓
도적떼들 그 수효도 알 수 없어서,　寇賊不知數
잿더미 속 두 서울만 남아 있으며,　灰燼餘兩京
들판에는 뜰 만큼 피 흘러내리고,　郊原血漂流
도로에는 시체들이 나뒹굴면서,　道路屍縱橫

만백성들 새떼처럼 흩어져서는, 萬姓如鳥散
도망 잠복 각자 살길 찾았었으나, 竄伏各偸生
모르는 새 염병에도 홀연 걸려서, 癘疫忽潛遘
전쟁보다 사망자가 더 많았는데, 死亡逾戰爭
아아 명의 천자께서 신성하셔서, 嗟嗟天子聖
장군 명해 동쪽 보내 정벌하시니, 命將出東征
깃발들로 먼먼 하늘 덮히었으며, 旌旗蔽長空
대포 발사 천둥 번개 소리를 냈고, 炮火雷電聲
제일 먼저 평양성을 공략하면서, 首事箕王都
파죽세로 적을 맞아 격파해버려, 破竹遊刃迎
서울에서 적들 먼저 도망을 쳐서, 漢京賊先遁
상감 행차 삼공 육경 뒤따라 왔고, 大駕隨公卿
조정 체제 처음 갖춰 있게 되어서, 草創朝儀在
거의 서울 완전 회복 보게 됐으니, 庶見王都清
이 한 부대 왕실 운명 회복시켜서, 一旅復夏業
책에 적혀 경서로서 전할 것이니, 簡策傳諸經
피난 가서 고생한 맘 잊지를 말고, 無忘在莒心
매일 매일 주상 현명 기대하면서, 日日望聖明
조정에서 모두 함께 협력을 하여, 朝廷共協力
신하로서 충심 정성 다 바친다면, 臣子盡忠誠
누가 다시 많은 일을 저지르겠소? 誰能更多事
이제부턴 태평성셀 이뤄내리다! 從此致昇平

해설 먼저는 자신이 겪은 전란의 고통을 서술하고, 이어서 상대인 신정랑의 의병 규합과 항전의 장거, 그리고 그로 인한 간난신고와 강개한 의기의 상황을 진술하였으며, 이어서 조야(朝野)와 민생(民生)의 전란 경과 참상과, 명(明)나라의 은혜를 입어 그 천병(天兵;천자(天子)의 군대)의 원조로 국권과 국운의 회복을 이루어낸 기쁨을 말하고, 이로 인한 조야(朝野) 신민(臣民)들의 보국(報國)을 위한 각오를 기록하면서, 태평성세로의 빠른 회운(回運)을 기원하고 있는 것이다.

九歌

漫浪舞歌.

제낭 마구 추는 춤(막춤) 노래.

신기하다!	奇乎哉
놀자영감	漫浪翁
바다 위 산 속에서,	海山中
노을 속에 살면서 달을 놀리고,	栖霞弄月
정신으론 구름 속에 기러기를 상상하며,	神想雲鴻
검술만은 원숭이와 이야길 하고,	說劍白猿
춤 배우긴 청동에게 하고 난 뒤에,	學舞青童
봉래산서 서왕모를 만나 뵙고서,	蓬山謁金母
곧 내려와 하늘 바람 잡아 탔는데,	却下乘天風
비단 자리 보물 장막 단정한 집 확 트였고,	瓊筵寶幄敞畫堂
수 적삼에 자개 띠로 비단옷은 향기로와,	繡衫鈿帶羅衣香
봉황새는 퉁소 불고 난샌 생황 연주하니,	鳳吹簫兮鸞鼓簧
영감 춤을 추고 싶고 정신 훨훨 날 듯해져,	翁欲舞神飄揚
한 박자에 손이 처음 번쩍 들리자,	一拍手始擧
대붕이는 두 날개로 바다 물결 쳐올리며,	鵬褰兩翼擊海浪
멀리 치켜 솟아오를 기세를 하고,	遠控扶搖勢
두 박자에 옷소매를 한 바퀴 돌자,	再拍衫袖旋
놀란 천둥 번쩍 번개 푸른 하늘 막 쳐대며,	驚雷急電飛青天
세 박자와 네 박자엔 변화 반전 예측 못해,	三拍四拍變轉不可測
용이 날듯 범이 채듯 서로 떨쳐 잡나 싶다,	龍騰虎攫相奮搏

금방 화살 시위 떠난 듯하더니만, 倏若箭離弦
망아지 틈 지나가듯 빠른 순간에, 疾如駒過隙
앞 기울고 뒤 엎어져 지탱 못할 것과 같고, 前傾後倒若不支
좌로 어정 우로 뒤뚱 못 버틸 것 같다가, 左盤右蹩如不持
귀신들이 출몰을 하는 것인지, 神之出兮鬼之沒
때도 없이 출몰을 하며, 出沒無時
벽력 치는 도끼를 휘두르는지, 霹靂揮斧
비바람의 소리는 화난 듯하네! 風雨聲怒
동해 바다 위에 있는, 東海上
금강산의 일 만하고 이 천 개의 몇몇 봉우린, 金剛一萬二千多少峰
언덕 산봉 훌쩍 솟고, 丘巒騰躑
바윈 구렁 쭝긋한데, 巖壑巃嵷
제일 높은 비로봉은 공중에 꽂혀, 最高毗盧峰揷空
층층 절벽 꺾여 걸려 아홉 용을 숨겨 놨고, 層崖倒掛藏九龍
달려 있는 만자 흐름(폭포) 옥 절벽을 씻어내며, 懸流萬尺洗玉壁
바위 삼 백 구빌 뿜어 흘러 내리니, 噴石三百曲
이 영감은 털끝 같이 작은 것도 체득하여, 此翁得之豪髮
모두 가슴 옮겨 담아, 盡移胸中
그 조화의 묘첼 홀로 몽땅 알아서, 獨脫造化妙
긴 소매의 너울 춤을 성품대로 추어대니, 長袖蹁躚性所好
입때까지 잔치 자리 천 만 가지 춤 모양은, 向來筵前千萬狀
응당 여기 금강산과 호방 장쾌 다툰 거리! 會與此山爭豪壯
신기하다! 奇乎哉
놀자영감, 漫浪翁

틀 벗은 춤 언제 끝이 날 것인가?	渾脫何時窮
한스럽다!	恨不與公孫大娘生同時
공손대랑 그와 동시 못 태어나,	舞劒器決雌雄
칼춤으로 자웅 결판 못한 것이,	世上無張顚
세상에는 장전 같은 달필 없으니,	誰能學奇字
누가 능히 이 신기함 흉이나 내랴?	縱使公孫大娘生同時
공손대랑 비록 동시 태어나게 한다 해도,	公孫大娘
공손대랑 이것보다 꼭 낫지는 못하리라!	未必能勝此

---

* 白猿 : 『吳越春秋』 <句踐陰謀外傳>에 나오는 이야기로, 옛날 중국 越나라에 劍術을 잘하는 한 처녀가 길에서 자칭 "袁公"이라는 한 영감을 만났는데, 그 영감은 이 처녀에게 묻기를 "처녀가 검술을 잘한다니 한 번 보고 싶소"라고 하자, 처녀가 "숨길 것이 있겠습니까? 저를 한 번 시험해 보세요"라고 하니, 袁公은 짚고 있던 자신의 대나무 지팡이 위를 마음대로 오르고 내리면서도 지면에 닿지 않았으며, 그래서 이 袁公을 사람들이 "白猿"이라고 부르게 되었다.
* 靑童 : 신선들의 집안에서 시중을 드는 童子[어린 아이]를 말하며, "靑童"이라는 말의 의미는 "항상 푸른, 곧 항상 젊은 채로 있는 아이"라는 말로 역시 신선이라는 말이다.
* 金母 : "金"이 西方을 의미하므로 "西方의 어머니"라는 말로, 이것은 바로 西方 瑤池의 주인면서 女子 神仙인 "西王母"를 지칭한다.
* 公孫大娘 : 중국의 唐나라 玄宗 때 敎坊의 기녀로 칼을 도구로 삼아 춤을 잘 추어서, 이른바 "劍器渾脫舞"라는 춤을 아주 잘 추어, 이 춤 사위를 보고 스님인 懷素와 張旭은 글씨를 잘 쓰게 되었으며, 특히 張旭은 술을 먹고는 머리를 풀어서 먹물에 푹 적셔서 이마를 휘둘러 글씨를 썼기 때문에 "張顚[장욱의 이마]"이라는 말이 생겨났다.

해설 놀자영감의 막춤은 탈속의 자유를 한껏 누릴 수 있는 신선들의 세상에서 학습한 까닭이라고 전제하고, 그래서 춤을 추는 순간의 그 역동성과 변화무쌍한 상태는 바로 하늘의 번개와 대붕(大鵬)과 용(龍) 등의 그것들과 비교된다고 하였으며, 이 춤의 무한한 조화와 다양성은 정녕 저 금강산의 온갖 기이함과 웅장함의 기운과 형체를 터득한 것이라고 하였다. 어쨌거나 이 작품의 묘체는 춤의 자유분방한 제상을 번개 · 대붕 · 용 등의 역동성과 무한히 웅장하고 신기한 금강산의 제상(諸相)과 비유하여, 그 다기(多岐)한 상태와 자유자재한 역동성을 한껏 풀어 표현하였다는 점에 있다. 그리고 이 작품의 주인공인 "漫浪翁[놀자영감]"은 작자가 자신을 투영시켜 설정된 인물임이 분명하다.

柳摠戎紫騮馬歌.

유총융의 검붉은 갈기 말 노래.

검붉은 털 갈기 말은 정말 용의 종류로서,	紫騮馬眞龍種
방성이 정기 내려 지상 쓰임 되게 했고,	房星降精爲地用
애초 월지 소굴에서부터 와서,	初從月氏窟
두 갈빗대 울근불근 용날개와 같은 뼈로,	兩脇磈礌龍翼骨
머리 꼴은 물빨대요 가슴 꼴은 쌍오리라,	首渴烏臆雙鳧
눈은 장경성을 닮고 땀 도랑은 붉은 털로,	目夾長庚汗溝珠
날래게도 잘도 가니 변화하기 딱 알맞아,	權奇矯矯合變化

열둘 마구간 안에서 소문 온통 나게 됐다,　十二閑中聲籍籍
함흥지방 관찰사인 장공자 그 분께서,　咸興巡察張公子
멀리 관서 절도사 그에게로 보내 줘서,　遠致關西節度使
이 절도사 이 말　關西節度
얻어 놀라고 또 기뻐하니,　得之驚且喜
이제부턴 몸과 생명 여기에다 의탁했고,　身命從今托之爾
말구유로 잘 길러져 안 쉰 적이 없었으니,　櫪上惠養無不止
이 다음에 전장 이용 기하기 위한 거라,　他日期爲戰場利
마른 대출 씹어서 먹게도 하고,　啖之以棗脯
옥산서 난 풍성한 쌀 먹이기도 하였으니,　喂以玉山之豊禾
부대 정문 마부들은 감히 탈 수 없었으며,　轅門厮卒不敢騎
비단 언치 배띨 하고 제냥 울음 소릴 내곤,　錦韉鞴出驕鳴
저를 보며 달려 뛰니 그 얼마나 자랑찬가!　顧影駷躍何矜誇
붉은 실끈 돌연 변해 긴 꼬린 양 드리운 채,　紅絲窣地長尾垂
검붉은 털 안개 같고 살 져 기름 낀 듯한데,　紫毛和煙膩凝脂
장공 하는 나라 걱정 유공 함께 걱정하여,　張公憂國柳公同
의리로써 사람들과 큰 전공을 이뤄 냈고,　以義與人成大功
변방에선 요 근래에 가장 많은 일했지만,　邊陲近來最多事
바로 보통 친구들의 은혜 같은 것 아니고,　不是尋常朋友賜
금하에는 얼음 얼어 말발굽도 깨지련만,　金河氷合碧蹄碎
이리 저리 마구 달려 북쪽 변방 진동시켜,　馳騁橫行動紫塞
채찍 치며 차고 갈 제 북녘 바람 일어나며,　揚鞭蹴踏朔風起
가는 곳엔 거침 없이 모두 몰려 쓰러졌고,　所向無前盡披靡
그림 창과 조각 창에 변방 햇빛 누우런 채,　畵戟雕戈塞日黃

우는 호각 겹 북소리 변방 구름 깔렸는데, 鳴笳疊鼓邊雲長
장군 안장 걸터 앉아 휘휘 둘러 보는 사이, 將軍據鞍顧眄間
안중에는 오래 전에 벌써 음산 무시해서, 目中久已無陰山
음산 지역 오랑캐들 멀리 도망 가버리고, 陰山胡虜遠遁去
깊이 회중 들어가서 간 곳을 모르겠네! 深入回中不知處
검붉은 갈기 말아 너는 신비한 말에다, 紫騮馬爾神駿
너의 주인 장군께서 한 몸뿐이시지마는, 爾主將軍一身
충성, 의리에다 영특 뛰어난 채로 忠義之英俊
사람은 말 사랑하고 人亦戀馬
말도 주인 사랑하여, 馬亦戀主
장군께서 더불어서 생살 같이 하였으니, 將軍與之同生死
주나라 때 천자님의 여덟 마리 준마 중에, 周家天子八駿中
비홍말과 절영말로 어찌 족히 비길 건가! 飛鴻絶景何足比

* 柳摠戎 : 姓과 관직만으로는 누구인지 알 수 없으나, 혹시 都元帥 張晩의 휘하에서 그 別將으로 총애를 받았고, 뒤에 李适의 亂을 평정한 柳孝傑을 지칭하는 것이 아닐까 추정된다.
* 房星 : 하늘의 28개 별자리(28宿) 중 네 번 째 별자리로, 이 별자리는 지상의 말[馬]을 담당한 별자리로 알려져 있다.
* 月氐 : 이것은 중국의 서북 변경의 부족을 지칭하는 것으로, 여기의 “氐”자는 마땅히 “氏”자나 “支”로 적어야 하는데, 음으로도 맞지 않아 이 “氐”자는 분명 誤記된 것이다.
* 磧礧 : 돌자갈 길 같이 울근불근 험한 상태.
* 渴烏 : 물을 빨아 들이는 굽은 빨대.
* 長庚 : 이것은 별의 명칭이며, 이 별은 매우 밝은 것으로 알려져 있다.

* 汗溝 : 말의 가슴팍과 정강이가 이어진 곳에 특히 땀이 많이 나기 때문에 이 이어진 곳을 "汗溝"라고 부르며, 『後漢書』 <馬援傳> 注에 "馬援銅馬相法 腹下欲平滿 汗溝欲深長[마원의 구리로 제작한 말을 살피는 법에, 배 아래는 평평하고 풍만했으면 좋고 땀 흘러갈 곳은 깊고 길었으면 싶다]" 라고 했는데, 이 紫騮馬는 온 몸의 털이 紫色일 것이므로 汗溝의 털도 붉을 것이며, 따라서 이 "붉다"의 뜻에 맞으면서 앞 句의 "凫"자와 같은 "虞" 韻統의 글자인 "朱"가 이 "汗溝"의 서술어로 맞을 것이므로, 筆寫本과 木板本 모두에서 "汗溝珠"로 되어 있는 "珠"자는 "朱"자를 誤記한 것이 분명하다.
* 權奇 : 말이 아주 잘 달려 가는 상태.
* 矯矯 : 동작이 아주 날랜 상태.
* 十二閑 : 이것은 황제의 말을 기르는 열 두 마구간을 지칭하는 말이다.
* 金河 : 중국의 만주 지역 북쪽을 흐르는 강물의 명칭이다.
* 紫塞 : 중국의 북쪽 변경의 한 곳 명칭으로, 기러기가 봄이 되면 북쪽으로 날아가 쉴 제 한계가 되는 지역이라고 한다.
* 回中 : 중국의 陝西省 隴縣의 서북 지역을 말한다.
* 飛鴻 : 날랜 말의 일종.
* 絶景 : 원래는 "絶影驄"이라는 명마인데, 이것의 준말로 "絶景"이라 한 것이며, 이 경우 "景"자는 "影"자로 읽어야 한다.

해설 장공자(張公子;아마도 장만(張晩)일 듯)가 관찰사(觀察使)로서 이 "자유마(紫騮馬)"라는 명마를 갖게 돼서 이것을 잘 사육하여 관서(關西)의 절도사(節度使)인 유총융(柳摠戎)에게 보내 주었고, 유총융은 이 말과 함께 호(胡)의 침입을 격퇴하여 전공(戰功)을 세웠으며, 그래서 자유마(紫騮馬) 너와 함께 유총융(柳摠戎)이 훌륭하게 전공을 세울 수 있게 한 그 공로와 명성은 저 비홍(飛鴻)과 절영(絶影) 같은 명마와 비교해도 당할 수가 없다는 극찬의 시다. 이 작품은 이백(李白)의 <천마가(天

馬歌)>를 모작(模作)한 것이 분명하고, 특히 여기의 "月明長庚臆雙梟尾如流星首渴烏"를 거의 그대로 원용(援用)하고 있다. 또한 이백(李白)은 <자유마(紫騮馬)>라는 작품도 남기고 있다.

<新知樂 贈申施甫德濬>.

"새로 알게 된 즐거움" 을 가지고 신시보 덕준에게 주다.

<"새로 알게 된 즐거움"을 가지고 신시보 덕준에게 주다> "신지락(新知樂)"은 새롭게 고운 여인이나 정겨운 벗을 사귀게 되어 새삼스레 누리는 기쁨이나 즐거움을 말하는 것이며, 시인들이 많이 원용하는 말이다.

새로 앎도(새 친구도) 즐겁다면은,	新知樂
옛날 앎이(옛 친구가) 악함보단 되려 좋아서,	反勝舊知惡
새로 내린 서리인 양 하얀 머리로,	白頭如新霜
한 번 보곤 옛 친군 양 서로 안 걸 기뻐하며,	傾盖若舊欣相識
양산의 여관에서 늦게 그댈 만났지만,	楊山客裡晩得君
꼭 천금이 아니래도 바로 마음 허락했네.	未必千金輕一諾
그대 재능 뛰어나서 가히 당해낼 수 없어,	君才凌厲不可當
갑 속에 든 서슬 퍼런 칼날 같이 빛 토하며,	匣裏秋蓮光吐鍔
산호들이 옥나무의 가지들과 어울린 듯,	珊瑚交影玉樹枝

비취옥이 서로 이어 계수 가지 어울린 듯,	翡翠相連金粟錯
빛나기는 큰 바다서 자라 나온 진주 같고,	潤如滄海生蚌珠
행동일랑 서슬 칼로 독수리 떼 정비하듯,	動似秋蓮整鵰鶚
선계 계수 높이 잡겐 힘을 용납하랴마는,	高攀仙桂豈容力
굽어 좋은 벼슬쯤은 발 붙일 데 많을 텐데,	俯拾淸班多著脚
조정 기강 나라 형세 날로 점점 형편 없이,	朝綱國勢日陵遲
한강물과 종남산의 기운 시들해져 있어,	漢水終南氣蕭索
스님들도 교활하게 관인 마구 남용하고,	緇徒猾黠爛金章
마을 골목 불량배들 높은 벼슬 차지하여,	閭巷惡少高官爵
벼슬 족히 귀중할 게 없게 됐으니,	官爵不足貴
임금님이 그 어떻게 역할 하실까?	王章何以作
나라 큰 병 못 고치는 지경 됐으나,	大病入膏肓
생각해도 최상의 약 없는 판이니,	思之無大藥
시대 위기 어느날에 태평해짐 보게 될까?	時危何日見太平
전쟁통에 여러 해를 멀리 그냥 떠돌면서,	兵火多年遠漂泊
생활 형편 정녕 언풀 마른 꼴과 같이 됐고,	生涯宛似凍草枯
신센 되려 떨어지는 가을 낙엽 같게 된 채,	身世還同秋葉落
저는 나귀 간 곳 마다 온갖 고생 실컷 겪고,	蹇驢到處足酸辛
산 속 집에 돌아가니 텅 빈 채로 적막하며,	深峽歸家空寂寞
인민 사는 성곽 안엔 시시비비 틈바귀니,	人民城郭是非間
천 년 전에 돌아가서 요동학이 돼야겠네!	千載去作遼東鶴

* 新知 : 글자들의 의미만으로는 "새로 앎"이지만 바로 "새 친구"라는 말이다. 그런데 여기서는 이 "새로 알게 되어 새로 사귀게 된 새 친구"라는 설명이 붙은 말로 배경적으로는 "전부터 알게 되어 전부터 사귀어진 옛 친구"라는 말과 맞서는 말로서, 이 "새 친구"는 기본적으로 오래 사귀고 오래 알아온 "옛 친구"만은 못 하다는 것이 전제되어 있는 것이다. 그러나 여기서는 "새 친구"가 좋다는 것을 전제로 하고 있다.
* 舊知 : 글자들의 의미만으로는 "옛날에 앎"이지만 바로 "옛 친구"라는 말이다. 따라서 이것은 "옛날부터 서로를 알고 그래서 옛날부터 사귀어진 옛 친구"라는 의미로 "근래에 새로 사귄 새 친구보다는 더 좋은 친구일 수 있다"는 것이 전제되어 있다.
* 楊山 : 조선시대 黃海道의 安岳郡을 지칭하는 또 하나의 명칭이었다. 원래는 이곳에 있는 산의 명칭이다.
* 秋蓮 : 원래의 의미는 "가을에 채취하는 연밥[荷實]"이나, 여기서는 "蓮花叉"·"蓮花鍔"이라는 서슬 퍼런 날을 가진 칼을 말한다.
* 玉樹 : 아름다운 나무를 지칭하는 말로 훌륭한 인재를 비유하는 것으로 쓰이며, 괴목나무의 별칭이도 하다.
* 金粟 : 돈과 곡식 알을 지칭히는 말이나, 또한 계수나무 가지를 지칭하는 말로도 쓰인다.
* 梨黠 : 이런 語彙나 成語는 어떤 『漢字辭典』에도 『佩文韻府』에도 보이지 않으며, 오히려 이 詩句에서 의미망의 합리성으로 합당한 것으로 추정되는 어휘인 "桀黠[흉칙하고 사납고 간교하고 약은 성품의 상태]"가 맞는 것으로 추정되며, 따라서 "梨黠"은 "桀詰"의 誤記로 추정된다.
* 金章 : 金이나 銅으로 제작된 도장을 말하며, 여기서는 국가의 중요 관청이나 정승 같은 고관의 직인을 지칭하는 것이다.
* 王章 : 여기의 "章"자는 "彰"자와 같은 뜻으로 "王者(天子)와 諸侯의 다름을 들어내 보인다"라는 뜻이며, 한편으로 "王者의 제도와 문장"을 지칭하는 것이라, 여기의 "王章何以作"은 "(임금님이) 그 어떻게 역할하실까?"라는 의미로 쓰여진 것이다.

해설 대체로 사람과 사귀는 데에 있어서 새 친구가 옛 친구만 못하다고 여기지만, 그러나 옛 친구가 악하다면 오히려 새 친구가 착해서 서로 즐겁게 사귈 수 있는 것만 못한 것이다. 이런 전제는 물론 작자가 새로 사귀게 된 새 친구 신덕준(申德濬)이 참으로 좋은 새 친구임을 말하기 위한 것이다. 그래서 그대와 초면에 바로 서로 사귀기를 허락했거니와, 그대의 그 장한 기백과 웅대한 의지가 족히 국가의 어려움도 극복하고 혼탁한 세상도 청소할 수 있건만, 도리어 못된 불량 관료들과 승려 무리들이 득세하고 있어서, 이내 세상일에 대해서 실망하고 말았으니, 어느 날에나 태평성세를 다시 볼 수 있을까 모르겠다는 것이다. 그리고 전란의 참상을 겪고난 자신이 귀향을 한대도 고향의 집은 황폐해진 상황으로 남아 있을 테니, 그냥 옛날 중국의 요동(遼東) 신선이었던 정령위(丁令威)의 귀향(歸鄕) 감회(感懷)를 상상해 볼 뿐이라는 말이다.

<百祥樓>. 樓在安州清川江邊.

백상루에서.

<백상루에서> 이 "백상루(百祥樓)"는 평안도 안주(安州) 청천강(淸川江) 가에 있는 누각이며, 여기에는 고려의 충숙왕(忠肅王)이 지은 시(詩)가 걸려 있다.

백상루는 강물 앞에 버텨 서 있고, 百祥樓臨江水

강물은 유유하게 쉬지 않고 흘러오며, 江水悠悠來不已
조수 들자 강물가도 묻혀버리고, 潮來沒江渚
조수 지자 강가 숲들 드러나 뵈니, 潮落露江樹
조수 불고 조수 질 제 누각 기대 서 있자니, 潮生潮落倚樓時
저 먼 물가 아스라이 강 위 해만 저무누나! 遠渚蒼蒼江日暮

해설 누각 위에 기대어 서서 보는 강 위의 풍광과 해가 질 무렵의 경치를 서술하고 있다.

關山月.

고향 산에 뜬 달.

고향 산에 떠오른 달아! 關山月
달은 고향 산서 떠서 진경(서울) 거길 비출 텐데, 月出關山照秦京
낭군께선 진경 길로 멀리 향해 가시다가, 郎君遠向秦京道
어느 곳서 누각 올라 밝은 저 달 보시는고? 何處登樓見月明
낭군님도 맘만 있고 이 내 첩도 정만 있어, 郎有心妾有情
홀로 맘만 님을 따라 천리길을 가노라니, 獨自隨君千里行
사뭇 서로 그리워서 눈물 그렁 흐릅니다. 長相思淚縱橫

* 關山 : 關과 山 · 故鄕 · 邊境의 鎭 등을 의미한다. 여기서는 아마도 화자가 있는 "故鄕"을 뜻하는 말로 쓰여진 것으로 추정된다.
* 關山月 : 중국의 漢나라 때 橫吹曲 같은 樂曲의 작품을 말하며, 그래서 이 "關山月"이라는 제목으로 지어진 이 樂府詩는 대개 이별을 슬퍼하는 내용들로서, 이 제목의 시를 남긴 사람으로는 梁의 武帝 · 王裒 · 徐陵 · 盧照隣 · 李白 등이 있으며 우리나라 시인들도 많이 있다.

해설 이 작품도 바로 중국의 악부시(樂府詩)인 이 제목의 시를 모의해서 지어진 것이며, 달을 보며 멀리 떠나신 서방님을 슬프게 그리워하는 정을 읊은 시로 물론 당풍(唐風)을 모의한 작품이라, 작자 자신의 진실한 삶이나 감정과는 거리가 먼 시다.

三五七言.

삼,오,칠언으로 지은 시.

가을 샘 가 오동나무 위,	金井桐
속이 텅 빈 옥병인 듯이,	玉壺空
먼 하늘에 밝은 달이 떠올라 오자,	遠天出明月
높은 누각 밤바람이 일어나는데,	高樓生夜風
낭군께선 홀로 장안 길 떠나시니,	郎君獨向長安道
고운 풀에 매년 한은 끝이 없겠네!	芳草年年恨不窮

해설 이 작품도 정녕 중국의 시를 모의하여 지은 것으로 추정되며, 가을밤에 떠오른 달을 보며 멀리 떠나간 임을 향한 슬픈 심정을 읊은 시로, 역시 작자 자신의 진실한 감정과는 거리가 있는 시이나, 삼, 오, 칠언이라는 언어 유희적 작시 행위로 정갈하게 시상을 엮어낸 재간이 돋보이는 좋은 시임엔 틀림없다.